亚瑟与我

Arthur and me

作者：Ann Treherne 安 川赫
翻译：李荣荣

福尔摩斯探案集的作者从另一维间前来沟通引领落成了在爱丁堡的亚瑟 柯南 道尔爵士中心的真实故事

Copyright © January 2021 Ann Treherne

版权拥有人安川赫 2021 年 1 月
保留所有版权

未经过出版商书面明确的许可，本书的任何部分都不允许被复制、或存储在检索恢复系统中、或以任何形式或方式包括电子、机械（手工）、影印、录音或其它方式复制。

ISBN (print): 978-1-8383855-0-7
ISBN (e-book): 978-1-8383855-1-4

封面设计：Cover design by Shereen Elder.
封面片：Graphic Upload by Scott Canevy
Cover Image of Arthur Conan Doyle by W. Ransford, 1921

{{PD-US-expired}}

献词

此书献给

吉米 柯莱瑞

为了你的友谊,你的奉献和你的坚信,在此我以表达对你的感激之情。没有你对我和神灵的支持、信任,我们无法取得现有的成绩。谢谢你。

语录

"....当您使用排除法,排除了一切不可能的缘由以后,剩下的无论是多么离奇,也必定是真的了。"

　　　　　福尔摩斯

编辑者的证言

"自从亚瑟 柯南 道尔爵士去世至今,许多人都声称与他保持联系和沟通。但是很少有人像安 川赫 这样认真仔细地记录了他们交流沟通的细节,而且没有人以他的名义建立了一个大型的中心(爱丁堡)。

我能够亲自用真实事件的原始录音记录,来核对与验证这一切。他们与神灵交流的记录内容是属实的,我能保证此书的真实性和准确性。"

兰丝 巴特勒教授
　　斯特灵大学

前言

作为金融领域的佼佼者，安·川赫（Ann Treherne）似乎最不相信所谓的超自然现象。但是随后，正如她在本书中坦率地描述的那样，她面对着深刻的个人经历，这似乎是一场悲剧的先兆。作为一个对超心灵学感兴趣、心理学家，我非常理解她为了弄明白这种现象所做的努力和经历。她担心她的预感—或更糟的是，由心灵上的异常而引起了更多类似的经验—非常普遍的大多数人都会有这种反应。当安得知她不是唯一的一位有这种预感的人时，安描述了她的宽慰与解脱感。实际上超自然现象体验是很令人惊讶，况且经常是发生在健康的没有准备的人身上，可是确实会给其人带来一系列的挑战。安的情况变得更严重了，因为她自己认为在得到了信息以后，没有采取任何行动，为所出现了的真实灾难，她担负着沉重的自责感。她深感不安的是如果再次发生这种情况，她自己的责任更重大。等到再次她真的有了预感之后，她企图也努力让事故造成的危害缩小到最小，这样她就感觉好多了。这种情况在研究这个领域里的术语是'干预悖论'—如果我们有了一个对将要发生事件的预感也人为地进行了干预（事故、或天灾人祸），它就不会发生在我们身上，那样的话，怎么说有了个预感，因为触发事件从来没发生？似乎我们对可能的（或很可能的）将来要发生的事情很敏感，而不是针对那些固定了的和不可避免的将来，会有预感的。

安，她很幸运地遇到了一位在学术界对这个领域很有研究、也同情她的情况的人。他很认真地听取了她的经历，让她有一个能够发挥其自身能力和体验的空间。因为她需要有研究的方式与技巧，用以帮助她来认知，这种所谓的巧合或预感。她所受到教育的内容，是来自于参与现场调查。比如说参加工作组，去有鬼魂出没的地方守夜、对通灵媒体人员的评估以及在通灵媒体现场，得到体验。她也参加各种培训班学习，从中得到明显的进步和提高。她从培训班中学到了如何相信自己的直觉和更好地控制住各种异常现象。

安，她在书中形容的一些现象真的很令人难以置信。就连在场的当事人，可能也会怀疑他们的感觉了。对我们这些没有在现场的人来说，你会说眼见才能为实。（如玛蕊说的'你没有亲自眼见，你就不能相信。'）或者怀疑目击者的证词里有问题。在这种情况下，聪明人就会遵从阿其若依教授的话，即刻记录下所发生的一切情况，并从独立的目击者记录中，进行对比，然后用一切正常现象，如果有可能发生的方面来进行判断，使用排除法做结论。这就是安和她的小组人员采取的步骤，他们把发生的一切都录制了下来，然后核对这些内容（核对独立人记录的内容，避免有任何错误），其结果是非常令人惊喜的。最后，学术界在这个领域里的研究已经有了150年的历史，我们好像在这个方面用科学的方法研究人的这种体验，还是没有太大的进步。读者应该从中获得自己的感想。安，她用了详细记载的情况内容来描述他们的事实，确实有一定的说服力量。我们可以提醒自己'人死之后，精神存在'是个属实。但是，毫无疑问，对科学而言，没有什么比，探索人类的全部本性、并认识到意念的基本特性是什么，更为重要的了。

克里斯 若 教授
    英国伦敦 心灵学调研会主席
    Professor Chris A. Roe
    President, Society for Psychical Research, London.

CONTENTS

1. 第一章 屠杀惨案 — 1
2. 第二章 达奴恩镇 — 8
3. 第三章 守夜 — 22
4. 第四章 又一次的预感 — 30
5. 第五章 心灵学调研会与思顾小组 — 37
6. 第六章 小组 — 44
7. 第七章 游戏开始了 — 54
8. 第八章 让我们一起动吧 — 65
9. 第九章 录制的记录 — 75
10. 第十章 在这儿有我就没你 — 88
11. 第十一章 青金石 — 100
12. 第十二章 医界标和通道口 — 109
13. 第十三章 有人在敲门 – 有人在按门铃 — 128
14. 第十四章 悬浮 — 137
15. 第十五章 诊断 — 146
16. 第十六章 格兰谷 — 158
17. 第十七章 寂静的声音 — 165
18. 第十八章 天堂来的硬币和进入城堡的钥匙 — 184
19. 第十九章 撞童与潜逃犯 — 200
20. 第二十章 我们死了会发生什么呢? — 218
21. 第二十一章 突如其来的现象 — 226
22. 第二十二章 新 年 — 230
23. 第二十三章 令人毛骨悚然的克劳利 — 240
24. 第二十四章 无独有偶 — 250
25. 第二十五章 从租用活动室到拥有宏伟的活动中心 — 264
26. 第二十六章 亚瑟 柯南 道尔 中心 — 279
27. 附录 — 281
28. 结束语 — 283
29. 照片 — 288
30. 证言 — 294
31. 鸣谢 — 300

32. 有关翻译者的简介   302
33. 作者介绍   303

参考资料   305

第一章 屠杀惨案

1996年我当时还是一家抵押银行的高级主管人员，在其总部负责苏格兰方面的工作。我的责任是主管抵押银行在整个苏格兰地区的零售银行业务网络的销售任务，包括在各地的分行，以及零售代理办事处，零售银行业务的工作。我的手下有两位区域零售银行业务经理，一位负责苏格兰东部地区的零售银行业务管理；另一位负责苏格兰西部地区的零售银行业务管理，他们两位报告给我他们所在区域的零售银行业务进展的工作情况，帮助我，做这项任务。

我的任务之一，是负责每个月为抵押银行董事会，提供按照抵押银行计划贷款目，标执行状况和其预期盈利，做汇总数据的报告。作为零售银行业务网络管理总负责人，我的工作也需要我常常亲自到各个零售银行，业务销售分行和代理处，去查看他们在当地的实际银行业务销售的数据。有一次，我开车从爱丁堡去格拉斯哥。我驾驶的车沿着M8高速公路快速行驶，也许是我开的车速有一点儿超出了法律限定的时速，忽然间，我的脑海里就出现了一副情景。我认为你可以说这是我的意识之眼，看到的画面在我脑海里的显现。但是，出现的是"流血和尸体"的画面，画面里有许多死尸和受了伤的人。

这到底是什么回事呢？从哪里儿出来的呢？我情不自禁地自己问自己。我根本不知道，这个情景为何在我的脑海里出现，很快我就把这个画面在我脑海里给忘却了。我不是那种常看惊险可怕电影的人，我也没有留意看到电视上，有这种恐怖新闻的报道，所以不明白我的脑海里为什么在我最无准备的时候，竟然出现了如此另人不安的情景。

更无法理解的是，这个画面在我的脑海里反反复复重复出现了很多次，几乎是每天这个画面都会浮现在我的脑海里，而且，连续了几个星期。通常是在我开车时，或者是我在写字台前坐下来，单独工作的时候。但是，这种画面绝对不是白日做梦，也绝对不是夜晚的噩梦。伴随着脑海里的画面，我也有一种需要'采取行动'和'告诉别人'的感觉。这是一种无形的、反反复复的、抑制不住的敦促，直到我实在鳌不住了。我有一种要被脑海里常出现的画面，给逼疯了的感觉。

在1996年的3月8日星期五的早晨，我步入银行总部的大楼。在我开车去银行总部的路上，这个画面又再次浮现在我的脑海里了，这种需要'采取行动'和'告诉别人'的感觉已经上升到了特定的程度，使得我必须有所反应、必须采取行动、必须做点什么来满足其强烈的不做什么就决不罢休的逼迫感。

我径直走过我们敞开式设计的办公楼的大厅。这会儿离开工时间还早点儿，我的大多数的同事们，都还没有到呢。当我慢无目的地在一片空荡荡的办公桌之间，绕着走过时，人才招聘部，还没有一个人到岗。然后，我来到了员工培训部，也是没有任何人在，但是好像在屏风后面有个人影，我留意看到了那位坐在屏风后面的部门主管，她大概跟我差不多一样，经常提早一点儿来到办公室，充分准备好一天的工作。知道她在那里，我就径直过去问她：

'今天午饭时间你要做什么吗？'

有些迟疑和看上去也有点儿不理解，'没安排什么啊'，她回答我说。

'你和我一起去酒吧吃午饭怎样？'我劈头就这样问她道。她再次出现了更深一层的疑惑，而后，才相当勉强地回达说可以。

我知道她是我所在业务部的邻居部门的经理同事，但是，我们之间并不是朋友。我不习惯於跟她或者是其他同事们去酒吧里，有事或没事儿地闲聊。她也非常了解我这个人是很认真的人，并且总是把精力放在努力工作上的人。所以呢，她大概用了整个一个上午的时间，拼命琢磨和猜想我到底是要跟她说些什么。实际上呢，我也意识到有一半的可能就是她用'我记起了有一个事先安排好的某事'或者其它什么借口，突然就来解除我们的这个午饭安排。但都不是，午饭一点钟，这个时间很快就到了，我来到她的部门找到她，邀请她跟我走，我们一起到了我的停车场位置上，坐上我的车一起去附近的酒吧。

我们坐下后，很快就要好了各自想要的午餐。我们面对面的坐着，非常有礼貌地闲谈着，我在内心里仔细斟酌着，我该如何把我想要说出的这个事情，告诉给她好呢，还是不说的好呢。反正我在邀请她来酒吧以前，还没有准备和决定任何计划。约她到酒吧，就是因为我在上班的路上，再次在脑海里浮现出了这个令人不安的画面，而且画面更清晰和持久，当我第一眼看到了，只有她坐在她的办公桌前时，突然就冒出来了的要跟她诉说的想法。

实际上这位叫海枣的女同事，现在她跟我面对面地坐着，完全可能是我的任何一位同事。我想我选中她，就是因为海枣是我早晨上班后，在空荡荡的办公楼大厅里和悄悄无人的办公桌之间所见到的第一个人。

'海枣.你大概在猜想我为什么要你来这儿'，我开口就这样对她说了。

'对呀'，她迟疑地回答。

'哎，我要告诉你的事情，听上去会很起奇怪。我想要你做的呢，就是聆听 - 听就够了。'

因为我在抵押银行里工作夂了，同事们都知道，我给同事们的印象就是我总要把持着支配的地位，现在，我想让她放松些。在同事们之间，我是出了名的强硬派,做事果断和不折不扣。我习惯於得到结果，从不接受得过且过的敷衍了事。我是一位公正和无偏见的经理，但是，我对那些工作成绩不佳的员工，可从不心慈手软，我一旦知道哪位员工不称职，就会马上解雇掉。在我的车上没有蹭饭吃的位置，钉是钉，铆是铆，不接受滥竽充数。海枣不是我的下属，她自己也是另外部门的总头儿，她有她自己的管辖部门，所以我明白这会儿她是多希望知道我到底为什么要找到她的头上来。

就这样，我告诉了她'已经有几个星期了，我一直在脑海里重复地出现这些画面'，我告诉了她，第一次在我脑海里出现画面是我在M8高速公路上疾驶的时候，而后这些画面与日俱增，并且每次的画面内容都浮现得更详细和逼真，次数也更加频繁了。就此我告诉她'亨格福特镇Hungerford![1]上的屠杀惨案将会再次出现！有一个在野的持枪者，他到处开枪杀人。我能够看到他身上穿的是那种野战军隐蔽图案的外装。（尽管他不在军队里就职）他拥有多功能的机关枪，还有戴着双重斜挎於胸前的多排子弹带子，就象电影里的人物，兰博猛士机枪手的那个样子。他走近了一座楼，这所楼有两层高，楼房有许多窗口，楼房的房顶是低平的。我在脑海里出现的情景是楼房里有许多的桌子，他那么冷静地走进了这座楼，他一边走，一边持枪射击，猛烈地扫射楼内所有的无辜人群，许多人被击中，到处血肉横飞。'

寂静、寂静的同时，我看到她睁大了眼睛望着我，且哑口无言。奇怪的很，就在这寂静的瞬间之内，我有一种终于解脱了的感觉。我的那种憋不住和无法忍耐的要告诉给别人，燃烧似的愿望终于得到了满足。缓过了一会儿，她问道：'你想这是什么地方呢？'

'我不知道是哪'，我回答说，'但是，我知道肯定在苏格兰，不是英格兰，就象是亨格福特镇惨案那样。'记得那会儿，我才惊讶地发现她听的是那么样的严肃和认真。我自己忽然意识到：如果是别人告诉我这样的事情，我会没有耐心地去听，我也许会是听不进去的。

'你想我们应该去警察局吗？'她问我。

'不，我想不去'，我说。'我该怎么说呢？他们根本不会相信我的 - 将会发生在哪儿？什么地方？- 我不知道'。

'啊上帝呀'，她说。'我知道你为什么有这些情报了！'

她的这种反映，让我对她的想法就更加觉得奇怪、不舒服。

'为什么？'我问她道。

'那个地方就是*我们的*办公楼。我们是在有两层楼的办公楼里呀。楼房里，有许多的窗口和办公桌子。*并且*，那个叫若依 阴格曼的人，他有枪支，他会到处放枪！我总是认为他那个人有点奇怪'。

信不信由你。她竟然认为那个持枪杀人的人，有可能是我们抵押银行总部里的人才招聘部的经理。

'我想，我们应该报告给总部董事会！'

'你在开玩笑'，我说道。'那样的话，我就会当场被炒鱿鱼或者被当成巫婆，被投进到干柴堆里，让火给我烧死'。我刚刚有了的那种一时出口为快的解脱感，瞬间，就消失的无影无踪了。我面对的同事，她把这件事儿给当真看待了，她那么的严肃和认真。她热情地要'帮忙'，可那将会带给我的结果呢，很有可能，就要产生一连串的后果。如果她把我的经历报告给了抵押银行的董事会的话，不但我的专业职务名誉有被影响的危险之外，就连我在银行里的整个职业，也就无法保全了。

那会儿，我是正当美好年华的37岁 - 守着年轻银行高层管理人员的职位 - 我一直都是兢兢业业一丝不苟地努力工作。我自从中学毕业，离开学校那会儿才16岁，就进入到银行业工作，而且一直在银行业内晋升和发展。我从银行业的梯子最下层的那一个台阶开始做起，一级一级地向上爬，在几个不同的银行企业里，我几次打破了在其金融企业管理阶层的'玻璃钢-天花板'，就是其传统金融企业领域里，特有的高管职位总是由男人占领着统治的地位，只有男人，才能得以晋升的环境与惯例，直到现在，我已经得到了被尊敬的银行高管的位置，我以自己有着超凡出众的名誉而自慰。我当时是功名成就，有明确的奋斗目标，注重达标成果，并且不光是在这个抵押银行，就是在当时的金融服务企业里，也是扬名一时的著名人物。忽然间，由于一次与同事无关紧要的午饭闲聊，其闲聊内容既与我的职业根本无关，也与我们的金融服务毫无牵扯。我意识到了，我竟然为此把自己的处境置于非常不利之地了。

　　现在看来，也许是当时的反应过于了敏感。但是，我那会儿，就象看到了报纸头条标题是：'抵押银行经理自称有特异功能可预知未来者'。或者更糟糕的头条标题是：'抵押银行，雇佣了一位特异功能者承担高管职位'。如果我的名字也被印刷在报纸的头条上的话，即使报纸上不点出我任职的抵押银行的名字，整个金融企业也会一目了然地知道，我服务的是哪家子的企业。设想我负责分行的零售业务网络的工作，如果我的名誉因此受到影响和质问，我该如何继续管理我手下的工作人员？那样我将无法继续象以往一样地工作下去。

　　我也为我的那位在人才招聘部当经理的同事担心了，忽然间，他就会莫名其妙地变成了不知所措的受惊害者。他自己，并没有做任何错事，除了人古怪点儿，够怪了，还有一支什么样子的枪支 - 我可一点儿也不知道他还有个枪呢。我跟海枣再三强调说：我请她来到酒吧私下说这个事情，就是因为要我们的谈话内容绝对保密。我不想让任何其他人知道这些事情，更坚决地要求她：绝对不要把我们的话报告给董事会。海枣向我做了保证，只有她自己知道，她绝不会告诉任何人。我带着一种解脱和重新振作精神的心情，开车带她返回了我们的办公楼。

　　那个周末好像是一切又都恢复了正常。那种'告诉别人'或'采取行动'的紧迫感消失了。我脑海里的那些画面如同浮云飘过一般，没有再出现。我也安心多了。就如同什么事都没有发生过一样，全部被丢在了脑后去了。然而，我的解脱却是非常短暂的。下一个周三就是1996年的3月13号，我再次去格拉斯哥的一个分行工作一天。我的公司汽车，停放在市中心多功能停车场里，当我完成了一天的工作以后，我步行到停车场的时候，天刚好就开始下起雨来了。尽管已经是三月了，天气还是很阴冷。那天早晨出门时，天还在飘着雪花，下的是冰冷的雪雨，现在天已经黑下来了，我快步地穿过了市中心街道，赶向停车场。

我爬过四层停车场的楼道，只听到自己脚下的黑色高跟鞋与冰冷的水泥板碰击，发出有节奏的紧密步伐的声音，出了楼道，我径直走向自己的汽车。打开车门，快速钻入到自己的车子里，第一时间把公务包和手袋抛到车的后坐椅上，心里想着：尽管要开车开上一段时间，才能够到家，可是到了家里，我就可以把身上的西装和高跟鞋也一起脱掉，穿上牛仔裤和松软的拖鞋，然后就可以放松自在了。

当我把车钥匙插入了车的启动器，汽车上的收音机也自动开启了。就是在那会儿，我听到了这个消息。'当布兰学校里发生了枪击事件，多人被枪击者给击中了，很多人受了重伤，也有多人死亡！'

我即刻情不自禁地开始泪泣不止 - 那可是一个学校啊！我怎么就不知道那是个学校呢？我知道了其它全部的情况，如果我知道那是个学校的话，我一定会想办法做些什么的。为什么我没有看到这些被击中的'人'都还是孩子？

我记不得了，自己在汽车里哭了有多久才回家的了，反正有很长一段时间。我想我自己非常震惊。我告诉了同事有关我脑海里的画面以后，我以为这个问题消失了。告诉她以后，我根本没有期待任何事情会发生的。就好像是我有过一个问题需要解决，我的问题在这种情况下就是告诉别人，我有告诉了同事，问题就过去了。自从我与同事讲了这些事情以后，我就好像完全忘记了整个的情况，全然让自己的精力又集中到了工作上。现在，人（孩子）死了，我的逻辑性思维出了问题 - 我觉得这是我自己的失误。

我好像是被炸雷，给击昏了头脑一般。我想用这样的形容词是不过分的，或者是我被这个消息给击中后，就立即患上了精神错乱症。因为我记不得自己在那个多功能停车场上的汽车里哭了多久，除了哭泣以外，我那会儿也无法控制自己的四肢，我的两条腿不停的哆嗦，我根本就无法开车，我在车里呆了好久，才心惊胆战地开车回了家。

直到如今，我仍然不记得在那个时刻，以及以后的几天里，我有做了些什么和我是如何渡过来的。就好像我的那几天的记忆，全部被销毁抹掉了一样，或者是根本就没有在我的记忆中有任何的注册。因为，我尝试着继续生活下去，同时，我根本就无法摆脱那种内疚与悲痛，还有就是我的对自己有责任、却没有能够制止这次惨案的发生，所有这些纠结给我的压力，让我默默承受着过活。我能够铭记的是，枪击发生后的下个周一，我需要返回总部大楼去工作。一般来说周一，总是要去总部开会的。我尽量把所有的会都集中在这一天里来完成，这样我就可以在其它的几天里，尽量开车去周边的其它分行检查工作。

我总是有一种感觉，好像似我总是提前到达办公楼，沿着开放式的办公大厅，在空无员工的办公桌海洋中穿过。只是这次没有那种要告诉别人什么事情的紧迫感。我的脑海里想的完全是不同的事情。我默默地忍受着由于自责而产生的一种无法摆脱的抑郁症。我饶过了许多办公桌，碰到了上周我约去吃午饭的同事海枣，她也又提前来到了办公室了。当我慢慢地路过她的办公桌时，她抬头看了看我，但是，我完全没有准备，她会用那种眼神来看我。当我们的眼神相遇那一瞬间，我们都没有说什么，但是海枣的眼神告诉了我她想要说的话：'你，这恶魔的化身'。

非常明显地，她是在指责我。有这次枪击案，就是我的错误，至少，我没有做任何努力来制止这次的惨案发生。我想，我也有感受到了她自己的内疚。她会自我谴责，既然已经得到了这些情报，可是，没有做任何努力，来制止惨案的发生。我猜她在想，是我把她拉入到了这种地步的。不管怎样，当我看了她的眼神，它告诉我一个信号 - 就是我得离开这个地方了！我非常清楚地明白了迟早一切都会被暴露出来的，我必须开始准备离开了。此后，用了我的四年时间，我默默地研究了有关预知事件的知识（研究和调查预感到的事情），我开始意识到，我自己真实的人生路程，不是在金融服务业界内 - 我提交了辞职书。那是在2000年。

后来，我有发现了，海枣确实在枪击惨案发生以前，她秘密地把我们的闲聊内容报告给董事会上的一个人。事实上，是我们三个人，我们都共同承担着这种自责和内疚的压力。那个人，是总经理（董事会董事），但是这些消息直到我辞职离开的最后那会儿，我才知道了这些事情的真相。我感激不尽没有提前知道这些情况。

在那以后的几年里，我致力于，对各种预言预感方面的调查和通灵媒体方面知识的学习，以及对'精神'各个方面知识的研究和学习，我参加了各种工作室和培训班的学习，更多的了解了我自己，同时，也提高和加强了自我发展和发挥本能的技巧。我已经准备好了，我要迎向新的生活。

第二章 达奴恩镇

读到这儿，你大概会问'从当布兰枪击惨案，到你辞职那会儿，大概有四年的时间，这段时间里都发生了什么呢？'，还有'你是怎样心怀沉重的内疚，同时，还要身负银行高管的重任，你是如何继续发挥你的管理人员功能的呢？'好吧，请让我来慢慢地讲给你听。

那天早晨，看到海枣满面另人嗯心和恐惧的面孔以后，我就决定了，要尽量减少自己在总部里露面的机会。可是，众所周知我需要在总部参加和组织各种会议，每周一的会议都是事先安排妥当的，我尽量把各种会议都安排在周一打理，显然，在其它的工作日里，我就可以自由地去分行检查工作。由于我负责所有的分行工作，我可以在任何一个分行里工作。这不代表任何分行的员工，都情愿地来接受他们的上司，把她的汽车停放在他们自己的停车场的位置上，想呆多久就呆多久。

我确实有一个强有力的业务管理工作队，我也以自己与所有的团队管理人员的良好工作关系而自豪。尽管如此，还是没有任何人想让我坐在他们的分行里，监督他们的每一个行动。然而，在分行里，我确实也有一个单独的办公室，它是用来做会议室，或者是培训中心而安排的。这个办公室坐落在格拉斯哥市中心分行办事处的楼上，有单独的进、出入口通道。所以分行的员工们，并不知道我是否在他们的办公楼内，他们不必有在我的眼皮底下被监督的压力。我决定了，这是我暂时最好的'藏身之处'直到我把自己的整个情况都琢磨透了，并且设想出自己应该如何面对这个现实，我自己该做些什么才对。

每天睁开眼睛以后的每个分钟里，我的心里都好似有十五个吊桶在打水，七上八下不停地在嘀咕。我常有感觉到内疚的压力，它象一个里程碑，时时刻刻地压在我的肩膀头子的上面。还有，就是各种各样的问题、疑惑，如同游乐场里的胶皮蹦蹦车一样，不停地在我的脑袋里，来回碰撞、游荡不止，我是该怎么办呢？我真的能够阻止那次枪击惨案吗？更糟糕的是，如果类似的事情再次发生 - 我能做什么呢？

这个最后面的问题，大概是在我的脑海里翻来覆去地反复思考，也是次数最多的问题。我曾经是、我现在也还是一位逻辑思维十分敏捷，务实且纯粹的脚踏实地的人。忽然间，这位沉着冷静有逻辑思维能力，通常掌管抵押银行雇主的基金使用大权，能够清晰果断地决定是否给各种项目的客户和房屋主提供贷款，以及复杂的金融交易，提供上千英镑的借贷的高管，却被现在这种新发现的'智能'以至'看到将来'之能力的攻击，这实在是让人难以理解也无法接受的。我可该怎么办呢？

我的分析性思考能力，好像自动反射一样发挥着作用 — 明显的就是，我有收到了对当布兰枪击惨案预感。我相信了我之所以能有预见的能力，这是警告，是为了让我做些什么以阻止其发生，这促使我，要对自己有信心。否则，为什么要在事先发出这种信息给我呢，能够成功地发给我这样的信息，就是让我对我根本无法控制的情况，有责任感和内疚感吗？我需要找到某种答案。我需要找到某个人，能够帮助我的人 - 可是这人又是谁呢？

这个人，一定是有这方面的知识，能够给我指点和教导的人。这个人，能够告诉我应该怎么做。我能够控制这些事情吗？我是否能够找出更具体的事故发生的地点？更多的是，我应该，或者是我能够做些什么以阻止其发生？我那会儿，可是全然都不知道，所有的这些实际问题，对我来说都是外星来客。我有听说过的通灵媒体，确实如此，多年以前我曾有过一次'坐听'的经历，那会儿，我只有18岁。我刚刚离开学校，就进入了在爱丁堡的苏格兰皇家银行工作 - 我当时是办公室里的新员工。一天，与我一起工作的女孩子们，决定我们女生要一起在晚上出去开心玩一次。有个叫拍玛拉的女孩，她当时做的是高级窗口出纳员的工作，她建议大家一起去找一位通灵媒体，她认识一个讲的非常准的通灵媒体，大家可一起去见见这个人，之后大家再一起去酒吧。

我的直觉是叫喊'不去'，但是，出于礼貌，并且我还是刚刚去银行工作的初级职员，理智要我不要喊出自己不想去见通灵媒体的真心话，所以是随大溜去的。我是从小就接受基督教家庭教育影响而长大的，我的父亲，常年是教会里的长老会成员。我的母亲是教会妇女会会长，我从小就每周都跟着父母去教堂里的幼儿班学习，后来又参加圣经班的学习，我当然不想去见通灵媒体。

我想如果被告知道了自己的真实情况，我会害怕的。我有受基督教育培养的局限性，认为这些人都是'走火入魔'或者是'起死回生'，至少与圣经上的教义相逆。我当然不愿意去见一位通灵媒体；说白了这些人就是要想借着别人没有安全感和悲伤时的感情或情绪，就是想捞取悲哀者和孤独人的钱财。他们就是会编故事—傻瓜才去上当呢。我肯定不要去找通灵媒体。

可是我要去找谁呢?我需要一个有权威的人士来帮助我 - 那将会是谁呢？你又到哪里找寻得到这样的人呢？请记着，那会儿，我们还没有可查询的网站谷歌，也没有维克批迪亚专家介绍网站。电子网站还处于婴儿诞生的最早时期，跟现在的电脑网站信息资料来源比起来，那会儿还差得很远。所以，我到哪里才能够挖掘到这个人？

神学界的口头禅里有说：世上根本就没有巧合这一说法 -- 所有发生的事情都是有原因的 -- 世外超智精灵利用巧合来吸引到我们对事情的注意力 — 就是为了让我们提神专注。显然我在当时还没有意识到这个道理。但是，我现在理解了，并且，你会在阅读本书中能够碰到，我来带着你跟着我重温一连串我的蹊跷经历。例如：一天清早我开车从爱丁堡去格拉斯哥办公楼，为了逃避工交路的上班拥挤的高峰时间，我进了M8高速公路。以后，就开始加速希望尽快到达目的地；到了以后，我再次把汽车停放在我有着难忘记忆的多功能停车场里；步行走到在巴斯街上的分行办公楼。当我走上楼道，进入了这个暂时成了我的避难所的办公室时，先把公文包放在了桌子上。这所楼以前就是一家银行的旧楼，它有着悠久的历史，楼舍由我服务的分行办事处接管继承下来，这张桌子是以前的那个银行总经理的办公桌，办公桌很是硕大，桌子中间还有镶嵌了的绿色皮革的桌面 — 现在它已经有了多年金融财务资料的来往磨擦劳损的痕迹，好似满面沧桑的古董，隐约映示出了它的过往主人的权贵和金融财政、往来业务的艰辛，它的饱经沧桑皮革桌面上也映示出和记载着宛如流水般的岁月年华。如今，它到了我使用它的日子里。我把外衣脱下，挂放在大衣架子上以后，就到了厨房里把电热水壶的开关钮按下，稍后，我就给自己沏好了一杯茶，坐到了这张硕大的办公桌前，把公文包打开，掏出来今天等着我来做的工作，还要所需要的各种材料纸张文件，我总是把材料安排的有条有理，我把今天的工作准备好了。

还是有点早呢，我顺手拿起了桌子上的报纸。这些报纸，每天早晨都会提前送到我的办公桌上。阅读每天的金融新闻，是我的习惯也是我的责任。我的眼睛已经非常熟练地快速扫射金融信息专栏版的大标题。英国金融时报，格拉斯哥日报和电讯时报都是我'必须阅读'的报纸，报纸提供英国全国和苏格兰当地的金融动态信息。我有工作狂的习惯，不允许我坐下来什么都看，我的眼睛只扫描寻找金融标题，然后就判断有关内容，如果我需要知道它的话，我再详细阅读。报纸上的其它消息可以待后，我必须先投入到工作之中。

可是现在，这里有亟待我解决的，让我倍受煎熬，我要千方百计想出解决办法的课题－一种超常心灵现象的维区。对此，我根本就做不到：视而不见。我有生以来，这还是第一次面对自己无法控制的处境，我自己不知所措。所以，当我看了所有烦心的信息以后，我一边品着茶，一边想找到点什么有意思的内容来看看，以便分心。

巧极了，这有了。在格拉斯哥日报上用了双版篇幅介绍了格拉斯哥大学天文学教授，拥有永久教授头衔（退休也保留特许的教授头衔）阿其 若依教授，他的业余时间爱好和感兴趣的事儿，就是这个领域。他是一位心灵学家、超常现象的调研者－一个鬼佬（对鬼有研究兴趣的男人），他对心灵学、超常事件，也就是对闹鬼的事件的研究已经有30年了。他建立了一个组织，这个组织是专门研究心灵、超自然现象事件的。现在，他决定要设立专题讲座课程班，给那些对研究各种心灵、超自然现象有兴趣的人讲课。这个讲座班是用夜校的形式开办的，就是利用晚上的时间，在大学教室里，给有兴趣的人上课。这正恰好是我所需要的。这个人恰恰就是我要找的人，他准能够帮助我。我一定要找到他。我不敢相信这会儿，我有如此'巧遇'的好运气。

我立即开始行动，抓起了桌子上的电话，按照报纸上的号码给格拉斯哥大学打去了电话。大学接线生接听了我的电话。

'格拉斯哥大学，我怎样帮你啊？'

'我想报名参加若依教授开设的关于超自然/灵媒调研的夜校班'。我说道。

'对不起，那个班已经满员了。你要我帮助你安排你到其它的班吗？'

不，当然不要－这是我没说出口的想法－她怎么能够知道我的急切心情。她没有意识到我要找的这个人，他能够帮助我解决我现在面对的问题，告诉我到底是怎么回事和我该做些什么，我必须要见到他！

我内心的以为自己找到了可以解决问题之答案的惊喜和热情，一下子就又凉了。不情愿地接受她的答复，我接着说：'我在报纸上一看到这个消息，马上就给你来电话，怎么能够这么快就都满了呢？'

'呕，今天的格拉斯哥日报，两版都刊登了这个班的消息。我们开门早晨上班后的10分钟之内，就被报名者给报满了。'

'是啊，我正在看今天的日报，这就是为什么，我也打电话给你。所以，如果这个班这么受欢迎，那么有否可能开设第二个班呢？'我充满希望地问她。

'我真的不知道。但是，我想不会吧。夜校班，都是提前登报发表和报名的。也许明年会有这样的招生机会。'

呕，不要这样吧！我的大脑马上就进入思考，我想要找出其它借口，来说服这位大概不理解我的情况是多么急迫的女士。'请问您有没有候选人员报名单，我可以现在就付款，万一有人要退学或者是，谁在当天的晚上没能来上课，我都能到！我可以即呼就到的，我也愿意在开课的晚上到课堂的外边等等看，万一谁不能来，我就有位置了－你认为可以吗？'我一连串给她发出了几个可能性的选择，请让她考虑。

'在没有给你位置的情况下，我无法收费。我可以把你的名字放在我们的候选人员的名单上。但是，我得警告你，这个单子上已经有了长长的候选人，也在等候着了，很难有可能你会得到一个位置－然而，我们明年的班，会优先招生录取在候选人名单上，等候了许久的学员。'

她想帮忙－尽量努力帮忙。但是她的报名单满了，已经没有位置了，她没有办法能够帮助我得到一个位置。她想尽办法安慰我的热望。我的名字被加到了候选人名单的单子上，我感谢了她，不情愿地挂断了电话。

现在该怎么办呢？我得有一个备用计划B。那该是什么计划？我当时还没有想好，但是我要想出来才行。现在对我来说呢，我已经找到了，在这个研究题目上有权威的人－这个人确切来说就是我要找的人。

我每天都给这位不幸的格拉斯哥大学接线生打去电话，问她是否有人在那个夜校班里退学，每天她的回答都是'没有'。我的计划

B，是每天给格拉斯哥大学接线生打去电话，恳求她帮忙，但是，她总是没有放弃她坚定的态度。然而有一天，她说了，'呕，又是你来电话了。那个夜校班的课程还是没有任何人退学，但是…我真不该告诉你这则消息，但是…'

'是呀'我说，热切地期待她的话快点儿地继续下去。

'啊，他主办了一个周末工作室的讲座活动。在一个酒店里，与大学可是没有任何的关系呢。但是，由于你如此热切地渴望得到一个位置，我想，我最好还是跟你提及一下这个机会。这个消息还没有正式发表呢。'

'太好了'，我说道，'在哪儿？哪个酒店？'

'酒店的名字是阿德芬，是在达奴恩镇上'。

我赶紧向她问清楚，最后也是最重要的信息—就是工作室讲座活动的具体的日期和时间。—尽管离活动还有六个月的准备时间，我还是非常兴奋，我兴高采烈地感谢了她的帮助，我的计划B终于开始成型了。

我随后就给查号台打了电话，问清楚了那个酒店的号码。然后，我就直接给酒店打去了电话。我打去的电话铃响了好一会儿，终于有一个男子接听了我的电话，他说：'这里是阿德芬酒店'.

我开口就问：'你们这里要举办一个由格拉斯哥大学，阿其若依教授主持的周末讲座课'，

'是我们这样做吗？'他迟疑地回问着我。'我还不知道这事儿呢。我是酒店的老板。''啊，我是从格拉斯哥大学那里听说的这个活动日'，那一刻，我意识到了自己的信心在向下滑，但是，我实在想要抓住这根稻草。

'呕，是这样的，我跟若依教授的同事特蕊莎 罗伯森有谈过，想要在我们酒店组织一次周末工作室活动的事儿。她说，她会给我回话确认活动的详细。现在，还没有她的回话。所以，我也就无法给你报名。因为，我不知道他们做的内容是什么，也不知道费用将会是多少。'

他的话，让我听上去即肯定又模糊。我一定不能让这机会从我的手指头缝中间再次溜掉。'那好吧，我就在您的酒店里预定一个单人房间吧，请给我预定有工作室活动的那个周五和周六的两个晚上，等你们确定了工作室活动内容以后，我再报名参加活动。'

'这样做挺奇怪的'，他说。'如果你知道了工作室活动内容以后，你不喜欢那些活动的内容，又不想再继续参加了，可怎么办呢？'

'我不会改变主意的，我实在想要参加这个活动，不管活动的内容是什么，我肯定会到的。'

'你看，我们的酒店很小，客房也不多。如果你现在要预定房间的话，我马上就要求你付款。况且，假若你改变主意不来了，我们也不给退款的啊，可以吗？'

'好的。'我说。我立即就在电话线上，用我的信用卡支付了预定费用，我定上了。我的计划B已经有了实际的效果，尽管还需要再等几个月的时间，起码我可以有这个盼头了。我心里清楚：通过在酒店里定到了房间，我就怎么也会有与教授讲话的机会了。那也许是晚上吃饭的时候，或是晚上，在酒吧里。那样，我就可以有机会把自己心事如焚的疑惑悄悄地讲给他了。

自从那个电话以后，时间，就如同蜗牛一般，非常缓慢慢地向前移动。我定了酒店，我的计划B已经就绪了。但是，还要等那么长久的时间。我不断督促自己：要象往常一样的专心的工作。可是，我的集中力，无法再全部回到工作上了。我实在成了度日如年盼望着那个活动日，想尽一切的办法，尽量要离开总部大楼和回避海枣。常常我曼无目的地去访问各个分行，祈想他们不会被我心不在焉的行为而生疑惑。你明白，我掌舵的是一艘快艇，不光是我自己是一名精明能干的舵手，我还要所有的团队人员也得成为有杰出成就的水兵。我曾鼓励他们、奖励他们、千方百计地激发他们的工作热情和工作积极性，对有出色和优异成绩的分行经理，我会带他们去夜生活，甚至安排他们带着他们的伴侣去度假。有一次，我代表总部安排三位分行的经理带着他们的伴侣去美国纽约度假，我懂得如何管理一个有良好成功业绩的团队。

但是如果他们的成绩不佳 — 也肯定是有惩罚的 — 他们也都知道，我是一个奖惩绝对严谨分明的人，我有自己不喜欢做的事，但是大家都知道，我炒员工的鱿鱼，从不心慈手软。分行经理们曾在我的背后议论说：'如果安带着总部的人事部长来到你的分行 — 你就乖乖地交出你的钥匙好了'。根本没你再进行任何争辩挽回被除名的机会了。

可是现在呢，安不知道为什么，她会在没有任何缘由的情况下就来了。我自己要重新振作起来才行。在家里也是一样，自从那天傍晚收音机里播出的新闻，改变了当布兰镇上许多普通人家的生活 — 对我应该没影响 — 我竭尽全力、集中精力才很晚开车回到了家里。而后，跟我丈夫长谈了发生的事件。现在，他也不知道该怎么办，或者如何才能够安慰我为好，他更无法帮助我。我的生活真成了度日如年，全都是慢节奏的了。

随着时间的慢慢推移，日历被一天天地撕去扔掉，我开始盼望着与那个能够解决我一切问题的人见面－我对他充满了信心－我也对他有很大的企望。我要找回我自己的生活。现在，我已经在达奴恩镇上的酒店里定了房间，也在由若依教授主持的周末工作室讲座课程上报了名。我根本就没在意，这个课程的内容是什么，只要是他－我的救世主－会在那里，我就会有个机会跟他谈谈，其它的都是次要的了。我设想着：在那个周末的晚上，晚饭以后在酒吧的哪个安静的角落里，我能够悄悄地向他讲述我自己内心内疚的秘密。他呢，不管怎样，会给我一个解释，他会有办法让我得到解脱。

等着等着，离工作室的日子越来越近了，我开始琢磨工作室会是有什么样的活动。他们会做些什么，穿戴什么样子的衣服？他们会穿休闲装吗？我想应该是休闲服装，但是，再好好想想啊，他可是一位被授予了终身教授的人物－他肯定是要穿西装革履，有硬领的内衣和领带。也许我也要穿着庄重一点，以来配合教授的着装氛围？

我给自己解释说：当我给我手下的管理人员培训时，我都是要求他们当作'便衣日'来着装的。我会安排大家到合乎衣着的场地，参加培训－不是在我们总部的培训室里。因为，在总部，是要求员工穿西装的。我安排团队培训的场地都是放在市郊，这样管理人员，就可以随便穿着他们自己选择的轻松便服，我总是要求他们自己动手建立木筏船和绳索编织的桥梁，他们要动脑筋和想办法，互相磋商与帮助，协调合作，共同完成从小河的一边同舟共济，摆渡到河的另外一边，或者类似这样的团队合作项目，以加强团队合作的信心和提高大家的合作智慧。

以上的回忆，在我的脑海里敲响了警钟，我报名将要参加的工作室举办的地点是在郊区。教授，没有疑问，他完全可以使用大学的教室来做这个工作室讲座的。可是，他把这组人从'总部'带出来到野外。他们究竟会在这个工作室上做些什么呢？我开始担心了。为什么他选择离开他了如指掌，游刃有余的大学校园？他的目的如何－他可不是要给大家讲如何培养团队合作精神。将要参加工作室的都是些什么样的人呢？并且，他们为什么选择了在这样的远离市区的偏远，地处郊外的一个酒店里相遇呢？

我脑海里的问题，如同奔腾的野马，思绪万千。他们到底想要在这样的工作室上，做些什么？大家如何学习和研究超常现象、超自然的心灵现象等东西。

他们会坐在暗室里吗？也许，他们需要手牵着手，或者是，他们要在昏黄摇曳的灯光下，把手都放在圆桌上，就象在电影里看到的那个样子？这些问题，在我的脑海里反反复复地冒出来，为什么偏要选择在那个酒店？那是一个既偏远、又没有公共交通可以直接到达的酒店。也许，在那个酒店里有一个黑黑的地下室或者是暗室。在我打去的电话时，那个酒店的经理确实听上去与若侬教授比较熟悉。也许，参加的人，不光是社会上随意报名的，而是一群常常在那个酒店里碰头的人 — 一帮子常聚会在一起的人。

我遐想这帮人，在月色高高的荒郊野外，全都是袒胸露臂，或全部裸露着身体的男女，如同野人一样围着一个熊熊的野火烧开了的大铁锅，一边跳舞，一边唱发咒语，还被大锅里蒸发出来的迷惑汤蒸汽，给迷惑出幻觉来。想到此，我的肠胃肚子一起开始发生了痉挛。我到底在胡思乱想些什么呀？我为什么没有事先早点看到这些呢？所有的地方都可以举办'周末工作室'的活动，你们为什么就要选择去达奴恩呢？那里几乎就是在一个孤独的岛子上。你得搭乘摆渡船才能够到达 — 并且，我也付了款，把我的汽车也要开上摆渡船一起去那个岛子，以便下了船以后，开车，才能够到达酒店。就是为了保证我会到达那个酒店 — 我真是疯了吗？

也许，我无意中让给自己报名参加了一个什么神秘的宗教组织。他们时不时地，聚集在这种荒郊野外，用咒语做呼风唤雨或者是起死回生般的仪式。总而言之，我根本就没有看，没有认真了解有关这个工作室的广告 — 然而，我也根本就没有留心去查找。我光是那么样的高兴，兴奋自己终于能够在这个工作室活动中有了一个位置。我在给酒店经理打电话的时候，他并没有热心要我预定，他那会儿，他都还不知道：这个工作室的活动是否进行。是我自己左说右劝，我才得到了预定的房间 — 也许，不是什么工作室活动而是一个秘密的社团固定人员，他们聚集在一起的一次活动罢了。他们是用了工作室的名义，作为暗号的。达奴恩，可不象所有其它的地方 — 到了那里就无法外逃的地方 — 半夜里，没有了摆渡船，就更无法逃离了。况且我们正在探讨研究的课题就是：谁付款给摆渡翁 *who pays the ferryman?*[1]

（英语里的民间传说：把死人摆渡过世是由摆渡翁负责送的），让他把他船上的死人摆渡到天堂或地狱？

安，你要静下来，安静点，不要如此可笑地胡思乱想了，我这样敦促警告自己。最糟糕的事情发生又会怎样呢？这是我在工作中又一个常用的策略。如果我碰到了一个非常棘手的问题，我拿不准自己将要采取的行动是否能够对其有肯定成功的结果，我就会这样对自己说—最坏会是怎样的呢？。我重新评估了最糟糕的情况，如果出现的话，会是怎样的结果。而后，我仍然还想要冒险尝试着成功。尽管，我无法真正知道自己所面对的实际情况的结果会是怎样的。所以，换句话说就是：最糟糕的事，如果发生又会是怎样呢？地狱知道。

看上去，我的计划B上面有许多不明的陷井—可是，我已经把这个计划按部就班准备好了—傻瓜。然而，我迫切渴望能够找出答案，以解脱让我心如刀绞般的内疚感，而这种渴望又远远地超出了被跟一群坟冢里的恶魔同时陷在孤岛上的心惧。但是，我还是需要有一个计划C。

于是，我开始研究地图了。如果半夜里，我需要逃出孤岛，没有船渡，我该往哪里跑呢？苏格兰著名诗人罗伯特 伯恩的脍炙人口的诗歌故事情不自禁地映入了我的眼帘。故事大概内容是这样的：梅根，是一匹忠实的灰色马，为了救助它喝醉酒后陷如魔穴的主人谭母 山特。他由于喝醉酒了，他就对着正在跳舞的一大群女妖们中的一位，就是最美的女妖叫喊：超短裙。这一叫，他可激怒了这群妖怪。女妖们停止跳舞、调转过头来追赶、要抓他，并且紧追不放。关键的时刻，他拼死骑马、奔跑逃命，跑到河边儿桥头，就要被追赶上了，女妖不能追过盾河（恶魔管辖界的界限是盾河），但是，女妖死追不放，她一下子抓住了灰马的尾巴。忠实的灰马宁肯失去自己的马尾，也要带着自己的主人冲出恶魔管辖地。最后，摆脱了女妖追赶 — 我猜想，我会丢失什么呢？。在这首诗歌里，灰马，不得不在盾河桥上拼死狂奔，传说女妖不可过盾河之界。真是的，我去的地方就是四面临水，没有桥，晚上当你最需要摆渡船过河的时候，摆渡船已经收工回家了。我认真地研究着地图，如果我想要逃出孤岛的话，实在需要我相当的努力'拼死'逃命。那里离我家有200里的距离，而且是要跨越广袤的郊外旷野和山边的小路。我可没有那个闲情逸致，特别是在深更半夜里逃命 — 但是，那必定是一条可尝试的逃命途径—就这样，我的 计划C 也就这样诞生了。

周密的思考计划，现在已经就位了。终于，我盼到了也许有风险的去达奴恩跟阿其 若依见面那个日子的黎明。现在，已经是九月了，尽管夏天就要结束了，这里天气还是满好，到处都有阳光普照的景色，天空几乎没有浮云。我事先安排好了，那天到格拉斯哥工作，实际上，我的安排是去格拉斯哥外围城镇，格拉斯哥南边的绍兰镇访问那里的分行。我跟那里的分行经理一起在附近的饭店吃午饭。因为是星期五了，我们的话题自然就提到了'这个周末你会做什么呢？'我记不得他说的他的周末安排了。但是，我特意告诉了他，我是要去达奴恩过周末的－我连我要入住的酒店的名字都清楚地告诉了他。我当然不会告知他我去那里的目的，他会很自然地猜想我是跟我丈夫一起去那里，我们过一个周末。而实际上，我是有意识地留下了一个信息，以备万一，我回不来的话－至少他们知道我最后的出行踪迹和酒店的名字，以寻找我的尸骨。

我离开了那位经理以后，就开车去了谷岩港口搭上了渡船。我特意给我的汽车油箱加满了柴油，以防备我在半夜不得不狂奔逃命。当我想到那200里'狂奔'逃命的路程，好感激我的雇主老板，他坚持我用公司的柴油汽车－当时，我还反对使用燃柴油的汽车。但是，由于我总要到处跑，要跨越很多里程，燃烧柴油的汽车比燃烧汽油的车要经济得多，我也就不得不接受了。从前我使用的是德国产大众跑车，黑色的轻巧车体，有超低的轻金属合金的车轮和轮胎－每当等信号灯变色的时刻，红灯刚变成绿灯，我的车就能飞快地冲出等待线，我曾以在四通八达的信号灯区内，众目睽睽之下炫耀我的跑车真棒，而开心。现在我开的这个柴油车，完全做不到了－但是，要逃命200里，我不用找加油站，还是满有把握的。

摆渡船只需要25分的时间，很快就到了岛子上，我把车开下船后，径直开去酒店，没想到竟那么快，那么容易就到了酒店。当我把车开进用石头铺垫的通往酒店前门的路上，显现在我面前的是一幢十分典型古雅的维多利亚式建筑。楼房有老虎窗，楼墙两侧有一级高出一级的梯形壁墙，占用地面相当阔绰，建筑的原始颜色历经了多年的风吹雨打已经使其原本颜色殆尽了。但是，还是非常显赫地标志者旧房主的往日权贵、辉煌与高雅的情趣。

我特意掉转了车头，面向我事先从地图上查好了的出逃路线通道口上，那里，只有两辆汽车停放在酒店前的停车场上，我猜想大概会有更多的人随后到来，我把自己出逃可依赖的柴油汽车，停放到了不会被后来者的车，给堵塞的位置上，才拔出了车钥匙。

走进酒店大堂，我看不到任何人影。我就直接按了大堂桌子上的金色铜铃，随即，就又用手把铜铃捂住，即刻停止它发声，好像似我不是真的想要别人听到我来到了一样。几乎在同一个时间，大堂经理出现了，他是一位高嗓门、爱说话、自来就熟性格的人。他热情地迎接了我，接过了我手里的行李，带我上楼去我的房间，我象绵羊一样跟随在他的身后。看我就要进入房间，他说道：'另外两位女士在酒店的大厅里用茶呢，也许你喜欢跟她们一起喝杯茶'。说完他就下去了。

我要去见她们吗？我拿不准。但是，现在已经是鼓乐初起了，既然开场了，我也就该下去看看，跟自己一起过周末的是怎么样的一群人。我走进了大厅，看到了两位女士正在饮用红色玫瑰花茶，她们使用的精制瓷碗和瓷盘，恰恰与红色的玫瑰花茶相匹配。我斟酌好了，把自己的移动电脑也从楼上带了下来，自己住酒店有这个电脑在身边总是方便。这意味着：我能有事做或者是没人跟我聊天时，我就看电脑；或者是，当我不想参与其他人聊天时，就用看电脑为借口，在这种境况下，有这个移动电脑，它是我的最基本的道具了。

当我走进大厅，那俩个女人停止了她们的谈话，都仰头看着我，并且给我打了招呼，其中一位问我道：'你是来这儿参加工作室的吗？'

'是的，你们呢？'

'是，我们也是，我们总到这儿来。'

啊，我猜对了，她们是一群人的先头部队。但是，她们看上去很普通的，我们的谈话随便继续着，她们很会使用苏格兰西部地区人们的习惯做法，努力象似使用电钻一样，想办法钻出你是谁？你从哪里来？你的父亲，母亲都是做什么？最重要的是你是从哪个学校毕业的？这样一连串的问题。在爱丁堡，我们总是就这些问题非常注意隐密的 — 特别是当我想要她们安静会儿的时候，我就静静地按下了移动电脑的开关钮，等待电脑激活。

'你在干什么呀？'她俩儿人其中之一，马上就这样问了我。

'我要干点活儿。'

'干活儿，我以为你来参加工作室的呢。'

那句话一下子就象按了电脑的回车键一样，又把我投掷回起点。我是在做什么呢？

我确实是为了这个工作室而来的啊。我是冲着阿其若依教授和他的答案而来的啊。这确实是很重要的，我把电脑又悄悄地关闭掉，放在一边了。

那个周末我碰到了几个非常有意思的人，他们都是有着不同的生活背景，大部分人是有专业教育的，包括律师、心理学医生、教师和地地道道的绅士人物，阿其若依教授。正如我预料的那样，他身穿深色西装，只是西装有明显的陈旧与退色了，教授有灰白的头发，头顶上头发明显的稀少了，他戴着金边眼睛，讲起话来慢声细语，学识相当地渊博，口中带着苏格兰西部地区的语音的腔调，幽默、诙谐的语句总能够影响周围人的共鸣和大笑。他用了一整天的时间给大家讲：那些有着自己前生记忆的孩子们和印度的被其它灵魂占据了身心的例子。

他的同事特蕊莎 罗伯森，是这次活动的组织者。她主持了一系列的心理测试、试验活动，我惊讶地知道了我有在把眼睛蒙上毛巾以后，能够'*看*'到摆在我面前的扑克牌是哪张牌的能力。这也包括了参加者做'*心灵感应*'的测试练习，'*传输*'他们被出示的一种特定卡片上做的设计，而被蒙住眼睛的人，试图'*接收*'这图像是怎样的设计。我惊奇地发现：我能够在自己的脑海里，看到这些图像，我脑海里出现的图像，清楚地就象我白天看到的一样的正确。我真是灵媒吗？

然后，就象我预料的那样，我的机会到了。慢慢地参加工作室的人们都回房间休息去了。酒店大厅的酒吧也变得很安静了，我抓住这个机会跟教授单独聊聊我的经历。当我刚把我的经历讲了一个开头，他就打断说：'你不是唯一的人 — 有许多人宣称他们对当布兰事件有接收到了预感。如果你说你有看到了现在已经发生了的事件，但是，没有足够的证据，来证明你确实在事件发生以前收到的预感，是不好的。'可是，当他对我说这话的时候他没有意识到他的'你不是唯一的人'对我来说简直就是立行解脱。我以为我是唯一的一个人。我那会儿觉得我是唯一的一个人，我那会儿觉得全是我的错误。我以为自己应该做点什么呢，我应该是那个能够阻止惨案发生 — 可我没做。

虽然他的注意力都集中到了要有证据上，当他看到我激动落泪的真情心理，他意识到了这件事情对我来说太太重要了。'如果你确实有在事件发生前，就得到了预感的话，你应该有一种愿望做些什么或者告诉给其他的人？'

'是的，是的啊，我有，'我重新振作精神回答了他。

'你有啊？'他问道。

'是的，我告诉别人了。'

'我想那是你的一个朋友？'他问道。

'不。不。那是一位工作的同事。'

'你是在事件发生以前告诉的吗？'他又问道。

'是的，是在事件发生之前。但是，她现在都不肯直视我的眼睛了。'

'太好了，太好了。'他一边激动得叫好，一边兴奋地摩拳擦掌，还用拳头击着桌子。'而且，她会给一个口述吗，你想呢？'

'唔，我想应该是可以的，但是，你得自己去问她好了。她不再理睬我了。'我告诉他。

'太好了，太好了'。他再次兴高采烈地摩拳擦掌，随即用拳头又击了几次的桌子。 然后，我看出来，他就最后的那句话，就是口述的问题陷入了深思，好像他在想：他该何时去找我的同事，拿到她的口述。他又好似从他自己单独去拿口述的旅途中返回到了我们的桌子边上，而我还在这里等待着他给我的答案呢。'没有人知道预感为什么会出现'，他开口说话了。'但是，预感：总是出在就要发生的糟糕的事件或者是惨案上 — 从来没有发生在喜庆的事件上。它好像似提前警告的信号，发出来以后，那些非常敏感的人会收到这样的信号。这与发生在威尔士阿伯凡煤矿坍塌惨案事件with Aberfan[2]一样，还有几次飞机空难事件也是一样。'

'但是我该做什么呢？ 我又不知道将会发生在哪里，'我求助地说。

'是， 大概能够有几个人，他们都会提前收到了不太一样的信息，作为惨案事件的警告信号。这就象解密组合拼图游戏一样，如果你把几个人的信息都拿来，合放在了一起， 就能够感悟出一个道理来了。但是，到了那个时候，多半都是事件已经发生了。你收到的信息最多了， 你对事件形容的内容也是最准确的。但是，你无法做任何事情。谁也不应该指责你。'

这可是我确确实实想要听到的魔术般语句，但是我没敢问 — 是他自己主动告诉我的， 好像他能够读懂我的心意。我向他提问道：'啊呀，接收到了预感又有什么意义呢？难道人，能够阻止这样的事件发生吗？并且，如果再次发生类似情况该怎么办呢？'

"很有可能再次发生。因为你很敏感，很容易再次接收到类似信号，你肯定再会有其它方面预感的。至于'你如何阻止这样的事件发生？或改变它？'没人知道。"

那天的夜里，我怀着复杂的心情入睡。教授虽然把我从沉重的内疚感中解脱了出来，可是他又让我心里生出了另外的忧烦念头。'很有可能会再次发生，'他是这样说的。他的话让我在我的心头罩上了更多的忧郁与担心。我根本不知道，再次的预感，它的到来竟然如此之快。

第三章 守夜

我 从达奴恩孤岛上'逃脱'了出来。只是，我的周末与非常友好的人在一起，我们过得很有意思，他们都是正常人。我弄明白了：原来，这次活动的主角，是一位通灵媒体，同时他在酒店里做兼职厨师，他做一手美食，他的天才不只是脍炙人口的餐饮。这就把为什么要选择在这家酒店里举办工作室，给解释得清清楚楚了。不但我的胃口有品尝到好吃的东西，最重要的是我获得了精神食粮，身心都有得到了充分的营养饲料。不光只是那个教授给了我提示说：我还会收到类似事件的预感；我还在这次的学习中，也接触和了解到苏格兰心灵学调查研究协会（SSPR苏调研会），就是由教授建立的那个目的是专门调查和研究异常、超自然现象的民间组织。还有，就是教授热情地建议我，应该参加他们下一次的研讨会。这些会议都是在教授任教的格拉斯哥大学，他们上课的讲演厅里举办的，我欣然地答应了。

尽管教授已经帮助我解脱掉了，我内心里沉重的疚愧感，但是，我仍然需要了解更多的情况。特别是为什么会有预感，其目的何在。我的生活依然按部就班往前移。我有自己的丈夫，我们有自己舒适的家居和挺好的工作 — 可以说是鸳鸯戏水、好景连连。可是所发生的这些事件，都是由于一个烦心的预感，把我的正常生活一下子给搅乱了。宛如一棒子把我的鸳鸯梦给打破了一般 — 肯定这里面有，需要我做进一步深入学习的什么涵义，一种目的 — 我要了解了其目的，才能够预防更糟糕事件的发生。这就是我的逻辑思维。如何能够做到这个地步，我不知道，就连有头衔的教授，他也不知道。但是，我根本没有想到，我的这个问题的答案，很快就有了发展，因为戏剧性的预感，实际上又兑现了。

我开始参加苏调研会的会议和活动。会议是在格拉斯哥大西街上的格拉斯哥大学，鲍狄奥教学大楼里，大学的西门，就对着一直通往苏格兰最美丽的国家保护公园和罗曼湖的高速公路大道。苏调研会都是在晚上召开的，一般情况下，总会有一位在某种领域里，有权威地位的专家，给到会者做其所研究课题的详细的讲解或报告。我发现这些讲解和报告总是让我着迷般感兴趣，非常令我心驰神往，对我很有激发力量，倍受鼓舞和激励。尽管我阅读了几部由这些专家们推荐的有关这方面的书籍，我也阅读了该协会月刊杂志里，每月发表的评论性文章，我意识到我自己在这个奇特的超自然现象领域和方面的知识、能力之渊源，实在是有待开发。

我刚一加入到苏调研会，就被邀请参加到小组工作，这是去现场对异常现象进行的现场实际调研工作。'那都做些啥呢？'我婉转地询问那位由阿其若依教授介绍给我的温善的绅士，教授在介绍我时告诉了他，我会对他们的调研工作有帮助，我是苏调研会里的一个好帮手。我加入苏调研会的时候，他们的总部在格拉斯哥，在爱丁堡也有分会，我能便利地参加，不幸的是，由于组织者斯迪文门资的提早过世，爱丁堡分会缺少人手，所以就不得不停止了活动。

所以呢，当阿其－人人皆知的著名教授－介绍了我，我是从爱丁堡来的，我明白自己之所以被吸收到苏调研会的行动工作小组，去参加现场的实际工作，是由于我能够对其工作有所贡献。

'我们对有人报告给我们，说他们的家或者工作的场所，或者任何有问题的地方，我们的工作组去那里进行实地调研'他从容不迫地告诉我说。

'问题？'我追问道。

"是的，有鬼出没行为的房屋，或者是类似情况的地方，'他解释说。

'真的吗？但是，我又能做些什么呢？我可不知道该做什么呀？'

'你会写报告吧？'他问我说。

'对，是的，我当然能写报告，'他有点俯就，还是继续说：

'我们会把你安排到我们成对儿工作的调研组里－我们总是要成双皆对儿的做这种调研性质的工作－你的工作伙伴会负责如何调

研；你呢，只需要负责记录，还有，就是写完成之后的报告就是了。'

当然，他这样解释，我能够接受，他不是把我自己一个人，送到一个阴气沉沉闹鬼的地方，不晓得会遇到哪家子的鬼。他是把我安排到一个有经验的、完全知道该做什么的、老手儿的人之手里，做为我的合作伙伴，我只记录—那样，我肯定能做得好。

我准备就绪了。我积极性很高，愿意跟着这些人去调研。他们是我认识的唯一能够对奇异事件进行调研的人，最重要的是他们的调研工作很规范，很强调科学性。

他们有明确的宗旨：

- 他们必须是两个人一起工作—从来不准单个出马。这是为了调研人员的人身安全、也是为了客人的安全、也是对客人情况的保护，不至于让客人觉得他们把一位陌生人，请到了自己的家里。如果可能的话，大多都是由一位男士和一位女士组成调研组的工作队。
- 他们只接受独立的有实际现象支持的情报为证据。传闻逸事的情况，能是非常有趣的。但是，只能保存到等待有'确凿证据'的记录档案册上，等待进一步的证据来证明它，有了证明，才能够确认该现象，属于超自然的异常现象。

我欣赏他们的工作宗旨和工作态度。对任何事情，都必须是不折不扣地遵守严格的纪律，不得有无稽之谈的工作态度或作风—这里不存在象是在电影里看到的那种，光凭着感情用事的情况。

同时，我继续了解有关这种调研工作的详细内容，'啊，有时候我们也要通宵达旦的守夜。"守夜？'他不是那种雷鸟—雷鸟不是守夜鸟吗？

'是啊，我们去经常有鬼神出没的地方，我们总是需要一个团队的人一起去。然后把事实记录下来，基本上就是这个样子。'他诙谐地笑着告诉我，以解释我满副疑惑的面孔，接着他又说：'一般来说，都是在公共场所的楼房里，那里常常有重复的报告说：有闹鬼的事件。这样的事件需要证实（是有重复的字样，我现在才真正明白了，在异常现象调查工作中，这个词的意思），我们或者被邀请过去，或者获得主人的允许之后，我们在那里过夜。然后，我们把发现的一切实际情况写成完整的报告。'

'啊', 我仔细斟酌着他的话, 尽可能地把他所说的词、句都记在脑子里。

'实际上, 我手头上就有一个守夜的任务。你应该跟着来看看。你也应该与 阿其 罗锐 见面。他是苏格兰东部地区唯一的一位调研员。'

至此我才恍然大悟地明白了, 他们要我参加这个调研组, 不是因为我有那份天才和智慧, 而是因为: 我是爱丁堡地区的仅有的代表。他们可不知道, 我为了能够加入到这个组织中来, 我宁愿从爱丁堡开车追随他们跑, 可以跑到任何的天涯海角, 跑到哪儿, 我都心甘情愿。而有象阿其这样有广博学问知识的教授, 又是这个超自然、异常现象领域里的专家, 我打心眼里佩服他, 也愿意跟随着他们的工作。

就这样, 我应邀参加了我第一次的'守夜'。守夜地址是在阿尔郡的克尔科握德镇子上的山特客栈。客栈的前身, 曾经是一个学校的旧址。1775年著名的苏格兰诗人罗波特 伯恩, 就是在这所学校里读书的。学校的对面是一块墓地。诗人笔下脍炙人口, 维妙维巧, 栩栩逼真的人物 苏特 章尼, 坦母 欧 山特和 克棵坦 金 — 都是当年生活在这个村上的真实人物, 并且, 死后也都被埋葬在客栈对面的墓地里。

原来的学校旧楼, 现在成了客栈。楼上出租给客人, 楼下是酒吧。这是一座又长又窄的楼房, 在楼的后面还接出来一个平屋顶的厨房, 厨房的入口处是在酒吧的后门, 这厨房就是后来接到原来的楼房上面去的。通往楼上房间的楼道, 是在楼房的最远的边上, 是专门为住宿的客人专用而设置的大门和楼道口。客人可以从街上直接进大门, 在楼梯通道旁, 还有一个小方桌做为服务台上, 客人进门要报个道, 就可以上楼了。在楼上的走道里, 需要向右转, 就走进了楼房的中心部分。客房是门儿对着门儿, 在走廊通道的两边上, 对面排列开来的。这个走廊的通道比较长, 在走道的尽头, 是一个防火的通道门。

我们去做调研守夜的团队小组人员, 事先约好了, 在客栈的酒吧前面集合, 然后大家在自己的汽车里等候酒吧关门, 酒吧闭店以后, 我们才能进去工作。我们在停车场的自己车上, 等到最后一个客人离开酒吧回家睡觉去了, 才得到客栈主人的手势, 招呼我们进去。客栈主人事先已经讲清楚了, 他不想让任何人知道我们去做守夜调研工作。他告诉我们, 他的几个客人都是在深更半夜里离开客栈的 — 有的人把住宿费留在了服务台上, 有的人根本没留钱，就跑掉了 — 他们都是抱怨说有一个客房里闹鬼。是他想要我们来做调查，搞个清楚。

苏调研会做调研工作，有严密的规定和要求，我们为此按照要求做了周密的布置，安排好成对儿的调研员。一对儿调研员，守卫在一个房间的不同的位置上，大家都坚守自己的岗位。每对儿调研员，都会静静地坐在安排好的位置上，执勤一个小时，在黑暗里观察周围的情况，记录下他们经历的所有实际情况。然后，有人会摇手铃，或者吹口哨，来暗示到了换岗位的时间了。调研员就对换岗位。然后，又开始静静地在黑暗的夜里，守候观察自己周围里的任何动静。这样的轮班换岗守夜程序会循环几次，一直到下一天的黎明为止。到了那会儿，大家就聚在一起，每个人就把自己记录的内容拿出来，互相对比。这样的调研工作，一个人的证据不算数，必须是两个人或者两个人以上的笔录内容都一样，才能够成为证据。所以，两个人在一个小组里，要见证同一个超自然、异常现象，必须是这两个人对同一个超自然、异常现象，有共同一样的见证，才能够被接受为证据。否则的话，完全有可能是一个人的胡思乱想。

我被安排与另外一位也叫阿其的人成为一组，他叫阿其罗锐，这是我第一次与他见面。他就是阿其若依教授向我提到过的那个人，是一位退休的学校校长，他现在居住在发富郡。我们每个人还被发给了一张守夜用的岗位执勤轮流表，这张表上，清楚地标明每个人所在岗位的位置，还有房间的号码，以及轮流的时间表。阿其跟我将要从厨房开始，当我拿到了轮流表以后，我就松了一口气。因为厨房是在楼下，大家都知道闹鬼的房间是在楼上，但是都不知道是哪个房间，至少不是在我们坐的第一班厨房里。

另外一个执行守夜任务的调研员，必须要遵循的规定是：两个人在同一个房间时，必须斜对面地坐在房间对角线的角落里，这样可以让两个人的视野覆盖了房间里的全部位置。如果坐在房间的中间位置，背对着墙壁，需要扭转头，才能够看到房间角落里的动静 — 你自己试一试，就会知道我的意思了。

我们进入到了酒吧后面，加建出来的平顶房里，就是客栈的厨房。这是一间很大的长方型的房间，中间是一张用不锈钢做桌面的厨房用桌，周围有冰箱、雪柜、烤箱和其它厨房设备，全都是依次靠墙摆放着。房间的整个外墙上，都有并列排开的玻璃窗口。窗口的下面是洗手池、洗碗机和落地式储藏柜。

当我们在厨房里，环视四周寻找座位时，阿其说：'我就坐在这排窗户头上的角落里了。'我只好寻找那个跟他斜对面的角落，坐在一个很大的不锈钢冰箱的旁边。于是，我们就座以后，就用眼神示意我们在各自的对角线上，并且示意可以关灯了。随后，我们就在黑暗中守上各自的岗位了。

我没料想到自己在黑暗里，会是那么样的害怕。我根本在漆黑的夜里什么也看不到。只是觉得自己的心跳加速了，在这个闹鬼的房子里，深更半夜的，我跟着一帮陌生人，坐在我斜对面的人，我才刚刚认识－就希望找出个鬼来！我快要吓出汗来了，你胡思乱想些什么呀？我这样告诫着自己。

然而，就在我默默地自言自语之中，我使自己安静了下来。'别发傻，安，不就是黑夜吗。这里是酒吧的厨房，什么也没有。'逐渐地，我的眼睛习惯了厨房里的暗黑，我集中精力，想看看跟自己斜对面的调研伙伴阿其的笼廓。在从厨房窗口透过来的微弱月光里，我看到了他坐着的身体笼廓的大概形状。就当我想稍微放松一点，挺直了腰背那一瞬间，我身边上的冰箱的自动调节器一下子跳开了启动门－我的心差一点吓得蹦了出来。幸好，我把自己的嘴捂上，没叫出声来，后来我才了解到的，阿其有耳背的毛病，所以我没有惊动他－也保全了自己胆小的名誉。

一会儿，通知我们换岗的铃声响了，我们需要换房间了。在楼下换了几个房间以后，我们被指派到了楼上的房间。到此时，已经快到黎明十分了，我已经习惯了黑夜，开始觉得非常困倦了，先前几次神经过敏似的反映，更使得我的精力殆尽。所以我就失去了害怕的心劲了。

我和阿其被重新分配，去守候楼上的一间客房。客房的门敞开着，并且正好对着走廊通道，我们又斜对个地坐在黑暗的角落里了。我坐在门口边上的角落里，他又坐在窗口边上的角落里。客房的门大开着，实际上，我可以用眼神瞥见客房外，正在走廊尽头角落里，也在岗位上的守夜调研员耐克，他的太太莎若，坐在耐克的斜对面，她不在我的视线之内。

我们都企望再坐一个小时也没有任何的动静。随着时间的推移，我觉得疲倦无聊，就朝着门外走廊尽头的耐克望去，我看到了好多像似小小的蓝光点点儿的光亮点儿，它们正围绕着耐克不停地跳跃。我开始用心看了，确保我的眼睛不是因为疲倦而在发花儿，或者是因为光线的反光，我有了错觉。我用力集中精力来注视，看见了这些蓝色的光亮点点儿门、快速地围绕着耐克旋转。在蓝色光亮点点儿身后，还留下明显的泛波出其光环般影子的轨迹。电视上曾经为'Ariel'洗衣粉播放的广告片，展示出洗衣粉在洗衣机里运转时的状态，就是蓝色的肥皂沫，带着水分子不停旋转，而后留下一系列的蓝色皂沫分子运动光亮的波纹痕迹，达到其'生物制皂粉'之目的。这是我能把我所看到的情景，用这样最贴切的列子来形容和表达了。

知道只有我一个人看到这个情况不成证据，我需要有证人一起出证这个事实，我悄悄地把阿其叫过来，问他：'你是否可以看到围绕着耐克身边的蓝色光亮的点点儿？' "是，" '可以看到，但是，它们是从哪里来的呢？'他说。

这是典型的调研员的思路 — 排除一切可能性。然后，剩下的，也是唯一选择。我们的双眼集中在走廊里，搜寻可能的任何光源或光源反射，我们意识到：什么都没有。耐克后背对着防火通道的门，走廊的尽端，他坐在黑暗里，他附近没有其它的门，这个走廊里也没有任何窗口。

当我们继续看着这一切，我突然为耐克担忧起来，我马上说：'耐克，你怎样，没事吗？' "我说不准，'耐克回复我，'我觉得有一种奇怪的感觉。'

'你觉得怎样？'我又问他，因为他说话的语调很缓慢和吃力.

'我觉得象似这儿有什么东西似的，但是，我不知道它们是什么，我一点不舒服。'

他的话音刚落，换岗的铃声响了，走廊里的灯被打开了，蓝色的光点点儿全都不见了。耐克试着找回他的知觉。他看上去还是很迟缓，好像他刚刚从神志恍惚的意境中醒来，他说他不知道刚刚他怎么了。现在，是轮到我们在走廊里守夜了。我们与耐克和他的太太莎若换了岗位。他们两夫妻，进了敞开着门的客房；我们到了他们在走廊里的座位上。阿其立即就坐上了在走廊另外一头的椅子上，我只好坐在耐克刚刚起身离去的椅子上。此时走廊的灯光又被关掉了，四周又是一片漆黑。这回，我可要精神抖擞点儿，想要再次看到那些蓝色的光点点儿，但是，时间推移，什么也没有了，我又开始有了睡意。然而，突然间，蓝色的光亮点点儿又在走廊中间部分的一个客房门框架上出现了。我马上就用眼睛盯上了蓝色亮点点儿，再次确认，这不是任何光源的反射光影。可是，我看到的是有更多的蓝色光亮的点点儿，围绕着那个门的门框，好像似互相追赶着、它们正在玩一种捉迷藏游戏。然后，其中的一个蓝色的光点儿，从门框上慢慢地向门边上的墙上移动，在它的身后，慢慢地有一个一个的光点点儿，都跟随着它上来了，它们的身后，都留下一道道光环般影子的痕迹。大概在有一人高的高度上吧，它们慢慢地冲着我坐的方面移动。

我立即朝着坐在走廊另外一头的我的合作伙伴望去，祈求他的验证、或至少给我几句安慰和支持的话语。可是，我看到了阿其，斜躺在走廊另外一头的那个椅子上、鼾声大作地睡的正香。啊，棒极了，我自言自语道：他不光无法证实现在的情况，也无法救助我了。我的这个想法刚刚落下去，就听到了耐克他那优美的男低音的话语：'安，别慌，我能看到它们。'感激上帝呀！
　　当这些蓝色的光亮点点儿逼近了我的时候，我却看不到它们了。但是，我相信它们围绕着我，就象围绕着耐克那会儿的一个样子，在他周身和头顶上饶圈圈儿。我有一种在我周围的空气里，充满了某种静电充电了的感觉。然后，我注意到沿着走廊的地毯上，有一个什么东西，正在旋转着滚向我这里来。我不知道我是怎么知道的，它是冲着我来的。可是，我确实猜对了。渐渐地，这东西离我越来越近了，我感觉到了突然有强烈的寒冷感。寒气首先侵入到了我的脚趾，再进入到了我的双脚和两个脚脖子里，然后，继续进入到了我的两条腿的前部分，好像一堵冷墙，慢慢地向我袭来，要吞掉我。就当这冰冷的袭击击中到了我的两个大腿根上时，我不舒服极了，我知道再往下继续，这种冰冷的袭击就会击中我身体的上部分，我不要等它们的袭击，我立即从椅子上站立起来。这会儿，耐克已经过来了，就站在了我的身边。由于他已经目睹了所有发生的一切，他按下了灯的开关，灯亮了。几乎就在点亮了灯光的同时，一个剧烈的爆炸响声，好像从楼下传了出来，响声如壮年男子用大铁锤击中了客栈的前大门。可是，没有任何人影。
　　另外一个已经准备好了的警备措施，是苏调研会事先安排的，就是派了两位调研员，在楼房的外面守候，以防备有人从楼房的外面耍花招或设诡计。所以，我们在客栈外面守夜的同事证明，外面没有刮大风，也没有人撞击前门，客栈前门和停车场上，都是一片漆黑与寂静。
　　我在苏调研会得出了最让我难以理解和无法接受的结论，就是尽管调研员，按部就班地通过专业方法，如同我目睹的情况一样，在排除了所发生的奇怪现象的一切可能性的解释以后，对于这种现象来说，一旦所有的可能的'正常'的解释都被用尽了，又全都被否定排除掉了，最后还是在结论上，要加上一个'无法解释'的字样。
　　我还要继续下去。

第四章 又一次的预感

  同时，我在金融服务业的工作还要正常继续下去—别人不知道在属于我自己的时间里，我在做什么。由于跟教授交谈以后，我了解到了，不光我自己一个人，才有预感的能力。我的心理感觉舒服多了，我也能够正常地工作了。直到我再次得到类似的预感—这次呢，我的预感让我完全知道了，是谁会出事儿。

  我的工作，不只是管理银行分行里的工作，还要负责银行的直销团队。这是一支经过反反复复的精挑细选、也是我亲自选拔人员、培训、鼓励、组建起来的公司里最优秀的销售人员队伍。这些人直接把销售报告汇报给我，不必通过他们所在的分支行经理。我也会指派他们直接去那些销售指标有放慢趋向的分行。通过派他们到分行里参与工作、言传身教，不但可以提高那个分行的销售数量，还能够让他们以点带面，把他们已经成熟的销售技巧和技能传授给其他的分行员工。我的工作方法看上去象是一个成功的模式。

  团队里的每个销售员都根据银行运作的策略，被安排在他们自己管辖区域内，参与工作，按照自己管辖区域内的各个分行实际情况需要，合理参与，并指导那里的工作。公司给他们每个人都配备了轿车，方便他们在区域内的分行之间来往，全面管理工作的需要。

  在我的下一个预感里，我看到的是一次车祸。一位年轻的女士昏迷斜倒在她的方向盘上，头部鲜血涌流，我无法断定这个女人是否还有喘气，但是，我知道她的头部受到了严重的撞击—不是所有受到严重撞击后都能够恢复的 — 如果大脑受到撞击就很难恢复。

又是一个让人疲惫不堪的场景，但是这次最糟糕的是我认出了这架车，也认出了这个女人— 她是我自己销售团队的成员之一，名字是绶娜。

现在我已经从往年的经验中学会了深思，我只需要想透彻了。如：为什么这些事故会发生？还有，你能够想办法阻止这样的事情发生吗？并且，我很快就有了这些问题的答案 — 尽管有的问题我自己也没有意识到。那会儿，我意识到的就是阿其若依教授的预感兑现了— 是的，我确实收到了又一个预感 — 而且这次呢，我知道是谁，所以我这次该做些什么呢？

我直觉急迫催促地告诉我，我应该想办法警告她，同时还不要让她知道我有了预感 — 这主要的就是因为她大概完全无法接受和相信：她的上司老板有这样的预感。 所以任何警告都会被当成耳旁风。我要救她的命 — 可怎么办呢？ 我决意这次不能跟以前一样了，我一定要做点儿什么 — 我要有所改变。但是如何做到呢？

绶娜的管辖区是苏格兰东部从邓迪开始，包括邓迪以北的地区直到阿伯丁。她的家就在阿伯丁。她是一名优秀的销售员，可是，她有点儿大咧咧的习惯。她总是给人一种对文件、材料收拾的不很规矩的感觉。那会儿，已经有了文件夹可以做档案袋，可是，绶娜喜欢使用活页记事贴，她的活页记事贴，贴得到处都是，杂乱无章，有记事贴粘在分行的办公桌上， 有记事贴粘贴在她的汽车里，还有的在她的个人手包里。她客人的文件资料，也常常与她的梳头刷子、光碟盒子、以及她的口红，混放在一起。她的汽车里，总是象她即办公又睡觉的地方。但是，尽管如此，总的来说，她是非常友好和工作绝对出色的人。

我必须得马上行动，我不知道这个事故何时发生，但是我不想拖延。我要召集一次销售团队集体会议。我是经常组织这样的销售团队会议的，所以，这并不足奇。除了我们刚刚在两周前有过一次这样的会议以外，现在又来一次，这么快，看上去，有一点儿怪。但是，我可以掩盖过去，我决定搞一次新的促销活动，我要组织一个动员会来推进销售。

我安排了会议，并且召集了所有管辖区域的团队人员，全部都来总部大楼，参加这个会议。会议进展顺利，正如以往那样，大家鼓足了干劲，力争做到最好的销售成绩。 会议结束时，大家都还兴高采烈地喋喋不休地商量促销办法，员工们热情高涨互相攀谈后，就要散去时，绶娜满面春风地与同事边聊天，边走向通往停车场的会议厅大门。

我用我最严谨的语调把她喊住了。我说：'绶娜，回到这儿来，我要跟你说句话'。当她听到了我说话的语调时，脸上的笑容立即转变成了认真。她马上答应了我，转头就向我走了过来，并低着头，好像一只狗狗，刚被其主人给大骂了一样。

'我做啥了？'她悄悄地问，抬头疑惑地望着我。

'还没呢，'我说：'但是，我注意到你的汽车里，记事本，歌曲光碟和好多其它什么东西，都乱放在副驾驶员的座位上——这就清楚地告诉了我，当你开车时，你的注意力没有完全的集中。你用的是咱们公司的车，我不想看到车被撞坏，你听到我说的是什么了没有？当你开车的时候，你一定要把精力集中到开车上。不能想着找记事本，也不能去拿你下一个要听的音乐光碟，别心不在焉。我不想让你下次来开会的时候，你带着你有被撞了，有伤痕的车，来见我，你听到我说的是什么没有？'那会儿她的反应看上去是那样的吃惊与委屈，她还没做什么，就被这样严肃地警告了——我相信她在想——为何？你专门想要找我的茬？

她离开会议厅大门，深觉委屈，深感我对她的严厉与不公道。我想，这大概是我唯一可以帮助她的，警告她的办法。我不想把她给吓倒，那样反倒会引起她的担心而出事故，我也无法天天都坐在她的车里，监护着她。我是想用故意让她有怨我大惊小怪，过于指责她的办法，促使她注意，并要她生成有一种：定要注意的警觉心理，要用实际行动来证明，安，你不对呀，我没有让公司车碰上任何损伤。

跟上次一样，当我'做了些事'和'告诉给她人'以后，我内心的紧迫感悄悄地安稳下来，又恢复了正常的生活。可是几周之后的一天，我正在格拉斯哥分行工作。忽然，收到了总部电话。总部要我给泰丝德警察局打个电话。通知我给警察局电话并不稀奇，因为我们的分行有过几次被匪徒持武器入室内打劫，发生事故的例子不只有一次了。事后，我总是要承担起安抚那些倍受惊吓的员工——这些工作看上去虽然细小，但不得忽视——或者跟来采访案件情况、要写报道的报社记者沟通，当然也要与警察局打招呼。当我拨打手里拿到的电话号码时，我在想，也许警察要告知我最近我们银行发生的被打劫案件的进展情况，或者是告诉我匪徒已经跑得无影无踪了，——又是一次，他们抓不到匪徒。

可是，完全都不是。当我们双方都证实了自己的身份以后，只有警官才使用的官方语气和字眼，他说：'你认识绶娜 阿肯丝吗？"我认知'，我回答说，忽然间，我意识到了，我们要谈的问题不是银行被打劫案。'她的车被卷入在M90公路上发生的多辆连环车辆撞击车祸。'我的心立即提到了我的嗓子眼上－这个消息－我曾竭尽全力想要避免的 － 我强制控制自己的情绪问道：'她怎么样了？'

'我不清楚，救护车把所有的伤员，都已经送往尼握尔医院了。'

我的血液好像静止流动了，我努力在想绶娜这会儿是否还活着。救护车把所有被撞的连环车辆里的人员都送去了医院，只有在医院里，经过抢救才能够决定，谁能够被抢救过来或者无法救助－我不知道，但是，想必是这样的。就在我努力想这些问题时，电话另外一头的警察又说话了：'所以，你需要来泰丝德警察局总部领取她留下的东西。'

她留下的东西－这个字眼，揭示了我最担心、也是最可怕的事儿－如果人还活着的话，就不会要我去领取了，因为她自己可以取的。'她还活着吧？'我忍不住地询问道。'我实在是无法告知。情况非常糟糕，我们想像是有许多伤亡的人，我建议你尽快到邓迪去吧。'

我立即带着焦虑，从格拉斯哥总部开车去了邓迪。我到了那里会看到怎样的情景呢？我在脑海里把自己了解的绶娜，重新仔细地过了一遍－她有丈夫吗？－没有，她离婚了。有父母吗？－我不知道。但是，她的个人信息应该在公司人事部的档案柜里，我需要给人事部打电话问清楚。我没做过这样事情，也不盼着做这样的事儿。想着想着，我的心又一次悲痛得如刀子割了一样，我记起来了－她有一个儿子。

当我到了警察局总部大门的时候，我出示了自己的身份证，被示意准许开车进入警署大门，并且被指示：我可以把我的汽车停放在一个有安全设备监视器控制的大门右边的一个小停车场上。我把车停放在指定的停车场上，然后步行朝着斜对个的那个摆放着各种被撞损汽车、走了形的报废客货车停放场地 — 全都是车祸牺牲品的各种各样的车辆。突然间，我看到了一辆大卡车，卡车的后面就是我们的公司汽车—绶娜的汽车。

那个车，已经被从前面和后面同时急驶的车辆猛烈刹车时，给击中，并撞挤压成了废铁。我能够想象出的场面一定是前面与后面都是大卡车，在急速行使又紧急刹车，而造成的这个样子。这就是在那个卡车后面，绶娜开的公司汽车的现状。我也看到了汽车上面的血迹，血是从司机头部高的车门门框里渗透出来，又流淌到车门外部的。我心如刀绞，我眼前的一切就跟我在预感里清清楚楚看到的车祸场面完全相符合。这实在太可怕了 — 又是悲剧重现。

我强吞咽下眼前和脑海里的一切，朝着值班警察办公室走去。是的，我可以确认这是我们公司的汽车，属于我雇主所有 — 他们是按照汽车牌照上的号码，在国家政府汽车驾驶管理属the DVLA[1]通过车牌号登记的记载内容，追查到我们公司，我们公司通知我的。他问我是否接管绶娜留下的东西，然后就去他办公室的后屋，取来一个用粉色缎带打了蝴蝶花结收口的大透明朔料口袋。我立即看到口袋里的移动电脑、文件夹、梳发刷子、几个歌曲光碟盘和一只沾满血迹的鞋子。

'她怎么样了？'我问道。

'她被送去医院了。'

'但是，你可否知道她的情况如何呢？"

'不知道。你得与医院紧急事故救护中心联系 — 所有的受伤者都被救护车送去那儿了。'

接着，那个警官又打着官腔说，'请你在这里签名，确认是你，把在出事故的汽车里找到的所有东西，都给提取了。'我签字以后，接过了这个沉甸甸的朔料袋。我提着这个袋子，走回到我自己的汽车。我把车打开以后，把袋子放入了后车箱子里，袋子放到了我的车子后车箱子里以后，我现在才看清楚袋子里还有其它属于绶娜的个人用品，有她的钱包手袋、化妆品盒、小型折叠镜子、卫生巾和钱币，硬币一定是从她的钱包里散落出来的。看着这些珍贵的个人用品，我极度心酸，难以忍住的悲痛情感油然而生，泪水不由自主涌出眼眶。

我猛力用尽把后车箱子给关上，钻进汽车里，就朝医院紧急救护中心赶去。急救中心接待室的人员询问我是否是受伤人员的亲属，但是由于他们在故事后没能联系到她的任何亲属，同意给我一点信息。'她怎样了？'我急切地问，知道这次我应该*得到*一个回答。

'她被送到病房了，她的房间号码是第11号病房。'

'我可以看看她吗？'

'可以，是从这条走廊往前走过去，进了玻璃门以后，再向左拐就是了。'

我径直按照指引的方向走了过去，竟然忘记问了是哪种病房了。是头部受伤者病房？还是等待手术者病房？现在太迟了，我已经到了两边都有病床的走道上了。

在病房中间的走道上，大概走过三分之一的病床时，我看到她了。她躺在病床上，前额有轻微的伤痕，也有满面浮肿的样子，两条腿全部都打着石膏板，没有盖被子，双腿被抬高固定在床位上。她认出我来了，她马上就哭了。'我对不起，安，我把汽车给报废了。'

我感觉自己也情不自禁地流着泪说：'车报废没关系，只要你没事儿。'此时，我得到了解脱的心情，真是用语言无法形容。我真高兴见到她还活着，而且她的伤，看上去还不是很严重。

'你觉得怎样？发生了什么事情？'

'唔，我的两个脚脖子都骨折了，脚骨也伤着了。'她说道。'我正在高速公路上行使，天气非常好，阳光充裕，天空上几乎没有任何云雾。我心情愉快地在快车道上急行。忽然间，我的前面泛出了重重的浓烟烟雾 — 烟雾是从旁边大地里飘过来的— 他们在燃烧植物芥子。我什么也看不到了。然而，忽然间前面出现了一辆大卡车，那辆大卡车正停放在了快车道上，就在我的眼前了。说时迟那时快，我紧急刹了车。我记得对自己说，我不要撞到前面的车，否则的话，安，会疯了的。因为我的车速太快，我距离前面的卡车越来越近了，我怕来不急停在卡车的后面，我的车胎发出了刺耳的尖叫声，终于我的车被刹住了，前面卡车的后拖车挂钩正好就要接触到我车子的前玻璃窗。如果稍微再迟一步，就有可能撞入到前面卡车的挂钩子上，那样，就会撞到了我的头上。但是，就当我坐在那里想，好危险，我刚躲过撞车，可以不用跟你解释：我是如何把车撞坏的。然而，我听到了我后面的汽车迅速驶来的声音，我直觉告诉我：后面的来车会猛力撞到我。因为，从声音上判断，车速非常快。说是迟，那时快，我立即解开了保险带，猛力推开了驾驶员座椅旁边的车门，低着头奋力从驾驶坐位上往外逃，想跳过栅栏到高速公路中间保留区域逃命 — 我冲过来了，摔落到了两条阻拦车辆相撞击的栅栏之间。但是就在我俯身跳出汽车驾驶坐位那一瞬间，后面快速驶来的卡车已经把我刚刚离弃的汽车给撞中了，那会儿，我还正在空气中，还没落地呢，卡车撞击我的车时，发出的强烈冲撞力，促使我的车门打在了我身后的双腿，正好击中了我逃脱时的双脚。'

'太险了，'我吃惊地听她讲述，接着问道：'后来怎样了？'

'我摔倒在地上以后，我走不了路了也站不起来了。因为我的腿不好使了。我当时没感觉到是我的脚脖子骨折了—我没觉出疼痛，这里的护士说：大概是我当时被吓懵时刻，身体分泌出一种止痛腺体的缘故。所以我就用双手和手臂支撑着象特种兵一样地爬行，因为我要离开那里。那里太危险了，我不知道栅栏能够顶住多久，因为我听到一连串的快速车道里风驰电掣般的车辆急驶过来，接着，就是非常可怕的车辆相撞的抨击声音，也听到了车祸受伤人员的惨叫声音和哭嚎。我一定要从那儿爬出去，不久我就听到了救护车的警笛嘶鸣声，我也开始大声嚎叫，因为我怕他们看不到我，我非常害怕躺在那里不被发现。'

'啊，绶娜，我简直不敢相信这一切，感激上帝你没事。'

'感谢你，我没事，'她继续说：'就是由于你严厉对我说的不要撞坏车子的语调，那语调不停地在我脑子里回荡，才促使我在看到了烟雾后，立即有刹车的反应。否则的话，我想我肯定不会把车刹的那么狠。要是那样的话，我想我会撞到前面的卡车的后扛上，如果撞到了前面的卡车上，我就肯定会被撞伤，那样我根本就无能力从我自己的车子里逃脱出来了。如果不是你的那番话，我大概这会儿不能在这儿了－我肯定不会那么注意的。'

现在，读到这儿，你也许会想：这就是一次完美的巧合。你也许是对的，但是对我自己来说，我已经证实了给我自己的信念：你是可以改变类似不幸事件的结果的。这就让我折服了。否则，为什么要提前收到预感呢？其意义就在於此。如果这些预感真是'早期警告信号'正如阿其若依教授阐明的那样，那就肯定会驱使我们采取行动，来做预防－'准备措施'或'告诉别人'。我就是这样做到了－挽救了绶娜的性命。当然她也有受伤，但是，不是那么严重－她没事了，我也一样。

第五章 心灵学调研会与思顾小组

苏格兰心灵学调查研究协会,在每个月的第一个星期二,在格拉斯哥有一次聚集、开会—我总是会风雨不误地准时出席。我曾经精心策划每个周二都能够在格拉斯哥工作,以便更容易地参加调研会。同时不要让我单位上的任何人知道,我工作以外的任何行踪。

所有到会做报告的人都是大学教授、学者、科学家或者是象阿其若依教授那样的,在社会上有地位的著名人物或知名人士。然而,他们也会组织每年一次的通灵媒体示范表演活动。他们会邀请一位通灵媒体(灵媒)来做表演,以鼓励协会人员的调研工作和满足他们的好奇心理之热望。我永远铭记着我第一次参加这会种示范活动的印象,因为,我完全被灵媒告诉给在场人的情况给惊呆了。灵媒能给出姓名—名字和姓氏—记得灵媒指着一位在座的女士说:在你的手袋里,有一张去医院见医生的约见安排卡。但是,你忘记去了,时间错过了,你还得重新预约。那个女人,立即就当场打开了她的手袋,拿出了那个医院的预约卡,她到了那会儿才意识到,她本来盼望了许久的见医生看病的日期,就是那个当天,刚好错过了,她非常沮丧地还要重新预约和等待。我完全被如此精准的示范内容给折服了。一般的人,都不会相信—除了把灵媒看作是骗人的把戏外—还认为他们提供的信息情况总是泛泛的,能够合乎每个人的情况,无法针对某个事情来叫真儿,怕以核查详细的细节。这位教授准备好了要对这种想法进行挑战。他决定要指导一次对灵媒所提供的信息，进行质量核实与调查研究的工作。

起初，参加调查的人员有来自全英国心灵学调查研究协会的代表，就是the Society for Psychical Research (SPR英调研会)，和英国国家精神主义者联合会的代表，就是the Spiritualists National Union (SNU)，还有就是阿其教授的同事，特蕊莎 罗伯森。他们两位都是苏格兰心灵学调查研究协会的会员，就是 the Scottish Society for Psychical Research （SSPR苏调研会），所以构成的新的组织，新组织名称是'PRISM'代表着 Psychical Research Involving Selected Mediums.。意思是：心灵学调研包括被选中的灵媒人员。由若依教授本人亲自指导的这项研究，被命名为'三个方面都互不相知的调研练习'。它的意思就是随便邀请社会上的公众人员参加，如果被邀请的公众人员同意的话，他们被发给一个有号码的卡，这些卡片是经过随便混合摆放的。然后让他们坐在与灵媒人员不同的房间里。阿其事先把公众人员入座的椅子上标上号码，公众人员按照自己手里的号码对号入座，只有阿其一个人知道他们坐位的安排顺序和书面计划图；特蕊莎 罗伯森不知道坐位安排顺序，她负责发放号码卡片，这样，她无法影响调查结果；只有阿其知道坐位顺序号码，也是由阿其随便选择一个号码，给灵媒人员，要求灵媒人员给出手里拿着相同号码的人员之个人详细信息。

用这种方法，被调查的灵媒人员，与接收信息的人员坐在不同的房间里。两方面的人都互不相知，灵媒人员完全不知道会是谁，将要接收到给出去的信息；接收信息的人也根本不知道会收到什么样的信息。所以，都无法影响其结果。参加者被告知，灵媒给的信息是给在坐的所有观众的，就是参加调查的在场人员的。（一般来说，观众在场人员是25名到40名）。

灵媒给出的信息会被记录写下来，作为评估打分的依据。调查人员需要评估的第二个项，是根据公众人员对灵媒给出信息的准确性和准确程度的反馈。就是公众人员要对得到的信息准确程度，把他们自己的意见反馈给调研组，然后用来做评估、打分。这样就得到一个最后的准确度总分。

从理论上讲，还有下一个步骤，就是第三个调研员会把评估分数单子，随意交给任何一个在场的公众参加者，让*他们*给出他们就灵媒提供的信息准确程度，给出他们自己的评估和分数。他们需要根据他们自己的实际情况，与灵媒给他们的信息与之相关的程度，给出他们的评估意见。

这是一项需要投入大量精力做组织、准备活动的研究调查项目，历经了从1994年到1999年的四年的时间，请来了那个年代在这个领域里，最有名望的人物参加，不光有若侬教授和特蕊莎 罗伯森，还有亚瑟艾立森Arthur Ellison, 毛锐思 格若丝Maurice Grosse, 大卫 方坦那David Fontana, 罗夫 若衣 Ralph Noyes 和蒙泰格 肯 and Montague Keen. 结果是得出了三份，具体描述实际调研情况的科研报告书。三份有价值的研究报告分别公开发表在著名的2001年和2004年的英国伦敦心灵学调查研究协会的报刊上。这个结论，就是灵媒给出的信息，绝对是针对接收人的，而绝不是模棱两可、能适合于任何其他人。在1997年的时候，身为苏格兰心灵学调查研究协会的奠基人，阿其 若侬教授，他也是英国伦敦心灵学调查研究协会的主席，这个调查研究机构曾经是、今天也是在国际上，被公认的有着良好威信和名誉的国际性组织。这个机构，每年定期主办本题目的各种研讨会，有来自世界各地的科学家、教授和学者，就这个题目发表他们的讲演。1998年的年会，设立在英国英格兰达姆大学召开，我如饥似渴地期待着，希望得到更多的这个领域的知识，所以就报名参加了这次年会。

我提前就到了达姆。进入大学校园以后，发现学生，教师都已经放暑假离开校园了。接待我的只有守门员－他带领我到了我入住的房间。他先带着我爬旋转的楼道，木制的旋转楼梯台阶已经被多年的脚踏攀登严重磨损，楼梯蹬儿面上坑坑洼洼地不平。然后，他打开了一个在楼房顶端最上面的一个房间的门锁，房间十分的窄小，靠着墙只有一张单人床，一个洗手池子，靠着另外的一边墙是个相当陈旧、大概是二战时期生产的老衣柜。厕所和洗浴间是公共使用的，设在走廊里。我的房间里，有个大概只有45厘米宽的窗户透露着阳光，可是，房间的墙壁却有3米厚。窗户上有用金属制作的玻璃格格，衬托着这个小小的房间，光线是从金属框框之间的玻璃上透进来的。那会儿，我对自己说：协会不用远求，就可以找到他们想要寻觅的鬼了。

然而，进入到会议讲演场，眼前的情景就完全不同了。这里与我熟悉的格拉斯哥大学的讲演场，有着天壤之差。达姆大学的讲演场完全是用现代化设备做的装置，它有梯形的听众场地，和舒适的听众软座椅，更配备了良好的音响和灯光效果之设备。这里可以说是具有国家级别的艺术电讯系统和先进现代电子技术浑然一体的讲演大厅－这将会是非常精彩一次讲演聚会。

我在停车场的时候，就碰到了阿其 若侬和特蕊莎 罗伯森－我肯定他们要住宿的房间会比我的好得多，因为他们是向跟我相反的方向走去的。在他们离开我以前，他们还重新地把我介绍给了格拉斯哥苏调研会的组委，耐克 凯由和另外一名会员。我仍然记得上次与耐克在山特客栈一起做调研时的情景。我记得最清楚的就是，那会儿我看到了有许多奇怪的蓝色光点点儿，围绕着他的头部，不停地饶圈圈儿。在这里我们又相遇了，我们互相握手问候之后，他也去找他住宿的房间去了。讲演从星期五的下午开始，一直延续到星期六和星期天。在讲演的过程中，我们还聆听了苏珊 布来克莫博士Dr Susan Blackmore做了有关神游外星的理论，然后带着大家分享了她自己尝试着，把理论付诸实际的练习—但是她至今还没能成功，她仍然在努力，想要达到用精神遨游宇宙之目的。

到了星期天的上午，我坐在那里听讲演，被一位接着又一位的讲演者们，唯我独好的观点搞得无所适从 — 显然他们各自都认为其理论比亲身体验更重要。我坐在同一个位置上听了一天半的讲演了，实在有点儿坐不下去了—我漫不经心地用眼睛环顾四周，想把集中力换个地方 — 我的眼睛与耐克 凯由碰到了一块儿，他也一样，有同种的感觉，况且很疲倦。他示意给我，要我去演讲场的后门，在那里我们凑到了一起。

'我想到镇子上走走，'他说，'要不要一起去？'我的第一反应是：我不熟悉这位邀请我出去一同走路的男人。但是，由于我是爱丁堡的人，我们大多都有着高傲与谨慎的习惯；与他们格拉斯哥的人，都很大方、热情、友好的特点相比，可差得太多了。我还是决定跟他出去走走。我认为应该是安全的— 他必定是我刚刚加入的苏调研会的同事，而且是协会的组织委员之一。于是，我们一起走出了有回音共鸣的达姆大学的校园围墙，跨过有百年以上历史的古石桥，桥下河水静谧地流淌着，展现我们面前的就是这个镇子的中心了。我们边走边聊，我问起了耐克的情况— 他是苏格兰一所学校的副校长，他的太太莎若在另外一所学校里也是副校长。当我问起他是怎样和为何参与苏格兰心灵学调研协会时，他说他小的时候有过通灵体验，他想接着继续发展，他对神灵，尤其对神灵显现特别有兴趣。

'神灵显现 — 那是什么呀？'我问道。'啊，神灵显现的定义是在房间里的每一个人都能够见证的事实，与'理性灵媒' Mental Mediumship[1]只传给接收人一个信息的做法是不一样的。神灵显现也是神灵的降临，是让每个人都能够看到的情况。"看到什么呢？'我问。'啊，就是物理现象 — 它是一种实际的物理发生过程，就象东西在空气里移动，语音从空气里发出声音来一样，或者是墙上无人敲就会发出被敲击的声音，在某种特殊情况下，精神世界里的神灵人能够实际降临、现身。"真是这样吗？'我问，相信他能够听得出来，我那种不相信的语气。'在英格兰有一个小组，叫思顾小组— 在英格兰挪福郡的一个小地方的地名叫思顾，由于小组活动都是在这个地方，所以就用了这个地名为小组的名字。小组是由两对夫妇组成，他们聚在一起，坐在他们之中一家楼房的漆黑的地下室里，他们连续几年如一日地这样做。显然，他们遇到了各种各样的物理现象和神灵显现的现象。好比说，在黑暗中，他们看到了漂浮在空气中的闪闪亮点，还有空气中出现了各种各样的实物和直达的声音。"什么是直达的声音？'我立即回问道。'直达的声音就是精神世界里的人，在空气里直接讲话 – 不需要媒体做中介帮助。但是，在房间里的每个人都会听到的。也可以用录音机把它录制下来 – 显然，他们是这样做的 – 我正打算亲自去看看。"真的吗？'我意识到自己实在是无言以对了。'是真的，你知道，若依教授被邀请去见证这个现象，他正在跟英国伦敦心灵学调查研究协会的 革里昂 陪发Guy Lyon Playfair, 和 Morris Grosse 毛锐思 格若丝，还有其他协会的成员一起，对这个小组提供的情况进行调研。而我呢，正在盼望着得到一份给苏格兰协会的邀请函— 我就能代表苏格兰调研会，亲自去看看了，我正在等待是否允许我参加的消息。"哇唔，那也太惊奇了。我不知道还会有如此这样的事情能够发生。我从书本上，已经读到了一些有关的故事，以为是维多利亚时代的历史，当时也有这样的欺骗行为。"不是，这是真实的情况。他们一直保持沉默，不想惊动公众。但是，他们是允许科学家去调查验证的。"好啊，请让我知道下一步会是怎样的情况吧 – 我愿意更多地知道些情况。'

现在，正在继续阅读本书的读者们，如果你们也愿意知道发生了更多的什么样情况，请让我告诉你们：阿其教授带着几位来自世界各地专门研究这个领域的著名科学家，应邀参加和见证了这个 the Scole Group[2] 思顾小组的活动，他们一起亲自眼见了这个发生在思顾小组里，绝对是超出了自然寻常的现象，拿到了第一手证据。这次见证也是特别回应'神灵'世界方面的请求。因为，是根据在另外一个世界里神灵的指定和要求下，小组才安排了这些科学家前去做见证的，就是为了科学家能够通告给公众，这一'另外的世界'确实存在的事实。这就有了另外一份科研报告，标题为*The Scole Report*. 思顾报告被科学家在英国重要刊物上发表了。报告的

作者是蒙泰格 肯 Montague Keen，亚瑟 艾立森Arthur Ellison，和大卫 方坦那David Fontana，这份报告发表在1999年的11月，你能够在'心灵学调查研究协会论文集'中读到详细的内容。这个论文集，收集了许多发人深省和令人震撼的物理现象，以及对其最新发现的科研报告。在此，我引用了一个例子，被邀请前去参加的科学家们，同时被告知：他们需要带上一个他们事先准备好的，完全没有被开封的最新35毫米的相机胶卷。科学家们为了这个实践检验做了充分的准备工作，他们做了一个小木头盒子，木盒上有门闩锁头和搭扣的盖子，他们可以把木盒子用挂锁将其锁严。他们把刚从商店里买来、还没开封的原装胶卷，放进了木盒子里，然后用锁头安全地锁好了木盒子。当科学家们到达思顾以后，他们把木盒子锁头的钥匙留在了汽车上，只带着上锁的木盒子进入到了房间里。用这种方法，房子里的人，根本无法接触到木盒子里的胶卷。进到了做实践的地下室以后，科学家们把这个木盒子放在桌子上的一张白纸上，由一位科学家，仔细地用笔逼着木盒子四框画出它在白纸上的四面轮廓之位置，包括了锁头的位置，这样做是为了保证当所有人在黑暗的地下室进行实践的时候，木盒子如果有被任何移动的话，都会被一目了然地显现出痕迹。实践结束以后，木盒子由两位科学家亲自带走，拿去暗室里，打开木盒子和胶卷盒子，对胶卷进行冲洗。

最初，他们做了木盒子以前，科学家们的实践活动都是用密封袋的，科学家在密封袋的封口处签名，也同样达到这同种目的。胶卷冲洗店的经理或负责人要签署一证明书，证明他接手拿到胶卷时，装有胶卷的密封袋是完好密封的，没有任何曾被启封的痕迹。然而，这次的实践调查工作要求十分严谨，科学家自己亲手制作了木盒子，也亲自带上了盒子的锁头。

当胶卷被冲洗完成以后，科学家们发现了，在胶卷上有各种文字的字样。一些文字是外语：有法语，德语和希腊语；有的还用了非常复杂的绘画来描述的；有的是去世很久了的名人签名，这些已故的名人签名，可以由他们生前签名的样本来对比，能够证明确凿无疑。对我来说，那时，（现在我已经有了20多年的心灵学调查研究的经验了）这是最引人注目的证据。设想在黑暗的地下室里，暂短的时间内，是没有可能篡改或复制胶卷的— 更不能说胶卷是谁事先就准备好了的，放在了温波顿的当地胶卷店里出售，专等着即将参加调研实践活动的科学家恰好就买了这个胶卷，然后带到调研实践小组里，这都是绝对不可能的设想。

这是又一起奇怪的事儿了。在2017年，我有机会跟思顾小组 The Scole Group³ 发生接触，那是完全不同的内容，我跟思顾小组的几位最初参加小组活动的成员，包括 珍 萨罗门在内的人，建立了工作关系。正如我在前面讲过的，所有的事情都一样，世界上根本就没有巧合的这一说法。

第六章 小组

我放弃了在抵押银行的高管工作以后,有充足的时间参加各种工作室和提高能力的活动小组－这是我在金融服务界里,担任高级经理期间不允许做的事－这两件事简直是背道而驰的两条路。如果金融界的高层'掌权人物'知道了我的精力投放在神灵方面,他们会对此皱眉头、不赞成。尽管我参加了苏格兰心灵学调研会,他们的会议和活动让我受到了教育和启发,使我大开了眼界。但是对我自身的能力发挥,却没有太大的帮助。我仍然渴望能够使用和发挥我自身已经有的能力,在'灾难'发生以前,我收到了预感警告以后,能够提供实际的帮助,就象教授给我指出的那样,或者是我发挥自身能力,与死后的神灵直接沟通,就象我从苏格兰调研会上看到的其他灵媒人员,他们所做到的那样。

我在尽量参加社会上,已经有的每周一次和周末才开班的培训课和工作室以外,我还在自己的家里组建了定期活动的小组。家庭活动圈/小组。这就是比较简单的几个有志同道合的人凑在一起,在其中一个人的家里,进行与神灵沟通、交流的活动。我认为这种方法可以有更多的练习机会,能够迅速增强和加速我的个人发展的能力。这种练习就是简单地跟这几个人,坐成一个近似圆形的圈儿(或者是差不多的圈,只要室内的家具摆放允许的话)静坐冥想一段时间以后,各自讲出来自己在静思时间内,自己能够看到的什么、印象如何、或者是收到了什么信息。大家互相沟通，一个人讲完以后，其他人会辨别那个来自神灵的'消息'是否恰好就是跟自己的情况'对号入座'的信息。

到了2005年的时候，我已经在我自己的家里，做了有两年的这样的练习了。几位我认为是有实际经历的人，跟我在一起到我的家里来，我们一起做静坐冥想练习。可是，我在实际的练习中，感到了，他们不是跟我在一条路上走的人，这就令我非常失望。他们愿意来我家里坐坐，也高兴聊聊天、喝杯茶。这个灵媒静思练习圈儿竟成了'聊天'圈儿，— 跟我的初衷恰恰相反。那会儿，我正好有了被 丝玛 芳西资Thelma Francis邀请的机会。她是一位享有国际荣誉的灵媒,她邀请我去参加她们在毛锐森大街的神灵会的静坐冥想活动。由于我的家庭小组，跟这个神灵会的活动是在同一个聚会的时间里，我就借此机会告诉我的伙伴们，感谢他们的时间和贡献，我决定把家庭的小组给解散了。我觉得如果他们喜欢有个'聊天室'可以到另外的什么地方去继续聊天— 确实如此，他们另外开辟了新的聊天儿天地。

所以，现在我有机会重新开始— 吃一堑长一智。这次我的直觉清楚地让我知道了：我该怎样做了。我刚刚解散了的小组，已经是我做的第二次建组练习实践的小组圈儿了。第一次解散的原因，跟第二次一样。也许我对这样的小组在练习的初期阶段，期望太高了吧。这次再建组，一定要与以往不同。快点儿，安，别再彷徨不定了，你要重新开始，现在就开始，我对自己这样说。这是我常用的口头禅。我不习惯浪费时间。我越想自己前五年的时间已经飞逝已去，自己在神灵发挥方面的进展与收获都没有变化的现状，就越觉得着急。我在2000年辞职，真正想要做的事情，就是要在做灵媒方面有起色，我必须要集中精力、发展自己。

等会儿…，现在已经是12月初了，没几周的时间就是2006年了。自从当布兰大屠杀惨案发生至今，已经有10年的时间飞逝而去了。那个事件，是导致我改变生活道路的催化剂，最终，促使我从金融企业辞职。从那会儿以后，我在自己的家里，组建过两次小组练习都失败了。现在，我要重新开始组建，这是第三次家庭小组—我以前没有成功。但是'失败是成功之母'— 这次肯定与往次不同。因为我知道了应该邀请谁来参加。

由于我在这个领域里的知识不多，第二次组建家庭小组时，我邀请到一位导师参加我们的小组。我觉得自己需要一位在这个领域里有知识和经验的人，在小组里做指导和发挥作用 — 可是，我苦苦的盼望再次失败了。我们在第二次组建的小组里，还是那样静坐和冥想。在练习的时候，由于组织纪律不严谨，出现了散漫和没有结果。这是我跟神灵交流之后得到的印象（或者是我跟神灵交流沟通，所得到的启示）反正我得到的信息就是：'*你要自己领导你的小组。*' 而且 '*我们会告诉你，应该请谁来参加你的小组。*' 于是我就按照其指点做了– 我自己亲自领导这个小组。

在一般的情况下，我会忽略这个信息，因为我本身缺少这方面的知识和经验 – 我该怎么领导我自己的小组呢？这不是笑话吗？不是，我也听到了 '*如果开始的时候，你没有成功 – 努力，努力，再努力。*' 记住： '*第三次会有好运气。*' 我深知这个想法就跟以前在1996年有得到预感以后，出现的那种 '做点儿什么' 的紧迫感一模一样。

我就把这个情况告诉了我的好朋友玛优美。玛优美是一位小巧玲珑的日本女子，那会儿她跟着她的家人都住在爱丁堡。象她的名字一样，她不光是有着恰到好处的优美的形体外表，她内心的善良和友爱，也从里向外辐射透明，让她的整个人，都散发出内在的美与智慧。我认为是她有佛教背景，或者是东方人特有的对神学的领悟和广博知识的体现。

玛优美说：'我想你应该说做就做。' 我深思熟虑以后，告诉她说：'我真正想要的就是一个少数几个人的小组，大家都能够严肃认真，并且有着强烈的渴望，在神灵领域里得到发展、和求知欲望，大家能够彼此诚实和专心致志。' 除此以外，最重要的是大家能够遵守诺言和信用，这是我在金融界里工作时坚守的信条，也是一个颠覆不破的哲学，在这个领域里也一样适用。

'所以呢，我们应该请谁来参加这个小组，我们在哪聚会呢？' 她问我。我家里的条件不太合适做这样严肃认真的活动，因为家里总是有太多的干扰和噪音，如果我决意重建小组，一定要对聚会的地点，做出正确的选择。玛优美那会儿正在爱丁堡神智社开设的一个佛教禅坐班里学习。她主动说她会去查问爱丁堡神智社大楼里，看看是否可以有空闲的房间出租，如果出租的话，租金是多少。

我们仔细斟酌请谁来参加我们的小组。'呕，有你和我了'，她说，'你觉得高登怎样？' '高登 苏达' Gordon Soutar 是另一位跟玛优美一样，我完全可以默默相信的朋友。他是我从建立第一个小组的第一天开始，就跟着我，一直到现在的人。尽管前两次都失败了，他一直都在支持我。我们最早认识，是在一个我们共同参加的灵媒能力提升班上。由于高登有能力通过神灵来治疗患者，他希望得到通过神灵指点，再提高自己的治愈能力和治疗效果，所以他感兴趣学习。他之所以放弃了灵媒提升班，就是要集中精力、全神贯注地来提高在神灵治疗方面的能力，这样他才会得到更大的发展。

有趣的是，高登跟我一样，在接触到了超自然、异常现象，并且受到其影响以后，就放弃了专职的工作，潜心提高自身的能力和知识。高登辞职以前是国家的公务员，社会服务工作部门的经理。由于一次偶然的也是很奇怪的与一位陌生人在公园的邂逅，完全就改变了他的人生。读者们在阅读此章节时也许会有一种莫名其妙的幽默感，但实际上，这确确实实是个真实的故事又是如此之神秘。

我记得他告诉我的情况是这样的：一天，他在爱丁堡的著名草坪绿地上走，草坪是从茱克丝延西部伸到考丝魏东部。他走着走着忽然一个念头涌来要他想在公园的一个长椅上坐下来— 他从来没有这样做过— 因为他总是特别忙 — 没有时间在公园里坐下来。他刚坐下，就有一位陌生人来到他的身边，坐在同一张长椅上，尽管附近还几张长椅都是空空的，没有人坐。这个陌生人开口就告诉高登说，他应该成为一名治疗师，因为高登用自身能力可以与一种高频率震动发出的新能源接通，这种新源能够治疗患者、帮助病人得到治愈和解脱。高登听说过Reiki的治疗方法，但是没有听说过这位陌生人提到的新能源Sekhem治疗方法。陌生人还告诉高登不必担心，也不用做任何事情，一切都会是顺其自然的到来，说完之后，这个陌生人就站起身来走了。高登则继续朝着与陌生人相反的方向走了。他们从那以后，再没有遇见过。几周以后，高登完全把在公园里邂逅陌生人的这件事情给忘记了，他走进了一家爱丁堡的小商店，在顾客留言墙上有一张名片，上面写着该人在爱丁堡讲授Sekhem新能源治疗的课程。这就象那位陌生人描诉的一样。这也是促使高登做出决定放弃专业职务，跟从他自己的本身特有的能力，成为一名用发功来治病的治疗者。那时我对高登个人财政的状况不大了解，但是，我知道他是单身汉，每月必须支付他的住房抵押按揭。我有亲身体验为了'信念的跃进'而放弃了自己终身职业的人，踏入未知境遇的情况应该是多艰难。至少，我有一位赚到定期收入，能够支付每月生活费用的丈夫做依靠。尽管我们不得不重新调整我们的生活方式，从原来的双人皆有收入，变成了我要依靠他一个人的收入过活，至少我知道自己不会挨饿。我知道高登没有这张安全网的保护— 但是他还是有勇气，为此跳入了未知的世界。所以我决定请高登加入我们的小组，我给高登打了电话，他立即同意了。'还请谁来呢？'她又问道。"我不知道，玛优美，我要认真考虑再说，我不想再请错人了。我们也不需要太多的人，我宁愿'精而少，不要杂而多'。"

我们同意再仔细想想要请谁入组，同时玛优美去神智社了解小组活动租用房间的事情。几天以后，玛优美给我了回话说：可以从神智社租房间，房租是一次12英镑。她还继续说：'你认为玛蕊安德森Mairi Anderson怎样？'玛蕊是玛优美在神智社佛教禅坐班里的同学，也许适合参加我们的小组活动。

我认识玛蕊，但是，我不是很熟悉她。我是在一个神灵知识晋升班结识她的，当时我们在同一个神灵教会主办的这个晋升班里学习。我告诉玛优美说：'我认知玛蕊，她是神灵教会里的一位治疗师，我不了解她的其它技能。'尽管我也知道玛蕊也常常去伦敦斯坦丝代德的亚瑟 芬利学院 Arthur Findlay College in Stansted, London.[1] 学习。年初的时候，玛蕊推荐我去参加那个学院的一个课程培训，我们一同报名参加了，但是我们没有被分配到同一个小组里学习，我不太知道她精修的内容。我知道她是很专心致至，注重在神学方面得到发展和提升自己能力的人。'只有一件事'，玛优美继续说道：'我知道她现在是在一个与神灵做物理沟通讲座班，就是神灵显现的发展课程班里学习。所以，她也许不想要到另外的一个小组里来。"呕，我可以问问她，看她怎样说。"我这个星期天就能在教会里见到她。'星期天到了，我在教堂里等着她，看到她走进教堂，在她经常坐的位置上就座下来。离婚的玛蕊大概有50岁，是大学图书馆的图书管理员，这只是她白天里的工作，她的热情是萨满教，了解萨满教习俗，她还会经常在服饰上佩戴萨满标识的物件，或者佩戴那样的装饰品、珠宝首饰，例如图腾柱或追梦链等物件，来炫耀她是热衷于北美萨满主义者。

她宛如一屡清风般飘入了教堂，然后体现出来的就跟常常在玛优美身上出现的那种宁静一样的静谧。'她会对我们的小组有益的。'望着她，我自言自语道。跟高登差不多，玛蕊是独身一人，有充足的时间，做她喜欢和要做的事情。但是由于生活所迫，她不得不白天上班工作。她非常理智地平衡安排自己的工作与兴趣，将工作和爱好性学习，排得有条不紊，常常在工作的假期里，参加亚瑟 芬利学院Arthur Findlay College的培训班，或者其它类似的课程班或工作室。她脑子里存有丰富的知识库 — 她将是小组里一名非常有价值的成员 — 就当我这样思询之际，我得到了神灵世界的信息，告诉我：我的判断是正确的。总而言之，他们说了他们会通知我，让我知道选择谁来加入我们这个小组 — 现在，我得到了这个确认消息。可是，玛蕊，她自己会同意吗？

我忽然想起来了，我要集中精力在灵媒的能力提升方面得到练习，这也是以前的两个小组的方向。现在我想请那位有了所有这些培训经验的人，来参加我的小组，她也许不需要做这样的灵媒能力的提升与技巧方面的练习了。她更想要的是她能够用自身的能力发功治疗和神灵显现，这两个方面合并为一体的综合性练习。就当我这样左思右想之际，星期日教堂里的礼拜仪式开始了，我听到牧师说：'让我们的仪式在静默和沉思中开始。'就在那会儿的沉思中，我听到了神灵对我说：'完全可以做到这一切。'

　　在当时，我真的对神灵降临、显现练习不很感兴趣，但是我意识到招收灵媒练习者的要求与招收神灵降临、显现练习者的要求条件是不一样的—还有治疗师的练习，那又是另外的一种能力。我该怎样做呢？通过以往的经验，我学会了只有一件事：神灵永远的正确。就是神灵世界通知我的信息永远是正确的。每当我疏忽神灵告诫的信息，我总是会后悔的，我永远坚信神灵信息的正确。那天我心不在焉，根本没有听到牧师讲了些什么，只是专心想着如何把这些工作都想妥当了。因为我一开口，她会一眼就看透我的心思。由于她也可以直接问到她自己的神灵旨意。她知道我，她会看出我的诚心和实意，即使我还不知道，如何才能够实现我的愿望。星期天的教会仪式结束以后，她独自一人坐在那里，这是我的机会到了。我走近了她。'玛蕊，我知道你听上去，我要告诉你的事，会感到奇怪。但是，我觉得是被神灵激励着我，我还是希望告诉你。我想要建立一个发展小组。就是一个志同道合，有共同愿望，能够自觉提升和决意在一起为着神灵而工作的小组。我明白你擅长在神灵的治疗和显现方面。但是我收到神灵方面的消息，他们告诉我说，我们的小组是可以把这几个方面都融合在一起、共同发展的。最重要的是，我们都能够互相尊重和愿意协助他人，有让他人也自由发展的机会和空间。'

　　'这要看是哪天的晚上了，安，因为我已经有了几个安排'，她这样回复我说。我马上就为她没有问小组的有效性而惊喜，她只是问哪个晚上—我就继续说：'啊，我们还没有到那一步呢，玛蕊，现在是我被指引着挑选人员的阶段，我相信我们可以选择某一天，对大家都方便的那个晚上。'就这样，她同意了。现在我们已经有四位人员了，我高兴就这样开始了。我应该承认在这个节骨眼上有过许多人的名字都被推荐了、也都被拒绝。对我而言，最重要的是，我要觉得暗中信任小组中的每个成员。我现在才真正知道为什么这个条件是如此的重要。那会儿，我只是接受了这个信息罢了。至于这种暗中的信任，我也是每次在斟酌一位候选人的时刻，我总能得到神灵的指点，是神灵在帮助我决定谁是一位最合适的候选人。

由于前两次建组的失败，使我在选择候选人上非常谨慎，宁愿小组是少数几个人，也不愿意因为太多的人参加，而影响了小组的完整性。

玛优美同意我们四个人开始了，但是我意识到她想要有其他人也加入进来。她是对的。尽管我满意我们四个人的小组可以开始了，但是我没有得到那种预料：小组人员都齐全了的满意感觉。正相反，我清楚的感觉是：还有什么是不对劲儿的。

我已经做了许多对神灵信息接收的自我发展练习训练的工作，我意识到解决问题的办法就是静坐、对问题提出疑问 – '什么方面还不对？' 我得到的答案是 – '*缺少个人*'。于是，我就从实际角度出发来设想：如果我们四个人之中的一个人，要是生病或者去渡假了，我们的活动可怎么办？如果那样的话，我们只有三个人或者更少。

在此以前，我也想到了为了凑数而增加人的话，容易请来不合适的人加入进来。如果我们四个人中之一，有谁不能够参加活动，我就干脆取消活动。现在我得到神灵的示意要我再找一位其他人。当我静静地思考，我的脑海里浮现出了以前提到的那些人的名字时，我都没有得到应该有的那种肯定的示意感觉与触点，所有的这些人的名字，都被有意识或无意识地拒绝掉了。事实证明了，大多数参与对神灵领域活动，对灵媒发展有兴趣的人是女性。我相信这是因为女性很敏感，她们能够利用敏感的神经，迅速地使用直觉，马上就能够体会到她们周围人的感觉和情绪。这是与神灵沟通时最基本的心理发展的需要。在另一方面，男人有对周围其他人不太需要（常常是他们的妻子或生活伴侣），也就有了不很敏感的名誉。也许是从生理方面来说，没有继承跟大多数女人那样特有的先天性敏感基因。正如伊恩 格雷 Ian Gray所说的，也许是女人确实来自金星，而男人是来自火星的缘故吧。然而，这都是一个模糊不清的概念罢了，所有的规律都是有例外的。我认识的几个女性，她们看上去，都是在当敏感到来的时刻被打扰了，所以她们错过了机会。相反，在这个领域里，有些是非常著名的男性灵媒，他们是非常敏感的人。但是，他们之中大多数的人，涉足在这个领域里不久，就变成了中性人，就是同性恋者，这个缘由支持了女性有更多敏感的理论基础。就是男性有较高敏感能力的人，通常是具有较高的'Y'染色体。也就是女性染色体,所以当男人成了是出色的灵媒以后,同时他们也改变成了中性人,同性恋者。

就在我静思时刻,我很惊诧地收到了神灵发出来的信息'这个小组需要男女均衡。''你需要找一位男性,来跟高登做伴儿'。一个男人,我惊异地思索着。唯一的一位男性,我能够想到的就是斯吐尔德,他是我第一次组建小组的时候,参加了我们小组活动的男人。他肯定不是同性恋者。实际上,他花费了太多的时间,跟小组里的另外一名女子聊天,一心想讨好那位女子,这样就完全打乱了我们初衷想要的效果。现在,他如愿以偿,他们欢天喜地成为夫妻了。我不知道其他的男性合适的候选人。'你是知道的。'神灵给我了肯定的回复。这实在是对我的新挑战,因为我实在想不起来。但是,那种执着的感觉督促着我,促使我努力想,不要放弃思寻。我就倒着想,想那以往数十年前,一直到现在的情况:从我参加活动最早的小组学习,工作室,教堂直到现在眼前。所有人的名字和人—我记起来了,我曾经参加过的一个在爱丁堡学院的周末工作室。在那个工作室活动中,我们需要做两个人成一对儿,在一个小组里的练习活动中,我记起了那个跟我一组的合作伙伴是男性。我们在一个班里,一起按照要求做练习。我记忆犹新了,非常清楚地有一种跟他合作是自来熟,而且我们好像有被一种特殊的渠道给连接上了的直觉—他好像是我早就认识、而且是终身朋友的感觉—尽管我们刚刚相遇,只是在同一个课堂、同一个班级里学习。我确信:他肯定也有同样的感觉。但是我们都签于规矩和尴尬,我当时根本无法进一步探讨这一点。我仍然清楚地记得,当我们结束了课程要散开的时候,我暗自告诉自己说:我遇到了一个很好的人。

我没有任何的浪漫或者性感的情绪和念头,只是有着非常深沉的互通与连接着的感觉。好像他本能地对我了如指掌,他比我自己更了解我本身的情况,他给我留下深刻的印象。当我让我自己的回忆泛起了旧日的情景时,我的感觉不光是被神灵的赞许而推动,而且也有一种豁然开朗,抑制不住的兴奋,头脑里的愉悦声音,就如海浪一样的汹涌澎湃,可以淹没大笨钟的声响。就这样了—他就是我小组里缺少的环节、也就是我要拉入我们小组里的人了。可是,我却想不起来他的名字了。他到底是谁?叫什么来的?我恍惚记得他叫吉米,记不准了。谁会知道呢?我还能想起有关他的什么事情呢?我要想办法把他从心底里给挖掘出来。

要把吉米拉入到我们小组里来的热望,让我迅速又有了努力工作的活力。我们四个人一组能对对付付就行了的想法,完全打消殆尽了。犹豫不绝的念头也随之荡然无存了 – 我知道这个人是合适的候选人，神灵也一样知道，并且再次指引我：就这样继续做。我集中精力，想象这个10年前在我脑海里留下深刻烙印的人的情况，我可以清清楚楚地在脑海里看到他的面孔和他活泼旺盛的精神，可是就是记不得他的名字是什么了？他是做什么的？我怎样能够再找到他？

我开始用电话搜寻。'你还记得那个跟我们在第一期同班上课的男生吗，记得他的名字是吉米什么的？他蓄着胡须，我恍恍惚惚记得他好像是在保健服务行业工作？没花多大劲，我就打听到了，他叫吉米 克立锐Jim Cleary，幸好也住在爱丁堡，他常常参加一个私下的神灵显现沟通小组，他的电话号码我也有找到了。我站在自己家里的厨房里，一手拿着电话，一手拿着他的电话号码，犹豫应该如何联系他。我应该怎样对他说呢？*他又会怎样说呢？*他会记得我吗？如果他的太太接听电话的话，我该怎么办？我应该告诉她什么呢？我应该如何对她解释呢？我如何解释我是谁呢？

'呕，10年前我在一个工作室的活动上，跟你的丈夫相遇，我想知道他是否愿意出来玩玩？"或者加入到我们的一伙人当中来？'听上去很没劲儿。我告诉我自己说：我是受人之托付来问问他，他也许说'*不感兴趣*或者更糟糕一点'*你是谁？*'我站在那里好一阵子；最后决定了：一不做，二不休 – 我还是拨打了手里的电话号码。电话铃声响了，我屏住了呼吸，焦虑地握着电话。然而，让我松了口气，是一个男子的声音接听了我电话，他说'你好。"你好，你是吉米 克立锐吗？'我问道。'是的，我是。"你好，吉米，大概你记不得我了，我的名字是安 川赫。我们是在一个学院的周末工作室相遇，差不多有10年的时间了。'我停下来喘口气儿。'是的，安，我当然非常清楚地记得你。'他回答说，'我能为你做什么呢？'哇，他还记得 – 我可以继续说了。'这会使你觉得更加奇怪。我觉得自己是被神灵的指引组建一个提高能力的小组。现在，我知道你对神灵显现有兴趣，我被告知我们可以全面组合，联合起来共同发展。因此，我也有请了其他对神灵显现和对使用神灵治疗有能力和兴趣的人一同参加我的小组。对我来说，最重要的是：人要忠实和虔诚，还有就是要对自身的发展有诚意，维护小组其他人员的尊严和发展方式，还要绝对保守秘密，保证小组成员互相之间的忠诚和信任。我在想：你是否愿意考虑考虑，加入到我们的小组里来呢？"我当然愿意。'他立即就答复了。他根本就没有喘息、更没有迟疑、也没有提出逻辑性疑问、没有与其它活动冲突的情况；他同意了 — 他坚信不疑。

　　他又给我留下了很深很好的印象。我放下电话，最后，我终于有了我们小组人员齐了的感觉。我毫无疑问：这些人选非常合适—我们准备好就要启动了。

第七章 游戏开始了

我放下给吉米 克立锐的电话后，对自己能按照神灵的指引，请到了吉米，完成了物色小组成员和挑选人员的工作，深感安慰，我们准备好了，可以开始了。然而，我自满情绪没多一会儿就被另外的一个神灵信息给赶跑了。这是我最没想到的事情：'这是一个有物理动性现象的小组。'

我无法形容得到这个信息后的失望心情。我没想当动性灵媒；只想当理性灵媒。我可不想跟那些做动性灵媒的人一样，让自己的七窍皆通，五官喷沫 ectoplasm[1]。我只想做一个理性灵媒 a Platform Medium.[2] 给活着的人传递消息 — 还要给他们更重要的证据 — 就是从已故的亲人那里传来信息，亲自告诉自己的家人：他们的精神还活着，就在他们爱着的家人的周围，只是没有物质的形体罢了。自从当布兰惨案事件以后，这么多年里，我的努力都是以此为前提，我努力为此做出了许多的自我发展。现在我被告知这个小组将是以物理分子的动态形式，我的心一下子沉了下来。由于我知道神灵永远是正确的，即使超越了我的企望和想要做的事情。我决定保持缄默，跟从神的灵旨意走着瞧。

我通知了我们小组的成员，在正式开始静思聚会以前，大家先有一次碰头会，大家可以互相介绍和认识一下，也借此来商讨在静思会上，大家都必须要遵守的基本规则。由于圣诞节就要到了，大家一致认为碰头会应该在圣诞节的前夕，都去爱丁堡郊外的布斯菲德的白金汉姆酒吧，在那里做一次社交性的圣诞节午餐会。于是就这样定了下来。那天，当我快要到达酒吧门外时，我看到了玛优美也从街口的另外一头朝着酒吧走来，我跟她打了招呼并且等待她一同走进酒吧。就在她走近了我身边的那一会儿，她兴奋地悄悄对我说'我与神灵沟通了— 我想这个小组会是一个物理运动性质和有物理现象的小组。'就是这样了。我不知道神灵的这个信息是为了跟我确认我已经收到了的信息，还是神灵要确保我实际上，要当上这个我曾不想做的、动性灵媒小组的工作主持人。不管怎样，小组里的另外一位成员也被通知了这个消息，这肯定是神灵的安排。

'我也一样，有从神灵那里收到了这个信息。'我告诉玛优美，'但是，我希望我们都能够保持缄默不语，不影响其他人的企望 — 让我们走着瞧。'她点头表示赞成。

我非常清楚动性媒体在思顾小组实践中获得的惊喜效果，但是我也知道曾经有过的造假的灵媒和欺骗公众耳目的案例，所谓神灵显现的动态荒谬照片等等，就足够使整个的主题受到了蒙辱。我不想与之有任何关联。如果神灵要我们这样做，神灵必须旅行若言，实施在神灵方面的行动和他们的诺言，拿出实际事实来，证实给我们。

在白金汉姆酒吧里，这个圣诞午餐对我们即将启动的小组成员来说，真是一次愉快的聚会。我利用这个机会告诉大家了一些、不是全部，为何我要建立这个小组和在这个小组里要遵守的最基本的规矩。我告诉大家，'我是按照神灵的旨意，把你们召集在一起— 我被通知谁应该入组，我被告知这个组不是特意为理性灵媒而设立的，我得知如此非常失望，但是，我们应该是有共同意愿，都喜欢为得到神灵的指引而在一起静思的个体人员组成的一个整体 — 小组建成后，神灵会继续指引我们的工作。我知道你们有人对神灵显现感兴趣；也有人对神灵辅助本人发功治疗和其它方式有兴趣；我被告知：我们完全可以全方位地合作与协作。我也非常理智地掌握了这个小组里成员的水平和经验，大家技能参差不等，这也是为什么我不很情愿地建立这个组。 因为我自己与你们相对比，我确实是缺少经验。神灵再次告诫我：这些都不是很重要的，最重要的是我们都能互相信任，我们都相信神灵的力量，我们需要有信心。如果我们小组里的一个人收到了神灵的信息，这个人向大家确认，这个信息是从神灵方面获得的，不是夸张或者伪造的。我们寻求的是我们发自内心与神灵做虔诚与忠实的沟通，有的时候会出错的，但是要坚信我们的出发点是正确的。也就是我们发出的意愿是对的，得到另外世界神灵的答复之信息，就肯定不会有错。我们需要建立一个安全与舒心的操作气围与环境，小组成员都不必要担心，彼此会出现被嘲笑与讥讽的可能，大家能共同分享神灵世界发来的信息，并且要绝对保守秘密。为了这个目的，小组内的一切事情都不得在小组之外提及或讨论—除非是在小组的成员之间讨论。'

说到这里，我停下来问大家：'这些规矩你们是否能够接受？''你们谁有意见或不清楚的地方，请提出来？'奇怪的很，大家围着桌子互相用眼神征求各自的意见，没有任何人提出反对意见，大家全都接受了。'第二点是咱们这个小组需要一个领头人—不是导师，由于我们被告知大家在一起静坐思考，被领引着操作—但是我们组里需要有一个头儿，领头人来带领着这个集体一起合作。'我环视四周注意到了所有的人，他们都把希望的目光寄托在了我的身上。我就继续说：'这位领头人不是我。'大家都向我投来疑问不解的目光。'我想我大概是咱们这个小组里经验最少的人，尽管我被神灵告知'组建你自己的小组'和'把你的小组整编好'—这就是我正在做的事情—这不意味着我就是领头人了。确实如此，实际上，是我们大家一起来'做所有的一切'。我自己的感觉是这个领头人至少有广泛的各种模式的经验，如果不是这样的话，神灵就无法顺利地跟我们沟通，—大家明白我的意思吗？'

当我提出请吉米来当我们小组的领头人时，所有的人都认真诚意地一致点头赞同，大家都非常赞同我的提议。'吉米对我来说，他能够做我们的小组代言人，他是我们之中在这个领域里，学习的时间最久、也是最有丰富经验的人。'大家又是一致赞许地点头同意了。'我提议吉米是我们的领头人和主持人了？'小组人员全部通过了，包括吉米他本人也同意了。就这样我们有了自己的领头人。接着大家又一致同意了每周的周四晚上6点30分开始聚会，大家给这个聚会小组起名叫'星期四小组'，这样'星期四小组'就诞生了。

我们需要有一个地方聚会。玛优美在神智社找到了一个可以出租给我们聚会的房间，由于玛优美参加在神智社的活动，她跟那里的房屋管理员打了招呼，我们在新年的年初就可以在那里租到房间，开始聚会了。就这样定好了，我们在2006年的一月份开始，在爱丁堡的神智社，第一次聚会安排就绪了。神智社，坐落在爱丁堡的国王大街上，这是一桩非常显赫的联排公寓之一。到了那儿以后，大家才发现，我们租用的房间被安排到了顶楼的最高处，我们要沿着有华丽铁栏杆扶手的螺旋楼梯爬到顶楼。他们主会议室在二楼，我们在他们的上面，不受去主会议室的人员影响。我们的房间旁边，只有一个房间出租给佛教禅坐会使用，剩下的在这个顶层楼的其它房间，是用来做饮茶室，厨房和洗手间。我们的房间，在很久以前大概是私家拥有这整幢楼时的一间卧室。它大概有20英尺长，14英尺宽，是长方形的房间。房间的尽头，是一个老式木质的箱子窗，同时也镶嵌着百叶窗—显然是为了防止浸水。

右面的墙上，有一个壁炉和壁炉架；左面的墙壁是空着的，它的隔壁就是佛教禅坐会的使用的房间。佛教禅坐会活动的时间，比我们晚一个钟头才开始，所以我们从来都互不打扰，也没有相遇过。这也意味着：在晚上的6点30分到7点30之间没有其他人在顶楼—就只有我们小组，在这里做静思冥想，无人打扰—所以是非常理想的地方。

房间里有几把设计不同的椅子和两张折叠桌子，一个装满图书的书架，还有一盆看上去很是孤独的绿色植物。这里有点像似古代的客厅抑郁暗淡，在房间的屋顶上，吊着一个只有40瓦的昏暗灯泡，加上木制窗箱，实际上在这个冬季时间里，外面黑冷的天气，与此房间里面的静谧幽暗气围，对我们的小组坐在这里静坐冥想是恰到好处，再好不过了。

其中的一张折叠桌子摆放在壁炉前，被用来做咖啡桌。我们动手把这个折叠桌给移开了，把一对靠椅和三张餐桌椅子搬过来，以便我们能够围成圆形，坐在房间正中央的位置。就这样，我们都在安静中坐着，一起冥想，等待神灵世界的指示和指引方向，就像我们祈祷得到的那样。在这初始的日子里，我觉得自己不得不说引导开场白：'神灵，我们响应您的召唤，一起来到这里静思—这些人都是您选来的—我们都在这里静坐等待您进一步的教诲和指示。我们打开自己的天窗，等待神灵世界与我们的联系，请神灵世界的精灵沟通者前来跟我们一起工作，请显现你们的神灵，以便我们能够接收到信息，能与你们沟通、交流。'然后，我们就这样静坐，一般来说静坐大约45分钟到一个小时，随后我们就把自己在静坐中获得的感觉内、视觉内容或沟通得到的信息内容，反馈到小组里讲给小组人员—不管多模糊和没有意义，都分享给大家听。我们想要制造出一种有安全感的环境，以便大家能够分享我们各自在静思时，收获到的内容和想法。

这样做下来，我们常常发现每个人都能够得到不同的一点点信息，但是大致讨论的主要内容是相同的。只有在每个人都把自己在静思中获得的信息反馈出来，等待全部都摆开以后，我们才意识到了所有人的反馈，都是互相对应和接洽的。那会儿，我们就能够悟出一个道理来 — 就像一个组合拼图游戏，每个人手里的一张卡拿出来以后，拼放在一起，在眼前就呈现出了一个成型的图案了。在2006年的前几个月里，我们一直坚持这样做。我诚实地讲，我当时还是把精力集中在理性媒体练习上 — 这才是我真正想要做的事情。那时我不懂、也不知道该如何才能够做物质动性媒体。所以，我就跟往常一样 — 其他人也是这样做的。在一个封闭圈里，经常是静坐，与自己本人的精神向导连接上，请自己的精神向导帮助做某件事情。对于练习理性媒体的人，一般情况下都是寻找一个（精神世界里的）联系人，联到一个故去的、精神世界的联系人后，它就会把我们圈内的一个成员的个人详细情况传给你，让你有对证的根据或证据。你按照这位精神世界里的联系人，所介绍的详细情况，找到圈里相对应的接受者。

多年以来，不管我在哪种圈或发展小组里，我的问题就是从来没有精神向导。我能够清楚地记得，在若干个练习过程中，我的同学在静思以后都会给反馈说：'我的精神向导是北美印第安人'或者是'我的精神向导是个尼姑'或者是'我的向导是个和尚'；经常是中国或者是西藏的圣人，有时是玛丽雅 麦达琳甚至是耶稣他本人。

我就是没有这样的精神向导。但是我确实知道：宇宙间有更高的智慧在那里，有一位可以与我沟通的人，给我传来，坐在我眼前的这位人的故去亲人要诉说的爱的信息。我可以把安慰和爱转给，就坐在我面前的人，我把安慰和爱转给这个人，让其从悲痛中得到安慰和平静。就是这个工作，我不用想，就能够做得到 — 我只接收就成了。

现在我有了一条可遵循的道理，神灵能够是任何形式的。因为神灵本身是没有形状的 — 神灵是没有物质形体的。所以神灵就用最简单、最能够显示出其意图的形式来做代表，与其跟灵媒沟通。实习做灵媒的学生，如果对萨满宗教有兴趣的话，就可以十拿九准地说：他们的向导是北美印第安人。如果学生本人有宗教信仰或是从小就受到了宗教家庭影响的话，他们的向导有可能是尼姑或者是牧师，或者是其它圣男或圣女。

有些人无法接受神灵是宇宙中的一种抽象的意念，或者神灵能量是有智慧有能力的。虽然神灵没有我们能够看到的实质之物体。确实如此，有些人不但需要他们的向导要有人形化，也还要知道他们向导的名字。我理解他们的需要 — 要知道跟谁在进行沟通和沟通人的名字是什么 — 但是，我却没有这样的需求。

这也许是我最初收到预感，并且兑现成真的经验导致而成的。就此而言，我非常清楚地知道神灵信息能够百分之百准确地传递

给我 — 但是我却不知道信息从哪儿来的— 我确信它的真实性。（尽管我说的是一种心灵上的现象，神灵世界也是一样的，我接受神灵发出的信息，相信它的确切性，不必知道它是从哪儿来的，也不必需要有一位向导）。

还要澄清的一点就是：如果是灵媒，把他接收的神灵信息传递给一位他眼前的被神灵世界的人爱着的接受者，灵媒是需要提供给他详细信息的，如：神灵世界人的姓名等等，以便用来给在自己眼前的接受者，做为证据验证的，以便接受者知道，自己正在跟谁沟通、是谁给自己发来了爱的信息。（我不用向导也能做到这些。）当我们开始在神学社进行小组练习的时候，我的心理还是处于理性灵媒的练习与准备的状态。

在早期小组静思冥想练习时，有一次在我静思过程中，开始意识到有一位神灵世界的男子出现在我的面前。我天生就有良好的洞察感，更能把图形转化为意念。现在，我的脑海里有一个男人的图像，他是很高大的成年人，灰白的头发、还留着胡须。看上去是一位有所成就的杰出的男士。他对我来说好像是祖父。所以在小组反馈时间里，我把这位男子的情况讲给大家听，并且问：'你们能认出这位男子是谁的祖父吗？'

我环顾四周，用目光询问是否有人能够辨别出这位祖父— 但是没有人知道这个人。'没人认识这个人吗？'我又问道。大家都摇头不答话，我就无法继续与这个神灵沟通了。因为在理性灵媒沟通的过程中，灵媒的工作就是把从神灵世界里得到的有效'神灵'信息传递给在座的接受人，在座的接受人，从灵媒的描述中，认出了是自己的亲人在等待继续沟通。灵媒找到了与神灵世界里接洽的在座接受人以后，再从神灵信息中确认接受神灵信息的人，确实就是神灵要传递给信息的人，才能够继续发挥灵媒的作用，完成神灵世界的神灵者与在座接受人的沟通。如果在座的人，都认不出来灵媒对所接收到信息描述的精神世界里的精神者，就没有必要继续沟通了。灵媒就得必须接受刚刚得到的神灵信息，是错误的或者是被误解了。此时，我就只好接受：是我错了—并且不再注意这个精神世界里的神灵男士了。由于我还是在练习与学习的初期阶段过程中，如果我的同僚们说'认不出来'，我就只好必须接受，我错了。

在下个星期的小组练习中，这个神灵男士又出现在我的脑海里了 — 同一个灰白头发，留着胡须的男子 — 由于上次我已经有了印象，这次我就想保留多一点儿的信息：他身穿深色的西装，内有配穿马甲儿，充满慈爱的双眼，给人以慰藉和安全感。也许，这就是为什么我以为他是谁的祖父呢，从他表情可以判断出：他有优秀的品质和特殊的贡献。现在我明白了，我曾分析错了。他不是谁的祖父，他就是有这种慈祥、仁爱的优秀特征特质，我意识到了自己在上周出错的缘由了。现在他给了我进一步的解释，带我看了爱丁堡外科医生的大厅—这个地方我去过，所以马上就认出来了—我恍然大悟地明白了：这个人是一位外科医生。不光是这些，他还给我了信息说：'*你是应该知道我的啊。*（奇怪，虽然我没有听到这些话，是感觉得到的—我就是有这种感觉，确定是他在传递给我这种信息。）

然而，我再次犯错误，又误解神灵的意思了。静思以后又到了反馈时间了，我自信地认为我知道这个神灵想要与谁沟通了—这个信息是给吉米的，因为吉米是退休的心理科护士；他在退休前因工作需要常常去外科医生大厅，我用排除法断定：这个神灵沟通者，要找的是吉米，是要跟吉米沟通的。就这样我对吉米说：'我又有昨天出现的男士跟我联系了，我意识到他不是祖父，他确实不与任何人有亲属关系。他是找你的，因为他让我看外科医生大厅，我知道他是一名医生。他还说'你应该知道我。'；所以吉米，我想你是认识他的人，你一定曾经跟他在一起工作过。或者是你曾经在外科医生大厅里遇到过他，我知道：他也曾经在那里工作过。'

我目不转睛地注视着吉米，期待着他有所反应，他非常认真仔仔细细地从自己的记忆库里搜寻，看得出来：他在竭尽全力地想从记忆里挖掘出，我描述的这个人，与之相符合的什么人。'我想我不认识这个人，安。尽管我认识许多医生，我只去过外科医生的大厅一次。我不认识在那里的工作人员。我认识的医生，大多数都在医院里跟我一起工作。外科医生大厅属于博物馆了，有时也用来做会议室，我不认识在那里工作的任何医生。'我气馁了。我本来认为这次有了相关的信息，从逻辑上想，吉米是接受人。因为吉米是我们小组里唯一的在医疗专业工作过的人，显然他不认识在外科医生大厅工作的任何医生。神灵世界发信息的神灵者再次没得到通过，我再次让他在我脑海里消失了。

又是一周过去了。'那个男士又来了，'我说'这次他让我看了爱丁堡大学'—实际上他是让我看了爱丁堡大学的麦克雲大厅，这是学生用来做毕业典礼仪式的大厅—稍微晚会儿我会告诉你与这个有关的情况，现在他只是让我知道：他是从爱丁堡大学毕业的学生。除了这个以外，他还让我看了装满书籍的书架，他让我集中精力想书，我马上就知道了他是一名作家– 他撰写了不只一本书，是一个系列的书。

我想，这次我的逻辑思维应该是走上了正确的轨道 – 现在我意识到这个男士是要跟谁联系上了 – 他是要找到玛蕊。我们小组里有一位图书馆的管理员。这个事实绝对不是偶然的 – 她会知道这位男士，也许他们在一起工作过或者至少知道他的著作。在小组听取个人反馈的时间里，我讲了自己的想法，玛蕊看上去迷惑不解。她说'我没有遇到过任何作家啊'，她继续说：'我认识几位发表论文的人，但是我不认识谁出版了一个系列的书，或者类似这样的人，对不起。安。'由于这个男士三次都没有气馁，把我放弃。我开始怀疑自己的通灵媒体之能力了。我为什么都搞错了呢？我肯定他给我的信息都是正确的啊，就当我暗自说：我相信玛蕊会感觉到我在想什么之顷刻间，玛蕊开口说了：'他能是冲着你来的，安？'她很好心也想要安慰我。但是，我在爱丁堡大学不认识有如此满书架子书籍的医生或者是作家啊。又是一周过去了，在我们小组活动时，他再次出现在我的脑海里了。他坚持不懈地唤起我的注意，这次他让我看到了亚瑟王 – 亚瑟王和他的同僚骑士们围着圆桌坐着的图像是一个家喻户晓的传说故事。他还说：'*我是这个领域里的爵士*，'啊，我的脑海里出现了亚瑟王坐在圆桌旁 – 我有了两手准备的想法，由于我的灵媒能力已经进入到了更深的一个曾次了。我也许需要先不对小组人员讲、不来分享我的信息。这次我根本不知道神灵的信息是给谁的，我决定自己继续拒绝接受这个男士。就当我脑海里再次出现了图像 – 又是同一位男士之际– 玛蕊对整个小组成员再一次说：'我想这个男士是冲着你来的，安？'

然而，这个最新的信息，确实对我很重要 – 他肯定不是冲着我来的– 在我认识的人之中，没有被封为爵士的人– 我就这样告诉了玛蕊。可是我还是告诉了我们小组成员，我意识到亚瑟这个名字非常重要。这样一来，我们小组的全体成员都竭尽脑汁来思考了。是谁写的亚瑟王和围着桌子坐的爵士，是否应该是作者的名字就是亚瑟– 没有人能够想得起来，就连图书馆的管理员也想不起来了。我再一次认为是我自己的通灵媒体的能力出了问题，出了大错，我又一次回避了这位男士。

到此，我开始重新检察我的灵媒能力为什么失败得一塌糊涂，这实在是令我感到如此的痛心。是否因为我被通知了这个小组是动性灵媒小组？我是不是应该做其它方面的练习，而不是抓住理性灵媒能力的练习方式，死板地操练不肯改变？我还是得到了一个教训？我坚信：我得到的信息是绝对准确的 — 却不被接受？为什么没有人明白我说的信息？我没有答案 — 我很困惑和沮丧。

就在下次我们小组练习的时候，我已经决定了我要放开思想，准备接收不同方式的沟通形式，不必拘谨於心灵沟通的形式 — 我不知道会出现怎样的情况 — 但是我做好了心理准备，不再接收心灵沟通。

没用，他又来了 — 同一个男士。但是… 我喜欢他，他是那样的和蔼善良，尽管我不认识他，可是他非常平易近人，他有一双关爱慈祥的眼睛。我与他的眼睛对视着（我心灵的眼睛），感觉没有能够把他的信息转递给恰当的人而痛心。他又让我看了张图片，这是福尔摩斯！

我凝视着这位著名的侦探家，我的心沉下来了。我为什么再次看到了虚构的人物呢？我这次又该如何解释给我的小组同僚们？我决定这又是一个玩笑。这个信息不可能是给小组里的任何一个人 — 最好就是连提都不要再提了。

当小组成员都把自己的反馈一一讲完以后，大家就都望着我，问我收到了什么，我回答说：'什么也没有。'

'快点说出来吧，'玛优美说，

'我知道你有，你收到信息了。'

'不值得一提。'我说。

'又是那位男士，他再次回来了？'玛蕊问道。

'对，他又来了。'

'这次他让你看什么了？'高登问道。

'又是一个虚构人物，'我沮丧地回答。

'这次是谁呢？'玛蕊继续问。

'你能相信吗 — 福尔摩斯，'我气愤地说了。

骤然间，大家都象似被震雷给震惊了一般，全都沉默了。我想小组的同事们都跟我想的一样 — 那是玩笑。直到玛蕊说：'我想他是亚瑟 柯南 道尔。'

每个人都把疑惑的目光投向了玛蕊，她继续说：'他是一位医生；他在爱丁堡大学读书；他是福尔摩斯探案集的作者 — 就是不敢肯定他是否被皇家封为了爵士？'

她环视我们大家对她刚刚说的话有怎样的反应，你可以想象得出来：我们都意识到了她有可能确实是对的。但是，没有人知道他是否有亚瑟 柯南 道尔*爵士*的头衔。我们大家都意识到了，这实际上是亚瑟 柯南 道尔亲自，跟我们在房间里的小组成员们沟通交流。即刻，大家都非常兴奋和期待着继续进行下去。我们决定各自回家查找信息、做调查研究。

现在回头来再想想当时的情况，我觉得很奇怪。那会儿，如果有一排的人让我看谁是亚瑟 柯南 道尔，我都不会判断、认出他来。现在，我能够一眼就认出他来，而且不管他在哪个年龄段的形象出现在我的脑海里。可是那会儿－我认不出来他是谁－尽管我们都听说过他。他还很自信地认为我能够认出他来呢。

到了又聚会的时候，我们都群情振奋，热情高涨地回到了小组里。大家把在网站上已经查到了的这个事实－他确实是有爵士的头衔，他确实就是亚瑟 柯南 道尔爵士。玛蕊也把她的调查结果分享给大家。亚瑟 柯南 道尔爵士曾经在外科医生大厅工作过，他曾经给他的导师周瑟夫 比尔Joseph Bell做助手，他也是一位外科医生兼任皇家外科医学院的主席。'当然，'周瑟夫 比尔' 她继续说，'是他塑造福尔摩斯这个人物形象、撰写探案集的精神象征'。

哇呕，这是有可能的吗？亚瑟 柯南 道尔真的跟我沟通了吗？我们的大脑在赛跑、在驰骋、在飞越。所有的情况，都恰到好处，都完全相符合。前几周得到的信息单一理解，都不能接洽而被拒绝了。那是我集中精力只想到小组成员应该认得出来，或者是他们知道的一位亲属的缘由－没有人接受。但是，当适应於亚瑟 柯南 道尔，每个单一的证据都是确凿无疑的了，这个信息，确实是冲着我来的啊。

小组里的人，都兴高采烈地讨论我们组的新成员，神灵者，他即将带给这个小组什么样的进展－一定是好的。我有一点谨慎，他真的是亚瑟 柯南 道尔吗？或者是我在编他的故事？我周密地考虑了这个问题，所有得到的信息都是正确无误的；所有的事实也都是恰如其分、确凿无疑的。我再次仔细斟酌问我自己：是否知道这些信息，这些信息是否来自我自己的内心深藏的隐私之处呢？我在脑海里重复往返前思后想，开始仔细分析这个答案。我到底了解亚瑟 柯南 道尔吗？答案是－不多。如果有人问我：是谁写的福尔摩斯探案集，我思考以后会给出正确的答案。我大概还会告诉说：他是在爱丁堡出生的。其它有关他的知识，几乎就都是要空白了。然后我又把我自己的理论用在了因为神灵是使用各种形式和方式来沟通的－是否是神灵创造了一个有背景的人物以吸引我特别注意和感兴趣？他是一位医生，一位由于撰写了福尔摩斯探案集而著名了的作家。这些是否引起了我的共鸣？真的没有。我喜欢从电视上看有关侦探片的节目，但是我并没有真的就喜欢福尔摩斯这个人物，我从来就没有阅读过这个原版小说集，特别不喜欢电影片里的这个人物。我最后的结论就是：我真的不了解亚瑟 柯南 道尔 — 既然如此，我就没有可能把他树立为英雄 — 或者是一位向导。

引用那个著名侦探家的话：'…当您使用排除法，排除了一切不可能的缘由以后，剩下的无论是多么离奇，也必定是真的了。'

第八章 让我们一起动吧

当我们有确证是收到了亚瑟 柯南 道尔发来的信息的同时，也收到了神灵给我们小组的进一步的指令，要求我们的小组应该如何进行练习，在什么环境和条件下练习，应该是怎样练习的和我们小组的宗旨与目的应该是什么。

神灵的信息，都是当我在家里冥想或为我们小组的下一次聚集做准备的时间里，我收到的。有一次，是我正在考虑我们建组初期，由于每个成员的擅长专业方面和兴趣各有所异，我该怎样来满足他们的需要和愿望。总的来说，我要保证大家都能有兴趣，不分心，保持一个整体团队，大家能够互动。我的决定是，不遵循其它动性小组的案例，只让一个人做动性灵媒，小组里其他的人都围绕着那一个人静坐受益，我们要的是大家都有机会参与做灵媒工作，是互动互助，每个人都有'一份机会'做自己要做的事儿－不管那将是什么样的工作。

这对我来说是很简单的决定，因为我不想做动性灵媒。尽管神灵已经告诉了我（也告诉了玛优美）我们的小组是动性小组，我也有收到神灵的告诫：我们小组可以做所有的方面的练习与工作。我以为如果能够做各种各样的活动的话，我们就在每周静思时，等待神灵的出现，或者我们就等待被神灵的吸引去做神灵指引、安排我们去做的事情。我的考虑还没完，答案就给了我－这个我连想都没想问的问题－从神灵那儿来的答复是：'*他们不是由*

于个人的特殊技能而被选中，来参加这个小组的 — 他们被选中的缘由是他们有在公开场合，能够做代言人、讲演的能力

我想这实在是天大的玩笑，我无法想象怎么会成为如此。而且，又是神灵送来了、我都还没有出口问的问题之答案：'我们选择的都是能够与人交往的普通人。因为在不久的将来，一旦到了时机成熟阶段，我们要求你们这些人，能够把我们给你们的这些消息公布于众。在此之前，我们要先培训你们，以便你们从经验中获得到发言权 — 直到那个时候，你们一直都需要保守秘密。'这对我来说又是一个新的揭示。除了告诫我们做动性灵媒的惊喜以外，现在神灵又要我们都成为公共代言人。

所以当我再次跟小组聚会的时候，我没有讲我收到的信息，反而是静静地坐在小组里，向神灵发出请求，要求给我某种认证回复，确认我收到的信息是正确的。当小组的成员们都完成了静思冥想以后，他们反馈说：他们看到自己在室外节假日的舞台上讲演；还有人反馈说：他们在公众会议台上讲演；也有人说他们看到了自己站在剧场里的舞台上，发表讲演。他们都跟我差不多，有那种疑惑不解的感觉，也有人觉得非常担心地看到了自己在有几百人在场的现场平台上，做公开讲演、并且与公众对话，他们并不喜欢这个前景，但是都能够承认这就是我们的目的 — 最终将我们得到的信息，传达给更多的人和更广阔的世界里的人们。

到四月底的时候，先前得到的与神灵沟通的内容已经被理解和接受了，如此这般地推进我们小组的工作，让我发出了这样的呼吁：'是神灵的力量，让我们团结在一起了，一组志趣相同的小组成员，他们绝对相信神灵，也绝对彼此信任。我们被选中的原因：不光是因为我们有灵媒的能力（这是前提条件），而且还是由于我们都有在公众场合讲演的能力。不久，我们就会被指引着在公开场合做讲演。同时，神灵也会教给我们用各种不同的方式与神灵交流。神灵会重新使用以往的维多利亚时代使用过的旧方式，同时也会把我们带入到当今的发展社会之中，让我们知道情况有了变迁和发展，神灵也随之进步和发展了。'以前的习俗是灵媒坐在黑色屏幕的后面或橱柜中，这种方式为某些灵媒欺诈的行为提供了借口，乃至最顶级的灵媒也被指责过，有欺诈的可能性。我们将会完全有所不同，因为神灵能够展示给我们，他们是如何处理其中一些不同情况和用不同形式和方法来干预，我们将会在操作中学会这些知识。我们一起在摒弃旧式样道具的情况下，公开进行操作、演示，这样做的目的，就是让公众体会和意识到神灵的力量在主使着我们。这是我们有神灵支持的公开操作，演

示。让公众明白：这些正在产生的真实现象，是来自另外一个世界神灵的力量，促使公众考虑。这样一来，我们就可以不但发挥自己的特长，协助了神灵，也可以从自己的实际经验中受到教育。

神灵告诉我们自从1848年福克思姊妹the Fox Sisters[1]在美国纽约她们自己在Hydesville的家里，听到了敲击家中墙壁的声响。从那时起就揭示出了：人类可以与神灵世界沟通的事实，从而引起了世人瞩目，直到今天，已经有150年过去了。— 但是，从那会儿起到现在，在这个领域里的进步很小，今天的人们，对另外世界神灵的知识，跟那会儿人的知识，几乎差不太多。那时，神灵利用少女的明智，在小木屋里与她们沟通的方式，就跟与绝顶聪明的斯外登堡Swedenborg[2],发现的精彩世界一样令人振奋。但是，他们还是没有打出一条通道来 — 所以，我们现在，还要再继续试着推进、前行，他们是这样说的。我们选用的你们小组里的每个人，都能够与其他的普通人联系上，他们（指我们小组）将被用来传播神灵信息到更广泛的人群。但是，现在一定要保持缄默、保守秘密，神灵会告诉我们何时将其传播给更广泛的世界。

我们与更广泛的世界、领域沟通也要采取附加的方式，神灵告诫我说：要把我们小组每次与神灵沟通的详细情况记录和录制下来，完成过后，我要按照记录的内容和我们小组的经验著书。当我清楚地明白自己收到了这些神灵发给我的信息时，我觉得将要著书立说的人不会是我，因为我们小组里有更专业、更有经验的人能够做到这项任务。我觉得这项任务可以在我们小组里详细讨论过后再决定— 特别是我们有了新的成员加入到小组里来，这位新成员正好是为《泰晤士报》苏格兰教育补编专栏的撰稿人。

在以往的岁月里，我为了自己寻求与神灵沟通的技巧、能力的发展参加过各种培训班。有一次我参加培训班的导师名字叫吉欧米由Gill Muir。吉欧是一名非常好的灵媒、有证书的神灵治疗师。她有20年慢慢积累起来的经验和技巧（同时她保持自己白天里有收入的工作），目前她被邀请做一个夜校班的导师。尽管她是一名好导师，深受学生的爱戴。但是，她觉得她的角色不适合— 这件事，在我是她的学生、坐在她的课堂上听她讲课时，完全没有意识到。有一次下课后，她问我是否在放学以后，喜欢跟她去酒吧喝杯葡萄酒。

我与吉欧不太熟悉，我们的来往就是每周一次的师生关系，然而我看得出来，她有什么烦心的事情纠缠着，我就愉快地同意跟她去酒吧了。在前一个培训班里，我的导师根本不注重我的练习与进步，是吉欧把我从那里解救了出来，给我机会在她的班上发展，我希望能够做什么可以帮助她的事情，以补偿她对我的好意与帮助。

当我们坐在爱丁堡王子街角上的奴特兰酒吧，慢慢饮着我们要的白葡萄酒时，她倾吐了她没有信心继续做导师的心事 — 这是我不敢相信的，也是她不想忍受的。'我就是想为神灵工作。我愿意帮助别人，愿意看到别人的进步'。她说，'可是现在，我局限于导师工作，我总想着，我自己要做的与神灵沟通的工作。'

就当我们聊着聊着，我微笑着倾听着她的诉说，我深感惋惜。同时琢磨着：她为何要找我来酒吧谈这个事儿，她肯定有学生跟她有更好更久的师生关系 — 我几乎不认识她。就这会儿，她继续说：'我最想要做的是能够坐下来，有聆听神灵的机会。现在我是导师，再不能参加培训班和小组了。我渴望找到一个小组，跟那里的好人一起坐下来祈祷神灵。有个是那么静谧的地方，没有工作大纲 — 只是静坐 — 那该多好— 但是，你想不会有这样的机会吧，对吧？'听着她说，我意识到自己为什么被她无意选中拉到这儿来跟她坐在这里。我灵机一动，觉得神灵也在同时给了我启事说：'注意 — 这里的情况需要你的注意力'— 我马上就有所领会了。就这样，吉欧被我邀请到星期的四小组里来了。现在，我们的小组一共有六个人了。吉欧有过当记者、写报道的技能和经验，显然对我来说，她是完成此部著书的任务，再好不过的人选了。我们六个人的小组，正好能够坐成一个圈儿，祈祷以后，就静静地坐着，等待神灵将要传递给我们怎样的信息。我们已经通过理性灵媒，确认收到了亚瑟 柯南 道尔 的出现和预示了我们小组努力的宗旨。现在我们等待看到他，我们会按照他的旨意与指引来发展，我们等待着接受他要给我们做培训的诺言。

就当我们静静地坐在神智社大楼顶层阴暗的房间里，动性沟通开始了。首先是大家都听到了：房间里有奇怪的声响。通常，对这种现象的解释是：在古老的楼房里，都会有出现水管管道膨胀的声响，或是抨击地板的声响，这种声响会被认为是：有人移动了椅子或者是用脚踩踏了地板时，发出的声音。这种现象在起初的日子里经常发生，虽然我和玛优美都知道这个小组是动性活动沟通小组，我们都继续保持着缄默。

然而，这种奇怪的声响越来越多了，直到无法再找到任何合理的解释了。经常出现的是用力敲打墙壁的声音，发出声音的地方是在墙壁的较高处，那里没有水管管道、也没有任何其它可以发声的源地。还有就是非常响亮的抨击地板的声音，好相似有人从天花板上跳了下来，一下子落到了地板上，发出的那种声响。我们大家都能够感觉到自己脚下的地板，有被撞击后的颤动，最奇怪的是：我们听到了好相似有人在空气中抽打鞭子的声音；同时可以体验到：宛如那种在头顶上的高压架空电缆中，发出了一种电缆爆裂、电纹走火般的感觉。

这种不寻常而正在发生的现象，当然被小组成员给洞察到了。玛蕊说'这是动性灵媒正在沟通的现象！'我仍然非常清楚地记得，大家面对着这种不可思议的现象出现了以后，每个人脸上发出的那种惊异的表情。大家一致意识到了这个特殊的实际状况。不需要有其它的解释了，我们小组正在经历的就是神灵发来的动性沟通。

动性沟通，在过去也是很罕见的。到了今天也是只有少数的年轻的灵媒声言他们可以做示范。然而，就是最近有一次非常引人注目的灵媒欺诈事件再次被曝光了。就像以往出现的做假事件一样。我不想让我们的小组还没有开始，就遭到被公众奚落和批评甚至被曝光。我也感觉：如果神灵真的要我们做动性沟通，需要有一段的时间来让他们自己呈现在我们的面前。我们需要有耐心地等待和观望。可以说，我们的小组成员都非常激动和忧虑—大家都在耐心地等待着，盼望看到接下来会发生什么。

在那以后，有一次，小组静思冥想完成后，到了反馈的时间，玛蕊和玛优美同时反馈说她们在静思时得到了神灵的消息。她们看到了：原来被移开的小桌子应该被摆放在小组人员坐着的圈儿的中间位置上。一周过去了，我们再次做静思之前，就按照她们看到的情景，把小桌子放在了我们小组成员坐的圈子的正当中了。我们开始了静思冥想，而后，吉欧和我同时睁开眼睛对视着，彼此都知道了—我们需要把手放在桌子上，大家都要把手放在桌子上，只是把手指尖儿放在桌子上就行了—我们大家刚这样做，桌子立刻就象是富有生命力的野马那样蹦跳旋转起来。在我们的手指尖形成的圈中，桌子环绕着不停地跳跃，乃至我们很难保持住我们的手指停放在桌子上。由于桌子不停地在圈儿里旋转跳跃，我们不得不从座位上站起来，努力保持自己的手指放在桌子上，而桌子在我们的椅子间跳跃，以圈儿为核心向着左面的墙壁靠拢。这样一来使得小组的人员，有的被甩在了后面、有的被自己的椅子给绊倒了、有的还是努力让自己的手指放在桌子上。

当桌子撞到了墙壁时，它就一下子停了下来。小组的人都很兴奋也忍不住大笑了起来。就当大家重新围着桌子把手指再次都放在了桌子上时，桌子又开始前后旋转同时也跳跃起来了。这次，还伴有猛烈地撞击着墙壁的动作。撞击的声音之大、震动之强烈，让我们担心这张属于房东主人的旧桌子会随时被撞成碎片。

以前，我在参加工作室的时候，有见过桌子自动倾斜 table-tilting[3]起来的例子；这种现象通常被称为动能量as kinetic energy[4]，这次不同；我从来没有见到过桌子能够如此地弹动跳跃，就跟它有了自己的生命力一样。吉米建议说：也许桌子是撞到墙上无法自动解脱了，我们最好把桌子搬回到原来的、座位圈子的中央位置上，再重新开始。就这样我们重复做了三次，每次桌子都会旋转跳跃冲撞到墙壁，停放在那同样的位置上。而且，再开始猛烈地撞击墙壁。在某种程度上，可以理解桌子的这种冲撞行为，是应该有目的性的。但是，那会儿，没有人知道，桌子这样做的真实目的是什么。

小组成员开始提出建议来了：也许房间太小了，所以桌子总对着墙壁冲撞；也许墙壁是堵塞了桌子的通道方向了，我们应该把桌子搬到隔壁的房间里试试看，那又会是怎样？也许，我们根本就不该用这张桌子，不管怎样，这到底是为了什么呀？

高登说：'为什么我们不问问呢？'他的话音还没有落地，桌子就象一挺机关枪一样，对着墙壁'咚咚咚'地猛烈撞击起来。大家都感到非常突然。'这就是给你回复的答案，'他继续说。

我们都恍然大悟了，原来神灵世界的人是想告诉我们：桌子，是可以用来做与神灵沟通的工具。高登是一位有经验的寻途导向师，他很快领悟了这个现象，并且开始与神灵对话说："能示意给出'对'的信号吗？"桌子对着墙壁猛击了一下。"撞击一下是代表着'对'的答复信号"，高登又说。"你能示意给出'不对'吗？"他又继续说。我们大家都想桌子会对着墙壁撞击两次 – 结果是，桌子没有反应的动静。'那儿是怎么了？'玛蕊问道。高登重复提问，"请你示意给出'不对'意思的回答吧。"。桌子仍然无动于衷。就当我们大家都迷惑不解、互相对望时，吉米说话了：'也许我们不该做这个'。高登毫不畏惧地继续提问道：'我们有权延续这次活动吗？'让大家都意外地得到了惊喜的回复。这个桌子再次摇摆起来，使劲撞了墙壁，发出了一个响亮的碰撞声音。高登给小组成员们解释说："神灵没有必要浪费能量 – 看上去是敲击一声代表的是'赞成'沉默无反应代表的是'不赞成'了。（没有撞击）"。

他又对着桌子问道：'是这样吧？'桌子马上对着墙壁用力地撞击了一下，然后就安静下来了。'我想我们得到了答案了'。坚信这种新的沟通方式正在起着作用，吉米决定向神灵提出问题，以便澄清自己的思路：'是不是桌子需要放在这个位置上，以便利用这个

房间和隔壁佛教禅坐会之间的能量？'桌子保持沉默，高登对吉米说'你要仔细斟酌你提出的问题。'

吉欧接着说：'这堵墙重要吗？'沉默 = 不对。

吉欧：'任何一堵墙都可以吗？'对。

吉欧：'由于条件所限制，这堵墙是最好的选择，对吗？'对。

吉欧：'你们准备好了跟我们交流和沟通，对吗？'对。

吉米：'在我们周围的神灵是同一个神灵团队，对吗？'对。

吉米：'你们赞成用纸叠成的小人吗？'对（玛优美事先有用纸张叠制了小人和雨伞，把这些用纸叠成的人物带到了小组里来，由于在上次小组聚会时，有一把停放在房间角落里的雨伞，忽然间自动地展开了，小组里的人觉得神灵会试着移动东西，用纸张折叠了各种人物，比较轻便，容易被移动，所以她决定把纸人带来，这是最容易被移动的了。）

吉米：'你们能在将来哪个阶段做些移动这些纸人或者也移动些其它的什么东西吗？'对。

吉米：'上周有把雨伞，出现了移动和自动展开了，这是你们的意愿所做的吗？'对。

吉米：'让在房间另外一边的大雨伞移动，要比让纸人移动更容易，对吗？'对。

（我们几乎不知道：重量对神灵世界移动无生命的物体来说是没有障碍的 — 但是，我们需要有耐心，耐心地等待几个月的时间，才能够实现吉米刚刚说出的愿望）。

吉米：'我们感谢这次沟通活动，谢谢你们。'桌子碰撞了一下墙壁以表示回答了'对'。

吉米：'是否我们该把桌子从墙壁旁边移开，以免撞击声音会打扰隔壁的房间里的人？'不对。

我们被这个回答给迷惑住了 — 神灵世界的人肯定不愿意打扰隔壁房间里的佛教禅坐会的人，想必这会儿禅坐会的人已经到齐了，并且开始他们的打禅静坐了吧？

吉欧：'那样的话，我们是否应该查看一下隔壁的房间里，看看我们不会扰他们？'对

吉欧起身离开了房间，她去查看隔壁房间里的人有否在 — 她回来告诉大家：隔壁里没有人，房间是空空的。

吉米开着玩笑对桌子说：'这不意味着你们就能够在墙壁上弹奏出乐曲来'。桌子兴奋地再次发出了撞击声响，以此来激起大家的喜悦共鸣。大家都注意到了神灵发出的这个进一步的动画游戏。

吉米说：'太奇妙了桌子（神灵）竟然知道隔壁房间里没有人？'

桌子又撞击墙壁发出了一个响亮的'对'的回复。'它也能够回答人提出的问题'。桌子又再次给出了肯定的答复。

吉米：'这样的话，也许我们应该给桌子唱歌— 以提高其震动'的力量。

玛蕊：'你一定是在开玩笑。'

吉欧：'我不会唱歌儿。'

玛优美：'不要'。

高登：'啊，如果没人想唱歌儿，这个主意就不好采用了。'

有如此的可能性，使得我们大家都开怀大笑起来，这样一来使得桌子也再次充满了生机，好相似回应给我们大家、与我们大家一起享受着开心大笑的美好时刻。

吉米：'还是让我们认真做些事情吧。安，你要问个问题吗？"是的'，我确实想问一个问题。看来我们是可以通过桌子，得到神灵的正确答复了。我是非常佩服神灵世界竟然比我们知道的实际情况还要多得多，我们都不知道隔壁的房间里没人。（佛教会的禅坐会小组一般都是比我们晚一个小时 — 大多都是当我们静思冥想结束、反馈开始的时候，他们开始达到隔壁的房间里）。我觉得应该有更多一些类似的测验问题，我们提出问题，用来决定的确是神灵世界的团队，在使用这种方式正在跟我们沟通交流。可是，我又能问些什么样的问题呢？ 我宁愿自己有更多的思想准备的时间，以便有更好的一些问题，准备好了的问题，来问神灵。我需要想一个别人都没有想到、也不晓得的问题。忽然，我想起来了。有关要录制我们小组的沟通情况和著书立说的问题 — 小组里没人知道这件事。我开始就问了这个问题：我想要知道：我收到的神灵世界告诫给我们的小组宗旨，那是否是正确的。桌子发出肯定的确认性撞击声响，我同时注意到了，实际上，在我的话音还没有落地，桌子已经开始发出回应了。这实在太有意思了。我又一次继续试一试，'我收到的信息都是正确的吧……'又一次没等我话音落地，桌子已经发出来了肯定的撞击声响以确认其正确。我停下来问小组的成员们：'你们想剩下的我要问的问题是什么，因为桌子已经给了我答复了？'

玛优美：'啊，是的，桌子确实这样做的。'

玛蕊：'好聪明啊，不是这样吗？'

吉米：'这是你收到的新的什么技巧，安？'

安：'是的。'

吉米：'那样的话，我们怎么会知道你要说的是什么呢？'

安：'我明白，我明白。我只是想试着找出来一种测验，看看我

们确实得到的是神灵的信息，不是只在我们之间，因为不知不觉地互相影响的结果。'

吉米：'不知不觉— 那正好是最恰当不过的字眼了，因为我们谁都不知道你要做什么。我就是想要找出来一种测试的方法，我们从神灵发出来的答复，而得到的知识内容，不是被别人的不知不觉而影响的结果。快说下一个问题，我们都等着听呢。'全组的人都被吉米的话给逗得捧腹大笑起来。

安：'好吧，我的这个测验确实不是很恰当的。但是，我还是要继续下去。我有收到了神灵的提示：这些与神灵沟通的详细情况都应该被录制下来，我说的对吗？，'

高登：'啊，这可是个好主意。'

玛蕊：'是的，我们为什么没有想到这点呢？'

桌子在我的问话才刚刚讲了一半的时候，就再次开始撞击墙壁、给出了肯定的答复了。

吉米：'为了后代人？'

安：'不，还有一个其它的目的。'小组的人都期待着我，给出答案。

安：'我是否说的正确（桌子已经开始撞墙给答复了）我们小组每次与神灵的沟通都应该录制下来（桌子继续给出肯定的答复）以便小组里的什么人，在将来的某个时间来写一本书，对吗？'我继续接着说，桌子也继续撞击了墙壁，再次给出了肯定答复。同时，小组里的其他人员，也都由于我的最新揭露这个情况，而一致地发出了'啊哈哈'的惊叹呼叫的响应。

安：'而且，要写书的人是吉欧。'

我认为吉欧是小组里最明显的合适的写书人选 — 包括我在内。但是桌子没有给肯定的答复。

高登：''啊，那个答案很清楚是个'不对'的回答。''

安：'对不起，我的错误，写书的人是玛蕊。'由于她是图书馆的管理员，我认为她应该是在场的人之中，第二位最恰当的人选，来完成写作这本书的任务。又一次，桌子没有答复。

高登：'好吧，不是我吧？'

如果这也是问题的话，桌子仍然没有答复。

高登：'是吉米吗？'这是一个很有理由的猜测，因为吉米是我们小组的主持人，但是，桌子还是保持着沉默。

玛优美：'是你吧，安？'再次桌子还没有等到她的话音落地，就开始摇动撞击墙壁给予肯定的答复了。'明显是对的。'

安对神灵说：'在我们的这个小组里，有人比我更有经验和更有资格来写这本书；我能否请他们中间的一位来写这本书吗？'

桌子保持沉静不动。安：'我能否请一位代表来代替我写这本书吗？'

桌子再次无动于衷。

安：'我一定要自己亲自来写这本书吗？

忽然间，桌子又重新有了生命力拼命摇动撞击墙壁，我只好叹息着对小组同僚们说：'这可真的不是我擅长的方面啊。'大家都因为我被交给了这项任务、可是我呢，又有如此失望的表情，而大笑了起来。桌子也跟着继续兴奋地摇摆不停，为大家的欢声笑语助兴。

我们第一期的录制是在2006年的4月27日。每次的录制资料都由我亲自仔细聆听录音带的内容，然后我亲自动手，把内容抄录写下来，再通过电子邮件发送到每位组员那里，请每位成员对照他们自己的记忆，给出评论和修改。所以您现在阅读的这本书 — 无论你认为是多么的离奇 — 实际上，全部都是录制与记录下来的真实内容。并且全部都有详细的书面记载。这本书就是从这些实际录制和记载的当时真实情况为蓝本，写成的；所有的录音带里的资料，都是经过独立的编辑人聆听和校对、验证过的。所以，您正在阅读的本书内容，就是被录制的当时在实际现场里发生的真实情况的原本内容。[无论内容表现是用哪种字体的形式，它都是真实事件现场的逐字记录]。

现在我才明白了：为什么要我将所有的沟通内容，做现场录音，因为这些情况都是难以置信的事实 — 尽管如此，我还是觉得自己缺少信心来写这本书。

记得吉米对神灵提出的'做些什么或移动些什么！'要求吗，神灵给他答复了，实现诺言了，我们只要耐心稍等待。

第九章 录制的记录

我经常在家里为了自己的思想净化和自己能力的发展，做静坐冥想。我坐在自己的睡房里，让自己的思绪沉静下来。每当我进入到了一种升华了的境界（大概是一种特殊的脑波状态）我会感觉到亚瑟的出现。我能够感觉到他就在我的周围。好相似如果我睁开双眼就能够看到他站在我的身边－当然，我理智地知道他的物质形体没有在我的身边。我开始了解他的'感觉'和他的形状－他是个大高个子的人。我也能够嗅到他的味道，偶尔会闻到他喜欢吸的旱烟草－旱烟烟袋的味道。所有这些，我现在觉得很奇怪，因为这些都给了我安慰和平静的感觉。我喜欢过这个人。他对我来说是自来熟，给我一种保护感、支持感也是我生活旅程的向导。

我的丈夫和我一起动手，把我们房子的阁楼改建成了一大间开放式的卧室，它有一个可以坐下来看电视的空间，还有一张电脑桌子－我常常坐在电脑桌子边上工作到凌晨。我们在改建期间，买来了两把可以在坐上去以后，上身能够保持挺胸抬头的旋转椅子，椅背可以支撑你后背，来保持后背直立的坐姿－坐上看电视确实很理想。但是，坐上去静思就更好了。2006年的5月，我静坐在椅子上冥想，一会儿，亚瑟的形象就宛如遥远的记忆一样出现在了我的脑海里，同时出现在我眼前的是一个我祖母摆放在她壁炉架上的铜铃。当你在脑海里有了这种视觉，你本能地知道了这个视觉不是你认真想出来的－是有人有意识地放进了你的脑海，让你得到了这个视觉的。我猜想我是否被神灵指引着，要带着一个铜铃到小组里，以至于神灵可以让这个铜铃发声。但是这个想法没有得到神灵的共鸣与反应，所以我就不再理睬它，想到如果铜铃是重要的，它会再次回来找我。现在我有了更清楚的视觉—石头，那些水晶石/石英石、同各种宝石一样，曾经被视为时尚而流行一时，现在也仍然被崇为时尚。呈黑色的矿山石—彩色石。我思寻着是否我被神灵指引着要找些水晶石带到我们的our séance room[1] 活动室，也许可以帮助我们在与神灵沟通时增加能量力。但是，不对。感觉还是不对劲儿。于是我就下意识地询问石头是做什么用的呢，我看到由石头组成的圈圈出现了，我马上就意识到了这是象征着我们小组里的成员们，集体联系在一起，大家能够互相信任、团结一致。

我喜欢这种气围，给我以莫大的安慰，这种视觉让我想到了我们的小组有'坚如磐石'的感觉。但是我还是思量着，这种启事就是为了给我一个象征性的意思呢，还是需要我做更多的什么、实际上真正所需要的什么东西。同以前一样，这种想法刚刚出现，我眼前的这些石头就自动形成了一个手镯形状的链环。就象在任何一家天然宝石店或替代健康用品店里，都可以买到的那种用水晶石石子儿串成的'魔力手镯'一个样子。随着这些脑海里的形象，出现的信息是我们小组里的每个人，都要佩戴上一个手镯，象征着我们的团结一致。

我的那种安慰感就这样如蜻蜓点水一般，马上又消失掉了—我想这是要我遵循的一条微不足道的小径。我从来就不是那种追随名家设计和名牌产品的人、也不崇拜按照个人意愿定制那种特殊的汽车牌照—实际上，我是决对反对这样行为的人—我认为这样做的结果，就是为了招摇过市、引人注目—大声喧哗喊出来：'注意看我啊'。我非常舒服能够是自我，我也很自信，我就是我自己，我从来不用、也没有愿望要使用这种附加的装饰品—我当然不愿意在我的衣服袖子上显示我的内心。我意识到了，我又被挑战了—是那种我特别不想要做的事情。神灵在对我的信任出发了考验。

这种考验，已经也有另外的一种形式出现了。因为意识到是亚瑟 柯南 道尔 正在跟我们沟通，我开始阅读他写的书籍，《唯心主义的发展史》 The History of Spiritualism[2]. 这部著作记录了精神主义者的产生和精神主义者是如何认识和采用各种现象的发展与经历。我开始意识到：我们在小组里得到的经验几乎都是逐章地遵循了他在书中阐述的道理和思想。因此，在上次使用桌子做为我

们交流沟通的手段之后，小组成员有人问过我'书中接下来，写的是发生了什么？'

"用撞击墙壁的办法沟通之后，神灵转向到了使用字母进行沟通的交流办法，他们可以从只能够用'对、不对'答复发展到了下一步。"

'所以呢，使用奥吉报得方式沟通吗？'玛蕊问道。这种想法使我恐惧。由于我跟苏格兰调研会的成员做了多次，对异常现象的实地调研工作，亲身了解了使用the Ouija Board[3]奥吉报得的情景。这种方式，似乎为比较低级的神灵钻空子，提供了现身的机会，使用不当还会带来无穷无尽的问题。通常是学生或者是青年人，他们认为这个方法很好玩，直到他们意识到了自己已经引鬼上身、到了能够请神，无法送神的地步了。我对使用这种方式一直是非常谨慎的，也奉献给愿意听我警告的人，绝对不要碰、用这个方式。现在我们被鼓励使用这个方式 — 我们正在接受测验。也许就是这个缘由，在两周前，我的视觉里出现了：当我们小组的成员围坐在一起的时候，他们的周围有蜡烛的光圈给围绕着，我被神灵告知'光圈'是用来起到保护作用的。当时我没有在意，还以为是没有必要的，我还是跟大家讲了。大家都认为有蜡烛可以烘托气氛，而且光点点儿闪烁跳跃起来，是很好看的。所以我们就把带来的蜡烛，点着了、派上用场了。现在被通知使用奥吉报得的方式，我恍然大悟：使用蜡烛形成的光圈，实际上是起着重要的保护作用了。

在过去的几周内，我们继续录制我们小组里的一切活动，显然录制这些内容还有另外一个优势。就好似在起初我们逐步认识、最终确定是亚瑟 柯南 道尔 一样，我们能够记录下来神灵是怎样一步一步地引领着我们，每周循序渐进地把情况传递给我们。尽管当我们在接收到信息的时刻，无法马上理解和接受神灵的旨意，但是，当我们重新聆听先前的录音带，我们就能够发现：神灵传递信息的证据与方式。再者，几乎就是为了帮助我们确认这些信息的真实性，尤其是这些信息来自我们小组里的不同成员，不只是一个人。以下记录内容的摘要the transcripts[4]可以说明这一点：

星期四小组 — 2006年5月4日（记录摘要）
安开始意识到有一位神灵世界的男士出现在她旁边… 她觉得这位男士骑着一台古式的、有一个大轮和一个小轮子的单车，这个人在一个公园的路上，骑着这种古样式的单车，在他的旁边，有他的狗狗在跟着跑……他穿着正规的燕尾服，内穿马甲，佩戴着高高的黑色帽子，他保持将自己的面孔印刻在她的记忆里，好像是示意她和小组里的其他成员，应该认出来他是谁。吉米问安是否他参与心理调研会或者是与神智会有关。她说她不知道。

她又说他带着她进入了一所医院，不是因为任何疾病，就是让她参观医院。吉米问是否男士在医院工作。安说不是。吉米问他在那里做什么。安马上回答了：他是一位科学家。然后她就很难再从那位男士那里获得更多信息了。

我知道让我看到那辆单车的意思：就是让我得知那位男士活在人世间的时间年代、大概期间的情况 — 他的着装也是有同样的目的— 黑色高帽子、燕尾服等等。但是，我不知道他是谁。

在随后的一周里，我想出了一个有可能的人物，但是，显然我是错了：

星期四小组 — 2006年5月11日 （记录摘要）

（神灵的回复是使用倾斜字体打印出来的，以及作者的评论也是如此）。

小组围绕者小方桌子（对/不对）开始了。

安：'请问本周现在跟我们在一起的神灵团队，就是跟上周的一样同一个团队，对吗？' *对。*

安：'今晚又是亚瑟 柯南 道尔爵士跟我们在一起吗？' *对。*

安：'上周当我们小组围坐一起的时候，我意识到有一位神灵在我面前呈现......' *在这个节骨眼上，桌子开始兴奋地动了起来，好像它知道我下一个要提出的问题是什么一样。小组里的每个人都有看到了这个现象，看到桌子如此兴奋地摇摆而觉得非常有兴趣。*

安：'那个人是 Sir William Crookes威廉姆 考克斯爵士？'

桌子突然陷入沉默，令每个人吃惊的是— 这个答案不是它所期待的。

吉欧开始意识到有另外的一位神灵人在场出现了：

吉欧：'我意识到有另外一位神灵人正在跟你在一起的，他是否是一位有新闻背景的人？' *对。*

吉欧：'他也是跟精神主义者运动有关系的？' *对。*

桌子再次欣然起舞，好像神灵世界期待的认知实现了。

吉欧对小组成员说：'在这个节骨眼上，我想问小组里的成员，谁知道我正在要说的是哪位？'

安对吉欧：'是 Barbanell 巴柏内尔吗?'

吉欧对神灵：'这位是 Maurice Barbanell 毛瑞丝 巴柏内尔吗？' *对。*

安：'上周跟我在一起的人是一位科学家，对吗？ *对。*

安：'而且，他是威廉姆 考克斯爵士，对吗？' *不对。*

玛优美问小组成员这位是否是 Sir Oliver Lodge 奥立瓦罗吉爵士。

安：'这位是奥立瓦 罗吉爵士吗？'不对。

安：'我们能够知道你们的团队是几个人吗？你能够告诉我们吗？'不对。

高登：'是真的吗，就象我们这里一样，你们那里出席的人数也会有所不同？'对。

吉欧：'你们那边是否有一位著名的灵媒跟你们一起工作？'对。

吉欧：'这位著名的灵媒就是那位跟我个人也认识的，对吗？'对。

桌子再次显示出对吉欧的问题，给出肯定的答复。

吉欧显然进入到与神灵沟通的最好状态，并觉得她知道自己正在跟谁沟通。

吉欧：'你是跟我一起在伦敦的斯坦丝代德学院Stansted[5]?学习的那个人，对吗？'对。

吉欧：'你是在图书馆里，对吧？'对。桌子又开始雀跃摇摆，因为它知道吉欧不想说出这位沟通者的姓名，想让小组的成员自己也能够从与神灵沟通中得到证实，桌子为此发出了激动期待的表示。吉欧：'如果我没记错的话，你从来都没有让在你手下接受培训的人员疏心大意过，对吗？'对。

吉欧：'怎么现在会让他们觉得容易得多了呢？'对。

吉欧：'你能够用那张桌子告诉我们吗？那就是我们要找到的方向吗？'对。

吉欧：'也许我们把另外的一张桌子搬过来 — 这是你要我们做的是吧？'对。对。（桌子重复着撞击了两次，以此示意确认。）.

就在这个节骨眼上儿上，小组成员离开了小木桌子，重新在有铜板桌面的圆桌旁边围坐下来，他们把事先准备好了的字母卡片，也放在了桌子的边上，桌子中间还有一个杯口向下、杯底朝上翻扣在桌子上的玻璃杯子。

这是我们第一次，试图使用奥吉报得的方式来与神灵沟通。尽管我非常谨慎地使用它，我还是想要测试使用它得到的信息会是怎样的。为了排除人为干预作弊，问题最好是深思熟虑、仔细琢磨出来的，更好的就是选择使用那些别人不知道，尤其是把手指放在玻璃杯底上的人，根本就不知道、也不会想到的问题。

吉欧：'朋友你们开始吧，我们准备就绪了？'

玻璃杯子开始在圆桌子上旋转，然后拼出— 高登。

吉欧：'你能把你的姓氏用字母拼出来吗？' H,I,G,G,I,N,S,....

吉欧：'你是不是不情愿把你的姓名都拼出来，因为你知道我们都知道你是谁？你是高登吗？ Gordon Higginson高登 海格森？那位著名的通灵媒体和全国精神主义者联合会的主席，对吗？'对。

安：'我们能问今晚，你们方面还有谁参加我们的活动吗？'对。

安：'下面再沟通的人，能把你的姓名给我们拼出来吗？'对。

吉欧：'谢谢你，吉欧把桌子上拼写出来的字样读出声来。他们是*亚瑟*

吉欧：'好的，请继续。'*道尔*。

安：'你是亚瑟 柯南 道尔爵士？'对。

至此为止，所有传递过来的信息都是准确的，在场的人，都有目共睹。任何重要的心理研究调查人员都不能排除人为的干扰。

安：'是的，谢谢你。请给我们下一个人的名字，行吗？'对。

安：'请你用心把名字拼出来给我们，行吗？'对。G,I,I,L。

吉欧：'对不起，朋友，我们没有明白是什么意思。请你再清楚地拼出来吧。'G,I,I,

吉欧：'朋友，这无法理解呀。'

高登：'这些是缩写字母吗？'不对。

安：'吉欧？'

吉欧：'你的名字是吉欧吗？'不对。

安：'好吧，那就请你继续拼出来吧，我们有了G,I,I,L字母了，还有什么？' F

吉欧：'你是指这是我的名字吗？'不对。

吉欧：'那样就好。你是指来自不同国度的什么人吗？'对。

安：'这是全部的名字，你是全都拼出来了吗？'不对。

安：'好吧，我们现在有了G,I,I,L,F，还有什么？'E,A,...

吉欧：'你原来的国家名字，请把这个国家的名字拼出来'对。

吉欧：'你是来自北半球的国家吗？'不对。

吉欧：'德国？'不对。

吉欧：'你是来自斯勘德纳威亚国家吗？'不对。

吉欧：'俄罗斯？'不对。

高登：'你能拼出来这个国家的名称吗，请尽力拼出来，让我们明白？'' B, H, A, H, I, A.

安：'是巴哈雅Bahia？'对。

吉欧：'是一个东方国家，印度尼西亚国度的，对吗？'不对。

高登：'是不是我们曾经讲的东方大区域里的国家吗？'不对。

吉欧：'你是从热带地区来的吗？朋友？'对。

吉欧：'能是墨西哥吗？'无法肯定。

这种'无法肯定'的评述一般都是当玻璃杯子缓慢地向着答案方向移动。这让我们感觉到沟通者正在考虑这个答案，近乎就要说出来，'差不多'或者'你还是没有完全正确，但是差不多了'。高登的评论指出了这种缓慢的玻璃杯运动的趋势，我们就意识到了这个玻璃杯缓慢运动暗示出：我们正在正确的轨道上同步进展。

高登：'杯子转动得很慢，意味着不是非常肯定。能是一个岛屿吗？' 无法肯定。

高登：'半岛吗？' 对。

安：'是加利福尼亚的离岸半岛吗？' 对。

安：'所以你是美国人？'

安：'西班牙人？'

安：'印第安人？' 对。

安：'所以你给我们的 G,I,I,L,F — 是你的名字吗？'

高登：'Geelf 又是什么— 不同的拼读发音？'

安：'还有其它的字母吗？' 对。

安：'好吧，请把剩下的字母给我们拼出来？'' E,A,T,H,E,R.

安：'Giilfeather（发音是: Geelfeather吉尔非瑟)?' 对。

安：'谢谢你 Giilfeather 吉尔非瑟，我们高兴跟你一起工作。' 对。

我高兴有这样的结果。显然是一位大家都不知道的，新的神灵世界的沟通者，现在跟我们联接上了。他给了我们他自己的名字，我们开始时，大家都困惑得不能理解；如此情况，我们很难编造得出来。他也给出了一个地点的名字 — 有叫巴哈雅的地方吗？这个地方是个半岛吗？并且，这个地方是加利福尼亚的离岸岛屿吗？当我跟这位神灵世界的沟通者交流的时候，我得到的是加利福尼亚的信息。但是，现在我们要查看出来，这个地方是否在地球上存在。 同时从这种新的交流方式中，我们还能够得到些什么：—

安：'在早些日子里，我们从通过桌子的沟通中，得到暗示告诉我的一种石头。石头对我们小组来说是重要的……它好相似黑石。' 对。

安：'并且是用来做某种手镯的？这是正确的信息吗？' 对。

安：'我被指派来完成，寻找到这种石头、并且为小组的成员每个人都要做一个手镯的任务，是正确的吗？' 对。

安：'还有就是我通过桌子得到了的信息是，当我看到这种石头的时候，我会马上就认出来是这种石头，全是正确的吗？' 对。

是我在家里静坐的时候得到了这种视觉的信息，我在下次来小组聚会的时候，通过桌子也得到了验证、确认。我有询问过神灵，我的视觉是否正确，我们需要找到这种我不喜欢的手镯—不光是这些，好相似在伤口上洒盐，我还被指定了去找到这些石头，再做成手镯。我相信这是神灵世界又在考验我的耐心和诚意—不但是我要佩戴上这种石头。现在，还要我亲自去买来这种让我讨厌的东西。 这项任务正在考验我的信心和耐心。可是，当我通过桌子提出问题的时候，我就先考验他们了（神灵的交流者）我首先问了神灵是否玛优美应该是负责弄来手镯的人，我随即得到的答案是'不行'然后我又试着问是否玛蕊、高登或吉欧可以完成这个任务—在水晶石方面的经验他们都比我有更多的知识，从逻辑上讲，找到适合的石头之任务，他们都会比我做的更好、更出色。这是我考验神灵以后桌子的回答—要想检验是否有人为作弊的地方，人的逻辑思维就用上了。但是，没有人能够通过作弊来影响桌子上翻扣着的玻璃杯子的自动旋转。

（当我默默与神灵沟通的时候，我总是把自己的手指从翻扣着的玻璃杯底上抽回来，以不至于影响我的结果，因为其他的人，并不知道我在做的心理上的进一步测验。我先前也有通过桌子做过了的测验，得到了神灵肯定的答案，结果是正确的。）由于我实在是对宝石没有任何了解，我得到了这种宝石的视觉后，我问过神灵，我该怎样挑选到这种石头。神灵的回复是：当你看到这种石头的时候，你就自然会知道：石头是对的了。好心好意的玛优美给我带来了一本介绍各种水晶石的大全书，里面有各种各样的插图，和详细功能介绍—一本全面介绍的目录图书—可是我从书中找不到与我在脑海视觉里看到的一样的石头。锲而不舍的玛优美，她就亲自带着我走访了许多家水晶石专卖店。她相信我肯定会在一家店里，认出来我想要寻找的石头。在我们聚会的当天，我们俩人又去了几家水晶石专卖店，希望能买到这种石头。并且，把石头带到当天晚上我们聚会的小组里。在第三家专卖店里，我们看了店里所有展示的石头，都没有合适的。我们正失望地走出了店门，有什么事儿使我想回头再看看这个刚刚离开的店子，刚回头我就看到了店子玻璃窗的展示台上，放着一个电动旋转的地球仪，地球仪的表面全部镶嵌着各种各样的水晶石头—每个国家都是由不同颜色和不同种类的石头做代表，镶嵌在国家名字的上面。我又走了回去，走近了玻璃展示窗，眼睛仔仔细细地跟随着转动的地球仪看了每一种石头。在那里，我看到了我要找的这种石头。'在这儿那，玛优美—这就是我脑海里看到的那种石头。'我们兴冲冲地返回了店里。'那个石头叫什么名字？'我问店员 — 她不知道。她转身找来了她的老板帮忙。店经理告诉我们说，他认为那种石头是叫青金石，但是也许还有其它的名字，他也说不准。因为这种石头不是他们店里有保存的现货物品 — 我们去过的其它专卖店里，也都是没有现货。这就是在我们直接去我们的小组聚会之前，所获得的有关采购石头的大概信息了。

高登：'我能问问吗，这是小组每个人都要做的，我们都能够认出来这种石头，不必只是一个人，对吗？'不对。

吉欧：'朋友，我能问你：上周我渡假时，我在海滩上接触的石头是给小组用的吗？'不对。

高登：'石头的黑色深度重要吗？是很黑的石头吗？'不对。

安：'是黑色里含着有闪光亮点儿的石头 — 那个是你印放在我的脑海里，对吗？'不对。

安：（意识到了她的错误）：'不，当然不是。因为今天在店里看到时，我看到的实际上是蓝色的，是深蓝色的，对吗？'对。

安对小组成员说：'我刚意识到我说的了。我说是黑色的，因为在我脑海里的石头好相似黑色的。但是实际上，应该是蓝色闪金光的。店主告诉我们叫青金石，也许还有其它的名字，对吧？'

高登评论说：'水杯先向后移动又向前移动了。'

安对小组成员说：'有点不对劲。'

高登：'是那种黑曜石头吗？'不对。

安对小组成员说：'所以，我们知道是深蓝色闪金光的石头…'吉欧对安说：'不，你没说闪金光，你只说是深蓝色的？'

安对吉欧：'你说的对。'

安：'那是深蓝色闪金光的石头？'对。

高登：'那是不好玩的石头。'不对。

吉欧：'那是有保护专用性质的石头？'不对。

玛优美：'这是猎鹰眼儿石头，就是虎眼儿石头种类中的一种？'不对。

安：'用哪种石头重要吗？'对。

安对小组成员：'就像上次我们得到的回复一样，我说我去买石头，我被告知当我看到正确的石头时，我就会认出来的。'

吉欧：'我们有一个象石头一样坚强的小组圈儿，这是自然的含义代表，对吗？'对。

吉欧：'神灵工作的小组圈儿与我们的小组圈儿一样，对吗？'对。

安：'啊，这样实际上很好 — 至少我们知道了。'

高登：'我们能澄清一下吗？安，相信如果是这样的话，就要完全取决于她了，她去选购一种吸引她的石头？'对。

安：'也让我在澄清一下，石头将用来做手镯，对吗？'对。

安：'好吧，我会去做吧；我去买合适的石头做手镯。'

安：'重要的是石头代表了我们小组成员的团结一致？'对。

安：'并且与你们神灵世界也凝聚、链接在一起？'对。

这里又重申了神灵的旨意，要我去买那些被祝福了的石头手镯，我在脑海里看到过的、当我到了店里就会认得出来 — 大概是叫青金石，就象店里经理说的那样，其实他也说不准— 我们也一样说不准。

你会注意到：选择石头对我们来说，是个相当大的挑战。因为小组里的成员对各种石头的功能了如指掌，他们都能够一一地说出石头的名称和其具备的功能。但是，每次他们的问题与意见，都被桌子的答复给拒绝了，并且确认了只有可怜的我，才是唯一的一位要亲自去采购这种特殊石头的人。

现在我们已经有了一种新的沟通渠道，超出了只是用 对/不对 的方式来交流，吉欧建议我们应该试试获得更多的、下一步会怎样发展的信息。

安：'从上周的情况看，我们非常高兴地意识到我们有如此杰出的神灵世界代表组成的团队，与我们一起工作。如亚瑟 柯南 道尔爵士和其他重要的人物。上周我们也问了…我们的直觉告诉我们是你们聚集在一起逐步地教会我们与精神世界沟通的各个步骤，是这样的吧？'对。（桌子上的玻璃杯子兴奋地转动着。）

吉欧：'那可是个肯定的回答了。'

安：'你们会带着我们，从头开始，一步一步地让我们体验到精神主义发展的每一个步骤。是这样的吗？'对。

安："在发展过程中，我们小组先要静坐，稍后会有在静坐中，能够得到的通灵体验，再往下就是我们积攒能量，有一个星期的'光圈儿'的体验— 这会是你们的指示，对吗？"对。

安：'当我们建立起了一定的能力以后，我们就被引导到使用桌子回答（对/不对）。这是下一步的内容，对吗？'对。

安：'到现在，我们从只用桌子做为沟通工具，发展到了用桌子上的字母卡— 上周你们指示我们用这张桌子和字母卡— 是这样吗？'对。

安：'你们要我们一定这样做的目的就是为了与我们沟通是效果更佳，对吗？'对。

安：'现在，回到吉欧问过的问题上了。我们已经建立了有顺序

的步骤，从我们一开始到今天，我们有了用桌子沟通的经历，有了用桌子上的字母卡沟通的经历，我们期待着你们下一步的指令。'

吉欧：'你们能告诉我们，你们下一步为我们准备了要做的是什么吗，朋友？'对。

吉欧：'请给我们拼出来啊？'

你大概会感觉到了在房间里的小组人员，都在紧张焦虑地等待着神灵世界团队给我们做出的下一步的回复与指令。大家都迫切地望着桌子上的玻璃杯子的旋转摆动，拼出来给我们的答案，我们的这种焦虑与时具增。

吉欧：'如果你们准备好了，就请开始吧。'

稍稍有了一会儿的迟疑，然后就是玻璃杯子开始转动，而且是撒欢儿一样的快速转动，同时房间里的天花板上的吊灯也跟着不停地闪烁。

吉欧：'好吧，朋友。我们要有动性通灵体验了，对吗？'对。

吉欧：'我们如何才能够做到如此的呢？'*D.E.D.I.C.A.T.I.O.N.*对你所做的事情要勤勤恳恳，*忠诚与奉献*。

我微笑着，看了对吉欧这个问题答复。这个回答可是太巧妙了，它减轻了我们期待着的高度紧张感，希望他们能够告知我们下一步要做什么，怎样才能够实现物理现象的动性沟通 — 那可不是如此简单的事情。

安：'我得到了的印象是：你们要让我们自己学习和努力用自己的直觉来实现下一步的工作。代替你们直接把答案摆在我们的面前，是这样的吗？'没有回复。

安：'所以，你们要告诉我们吗？'不对。

高登：'你们会帮助我们的？'对。

吉欧：'我们应该静静地坐等更久的时间吗？'不对。

高登：'我们开始时做的是储备力量的工作，也就是现在我们应该做的事情吗？'对。

吉欧：'你们喜欢我们用音乐来辅助沟通吗？'不对。

吉欧：'我想音乐会削弱能力的简单性，对吗？'对。

吉欧：'你们想要我们把一些什么特别的东西带到这个房间里来，以便用来辅助与我们的沟通？我的意思是，大概是一个铜铃，也许你们可以摇动那个铜铃？或者其它的什么东西？'不对。

我对吉欧的话很感兴趣，我在猜想：她是不是跟我一样，当在家里静坐冥想的时候，也有在视觉里看到了铜铃。当她说出了这种想法时，我也曾经想过：也许神灵人会使用铜铃，让我们得知神灵存在和正在与我们沟通。不管怎样，我们都错了，因为神灵的答复是'*不对*'。

吉欧：'你们将准备你们自己要用的道具？对吧？你们会用你们方便得到的任何东西？对吗？'*对*。

吉欧对安说：'你还有什么要说的吗？'

安：'我感觉的是：你们要我们体验到每一步的发展情况。我们会通过桌子有几个星期的交流沟通的经验；在这个方面得到发展以后再继续其它的方面，对吗？'*对*。

安：'然后呢，我们再继续发展？'*对*。

安：'好的。谢谢你们。我们盼望下个星期再见了，我们会按照你们的指示，把这个桌子再准备好的。你们还会再次跟我们在一起工作吗？同一个神灵世界的团队人员，都会再来，下周跟我们在一起，对吗？'*对*。

安：'谢谢你们。现在我们想要向你们团队，表示我们的感谢。感谢你们今晚跟我们在一起工作。今晚的活动非常令人兴奋，我们非常高兴，今天取得的进步，我们也真的盼望着下周能够再继续跟你们一起工作。非常感谢你们能够与我们在一起。'

玻璃杯在桌子上静静地欢快旋转起来。

高登：'玻璃杯已经在桌子上旋转了几圈了，转动的很快，同时还带着响声，安说话的时候，杯子才停了下来。'

吉欧：'那个响声还是很大的啊。'

吉欧：'晚安我的朋友们，再次感谢你们跟我们在一起。'

小组讨论：

安对小组成员说：'有没有人想要说些什么，录音机还开着呢，还可以继续把今晚的活动全部录制下来的？'

吉欧：'Maurice Barbanell 毛瑞丝 巴柏内尔 是一位调研记者，被派去调查一个灵媒显现的实际案例。他被自己所调查的内容给打动了，致使他继续调查这个领域里的其它案例，然后创建了这个领域里的心灵专题报（新闻报纸），他自己也加入了一个强有力的灵媒小组的练习。还有他的太太，丝威雅也是一名精神主义者，她在秘密的地方，私下举行灵媒与神灵显现的活动。'

安：'录音机在吉欧讲话的时候，指示灯的开关不停地在闪烁。'

吉欧：'还有Gordon Higginson 高登 海格森是英国国家精神主义者联合会的著名灵媒。他的母亲名字是Fanny 凡妮，她也是灵媒，她对儿子在这方面的培训与发展管教的特别严格。他参加了一个会议，被一个灵媒告知他的母亲在神灵世界里要跟他沟通。他说这不可能啊，我的母亲还活着呢。'但是，等他到了家里以后，他的母亲已经过世了。 Giilfeather 是谁，需要我们做调查工作加以核对。亚瑟 柯南 道尔爵士是福尔摩斯探案集的作者，是一位精神主义者，但是，他对神灵的研究和参与，当他在世的年代里是鲜为人知的，可是他本人的日记本记录得非常详细，能够全面揭露出他对神灵有做过深入透彻的研究，他也参与了有关神灵的各种活动。从我个人角度出发，我觉得神灵团队里，应该还有另外两位没有暴露其身份的人.'

安：'你的判断是对的，我也有这种感觉。看，录音机的开关指示灯又闪烁了。'

安：'而且，我要把谁是科学家找出来。'

吉欧：'我想那里有许多科学家，就像我们这里有许多科学家一样。而且，看，这录音机的开关指示灯，又开始不停地闪烁了。'

安：'我觉得我们的经验又进了一步 我们被告知我们会完全从头开始来体验的。至此，我们有了桌子自己旋转移动，然后就是桌子自己撞墙。现在，我们发展到用桌子上的字母卡片，那是在最初的精神领域发展中必须经过的步骤了。看起来下几周是要我们在这个方面进行实际内容的体验了。还有人有什么建议和评论吗？'

高登：'今晚的活动是非常有趣的，大家都获得了难得的经验，增长了见识。我们都非常感谢有此机会，沟通的相当清楚、透彻。当然，与以前我们使用的沟通方法相比较，这次的沟通，有了更清晰的方式。'

吉欧：'有没有人注意到，这里的温度骤然下降了？'

安：'是的，我们结束吧。'

安说了闭会祷告词，宣布结束。

几周过去之后，玛蕊在小组上公布了她的调研结果。她查找出来了有关Bahia that Giilfeather巴哈雅 的名字和吉尔费瑟。'那是属于墨西哥的一部分'，她解释说：'你们还记得，当有人建议是墨西哥的时候，玻璃杯子的旋转趋向缓慢？是这样的，吉尔费瑟是墨西哥的半岛上的一部分。正如我们被告知的一样。而且，你必须相信它实际的名字是巴加 加利福尼亚半岛Baja California Peninsula，应该拼为： baja 但是，它的读音是： baha — 实际上不是bahia 巴哈雅 是西班牙语言），所以加利福尼亚也是正确的，那里的土著人民就是巴加印第安人 Baja Indians — 我们被告知的一切都是正确的。'

我们尚未找出来科学家是哪位，以及在哪里可以物色到难以琢磨的做手镯的宝石。

第十章 在这儿有我就没你

2006年5月18日接着上周的聚会活动以后，我最初对使用奥吉报得的方式跟神灵沟通的焦虑与不安有增无减。这次活动的开始，先由我宣布是我犯了一个错误。当小组成员问到我正在阅读的由亚瑟 柯南 道尔写的《唯心主义发展史》的一书中，介绍的下一个步骤，应该是怎样做的时候，我说：到了神灵使用字母来拼出人名和字词，做为跟我们交流沟通的工具。这一点是正确的，但实际上不是使用玛蕊设想的奥吉报得的方式—使用的方法是由小组人员按顺序朗读/喊出字母来，由神灵沟通者在他们选中的字母被朗读/喊出来以后，（神灵）让桌子自动发出声来，以此为回应的办法，来示意出哪个字母被选中了。

这是我在上周的活动完成以后，回家再仔细看书、对照的时候，才发现了是我的错误—这种喊出字母来的方式在书中实际上被称为'费劲儿的'。所以我们的办法实际上是更有效的了—我也意识到了：神灵确实是有目的地引导我们使用奥吉报得的方式沟通。因为神灵已经通过桌子来确认了这个方式的，我也意识到了这是神灵要检验我们的诚信，使用的测验办法之一，神灵想要看到我们是否遵守使用奥吉报得方式的操作规则，尽管我们都非常谨慎地使用它。

'所以，下一步是什么呢？'玛蕊问道。
'你能相信吗—北美印第安人！'
'不—我不相信它。'吉欧说道。

'是的，－相信吧－尽管我们不知道，实际上，在上周我已经有跟吉尔费瑟沟通了。'

'就是这样的，上天有眼，有比我们更聪明与更智慧的操纵者指挥着、引领着我们所做的一切'，吉米的话引起大家一致同意和欢快的笑声。

吉米的开场白是欢迎小组里的各位成员，并且引导大家进入到了静思冥想的状态之中。然后，吉米概括了他代表小组的全体成员，对安完成把录音带里的内容整理好以后，做成笔录的方式 — '一项艰难、但是令我们大家都赞赏的工作，我相信也一定会被我们在神灵世界里的朋友们赞赏。'

安：'上周，我们有高登致祈祷词，开始小组的冥想，我想是否还是应该再这样做呢？'

高登：'今晚我们小组的全体成员，在这里相聚。我们正欢迎神灵的到来。我们小组这样聚在一起已经有几周了，我们觉得已经取得了可喜的进步。我们与神灵世界那边建立了特别良好的接触，神灵告诉我们：他们会再次用这样的方法跟我们联系，他们会在这周回来，再次直接与我们一起工作。为此，我们非常感谢。请澄清一点：我们被告知：这周，我们小组都要坐在有字母卡片的桌子边上，（离开靠墙的桌子），我们已经这样做了。现在，我们准备好了，可以开始了。并且，感谢你们前来工作。就象以往那样，我们会有很好的交流与沟通。我们有点不太清楚：如何展开工作和如何进展，在目前的阶段，还是依据上次所说的那样，我觉得我们都应该把我们的手指放在倒扣着的玻璃杯底上。'

安：'我能加上一句吗，我们请求跟我们在一起工作的神灵朋友们：在我们进行这项接触的过程中，要确保我们双脚踏地，给我们以保护和安全。我们相信你们会保证我们的安全的，因为我们没人想用这种方法操纵字母。但是，我们坚信了你们的指示，也会按照你们的要求做了。现在，我们请求也相信你们在这次练习的过程中，会让我们在你们的白色亮光中得到安全和保护。今晚我们盼望得到你们更进一步的指示和教导。'

所有在场的人员，都把手指放在了倒扣着的玻璃杯底上。

安：'晚上好朋友们，你们今晚是跟我们在一起吗？你们能够通过让玻璃杯旋转，来示意今晚你们再次跟我们在一起工作吗？'

玻璃杯子静止不动了好长一段时间，然后开始缓慢地转一点点儿，有非常小的移动动作。

安：'谢谢你们。谢谢确认你们现在跟我们在一起，在这儿准备

好，开始工作了。我们能否确定：现在跟我们在一起的神灵团队就是上周跟我们一起工作的神灵团队吗？'

玻璃杯非常艰难缓慢地对着'对'的字样移动。

安：'我们这周很缓慢，是吗？'

高登评论说："玻璃杯子绕着桌子转了一圈，然后在'对'那儿停下了。"

安对着小组成员说：'有没有人查觉出来：这周与上周有些不一样？这个杯子转动的非常慢，能量也是重的多了，对吗？'

吉米：'也许是因为我们的组成成员不一样了，这次我们组里多了一名男士。'（吉米上周没来）。

安：'我们查觉出来了：这周神灵团队的能量跟上周不一样。吉米的刚刚问的问题是：这是由于我们小组人员这周有了变化而出现的吗？'不对。

安：'是由于这周你们神灵团队的人员有了变化吗？这周你们神灵团队的人员也有变化吗？'

玻璃杯又非常缓慢地移动起来，但是给出的答案不清楚。

安："你能确认你们的答复是'不对'吗？"

玻璃杯向着'对'字的方向移动，指到那个字以后就停下来，没有跟往常一样返回到原来的位置上。

吉米：'你能够回到桌子的中央吗？这样我们就可以再提出问题来，对吗？'

玻璃杯仍然没动。

安：'我会把玻璃杯子拿起来，放回到桌子的中央位置上。这样，我们才可以重新把我们的手指放在玻璃杯子上。那样，我们才可以得到你们更明确的答复。'

玻璃杯仍然保持没动，然后慢慢地向着'不对'方向转动。

吉欧：'谢谢你们这样做。今晚我们的能量力气很低，对吗？'

玻璃杯保持在指向'不对'的位置上，没有再继续移动。

吉欧：'你要从那儿重新移动，回到桌子的中央圈内才对，然后才能够再继续移动。你必须让我们知道你们的意思是什么。'

安："每次你们要给我们指示出一个'对'或者'不对'的回答，请你返回到桌子的中央位置上，行吗？"

玻璃杯缓慢地移动，然后指向了'对'。

吉欧：'是的，我知道。你要往前走哦，我的朋友，你们一旦启动了，就要不断地保持有足够的能量往下进行才对啊，你们要持续下来，好吧？'对。

安：'那就好了。'

高登评论说:"玻璃杯现在是在'对'和'不对'之间移动。"吉欧:
'请你返回到桌子的中央位置上,可以吗?'

玻璃杯子向中央位置移动过来。

吉米:'我们应不应该把录音机打开,从'开始'就记录下整个我们的一切过程,包括没有反应的寂静时间?'

玻璃杯的移动缓慢且难以得知它的意图。

吉米:"今晚,在我们开始工作以前,我们讨论过了。有'对'和'不对'的回答,这是非常有助于我们工作的。你们团队在回答我们的问题时,是否需要一段时间,换句话说,如果你们需要一段安静的时间,才能够回复我们的问题,是吗?"不对。

安:'今晚,你们就是需要些时间来积攒你们的能量,对吗?'

玻璃杯拼出来:T, D, Q 太多的要求也太快了。

吉欧:'太多和太快的要求。是我们的要求太多、太快了,对吗?'

玻璃杯继续给出::B, P, A, O, Q。

吉欧:'朋友继续下来,我们跟你们在一起呢。'小组的成员们都对吉欧笑了起来,跟她开玩笑说:大概你是有了阅读迟缓症了。

玻璃杯继续拼出来:B, Q, 安静

安:"'B, Q'你们的意思是说 安静些,对吧?"

吉米:'我们能否返回到今晚最开始的阶段,朋友。我们没有...'

安:'肯定有什么不对劲儿的地方。你能够告诉我们,是谁正在跟我们在一起交流吗?你把你的名字给我们拼出来行吗?告诉我们谁正在跟我们在一起。把你们的名字给我们拼出来.。' O, A, Q, D, P,

高登:'他们一次朝前,一次朝后,每次几乎都是在朝着相反的方向,做出移动。'

安:'我不喜欢这样的情况,有什么情况不对劲儿了。'

我对使用奥吉报得的方式沟通之担心的程度也越加升级了—我知道会发生意外的什么事情,我有过没有成熟技能就试探着使用这种方式沟通的经验,最起码的好结果是不愉快,最糟糕的结果就是很危险的了。

吉欧:'好吧,朋友,我们无法明白你们的意图。我们今晚要沟通的,正如我们总是这样做的。我们是要跟最高级别的、也是最好的神灵智慧者们沟通,我们需要你们的帮助。今晚,我们请最高级的、有最好智能的神灵跟我们一起工作,请有智慧沟通的神灵挺身而出,行吗?'

吉欧:'你们听到了吗?'

玻璃杯子缓慢地移动拼出：N,A,O,B,O,B....

安：'不要了，不要了，停在这儿吧。让我们马上就停下来吧。我们重新静坐下来。'

（小组成员都重新进入到了静坐状态中了。）

安：'亲爱的上帝，伟大的神灵，我们祈求您跟在我们一起，来保护我们小组里的成员们在这里的聚会。让我们小组成员在您的白光袒护中得到安全和庇护。我们对最高级别、最高智慧的神灵敞开心扉，更具体地讲，与我们一起工作的神灵团队指导我们的学习，引导我们发展沟通的技能，请求这个神灵团队，今晚再次与我们同在。如果这也是你们的目的，那就顺其自然了。

我们请求亲爱的上帝保护着我们，今晚我们不想要与某些低级的神灵沟通，不要让其危及到我们的身上。我们是在您的指示下，聚集在这里—我们是按照最高级的神灵的要求组建了这个小组，也是按照最高级神灵的要求，在这里等待与他们的交流，在他们的指引下，一起在这里进行沟通与发展的工作。我们已经表示出了我们的合作诚意。现在，我们请求你们：今晚再次出面跟我们在一起。请让我们再次象以往那样，有愉快的合作。'

安对小组成员说：'我们重新静坐一下，再次累积起应有的能量。'

高登再次领导小组成员，重新建立小组的能量力。

安：'今晚在这里，我们是否跟上周与我们工作过的神灵团队在一起，是你们跟我们同在吗？'

吉欧：'朋友，你们今晚需要一个灵媒吗？'

吉欧：'你们是否愿意通过桌子来交流呢？'

玻璃杯子没有反应。

吉米：'我想这会儿，我们应该控制这里的情况，我们应该回去用原来的桌子来沟通。'

安：'就是不对劲儿。完全跟上周的情况不同。'

高登：'今晚不对劲儿，相当，相当的不同。'

吉米：'也许，就是我们的人数不同的缘故吧。这周我在这儿，而玛优美没来？'

安：'不对。我不是这样认为，不是我们这方面的问题。'

小组的成员们从有圆形金属桌面的桌子旁边，移到了原来的那个靠着墙壁的方形小木桌的旁边。高登提议把这个房间里的设备清理一下，但是大家认为不行，因为小组活动结束以后，有其他人需要使用这个房间里的设备。

高登：'是不是由于使用那个有铜桌面的桌子，而犯了错误呢？'

安：'也许是由于使用那个铜面的桌子，我们允许了其它的神灵进入了我们的圈内，发生了影响？'

吉米：'对我们的小组成员没有坏的影响吧？'

安：'所以，就得确认一下。我们*没有*对任何恶毒的神灵敞开对话，对吗？'*对*。

安：'至此，我们*没有*那样做？'*对*。

最终我们有了桌子的动作给出了答复。

安：'好的。好，好，我们在此有点糊涂，我们一直跟从你们的指示，你和你们神灵团队的其它人员，告诉了我们应该从这张（小木）桌子迁移到铜面的圆桌子旁边，以便使用字母来沟通，因为你们告诉了我们那样效果会更好些，是正确的吗？'*对*。

安：'所以，今晚我们又回到了这个（对/不对）的桌子旁边来，是正确的选择吗？'*对*。

安：'是因为今晚用了那个铜面的桌子出了些问题，对吗？'*对*。

安：'问题是我们这方面的吗？是我们促发了的问题吗？'*不对*。

安：'是你们方面有问题了吗？问题是出在了神灵沟通方面吗？'*不对*。

高登：'是由于设备出现了什么问题了吗？'*不对*。

安：'不对，有点不对劲儿。'

小组成员想不出来，还能有什么缘由引发出了这样的问题。

吉米对高登海格森（神灵世界的人）说：'你同意吗，高登，我们录制这次事件的全部经过？'*对*。

吉米：'所以，我们能确定问题出在了哪里？对吗？'

安：'现在房间被整理妥善了吗？现在可以了吗？你们把房间里的问题解决了吗？'*不对*。

吉欧：'就在这会儿，你们想要与我们建立连接和交流，出了什么问题，对吗？'*对*。

吉欧：'是房间的情况？'*不对*。

高登：'我们是否应该清理这个地方，让它更圣洁一些？'

安：'自从我们上周离开这儿以后，到这次我们又回到了这个房间里，这里发生了什么事情，以至于你们对这个房间里的能量所发生的变化不满意，是吗？'

高登：'是否这个房间里缺少了能量？'

玛蕊：'是由于房间外面的影响吗？'

吉欧：'是由于房间外面的噪音？我们意识到了我们不能总是有安静的环境。'

吉米：'啊，我们意识到了，今晚这里还有其它的一个会议正在进行中....'桌子开始转动了。

吉米：'请让我把我的问题问完整了啊，我不明白你回答的是什么问题。你是回答了吉欧的那个问题吗？'不对。

吉米：'你们对另外正在进行中的会议不满意吗，很自然，我推测是因为在同一个时间里，在这同一个建筑楼房中发生的，对吗？'对。

吉米：'谢谢你。就是因为另外的会议在进行中。跟我们没有关系的。但是，你们会因为看到特定的人群，他们穿着特定的民族服装而担心？'对。

吉米,我们有经验的发言人,一语击中了要害。他找出了问题所在的缘由了。'

高登给出评论：'看得出来，现在的能量开始增强了。'

吉米对高登 海格森说：'我敢肯定，从我对你的了解方面来看，你是不赞成穿长袍的了？'对。

安：'可是，他们跟我们一点儿关系都没有。他们又没在我们的房间里。希望我们不受他们的任何影响，我们可以继续工作。'不对。

吉欧：'你是说其他人散发出来的能量，导致你难以进行清晰的联系，对吗？'对。

安：'我们是否应该彻底更换我们的聚会地址？那样会有助于我们的沟通，对吗？'对。

我现在不敢肯定了，我为什么一下子就跳出来了个想要我们搬家的这个想法 – 也许是我的直觉发现了这个问题。但是在这里，这是第一次出现的，神灵方面建议我们应该搬家的。这个问题从此往后，在以后的5年小组聚会时间内，经常被提及到，直到我们有了我们自己的安身之处。

安：'所以，要是我们找到了一个只供我们自己单独静坐冥想专用的地方，不受其它任何人员的影响，你们会很高兴，对吗？'

桌子开始摇摆，以示表答他们满意的回复。

安：'我的浑身起了鸡皮疙瘩。'

吉米：'我能特别强调说明一下吗，我想，是因为能量混杂不均的缘故。以前，当佛教禅坐会跟我们一起工作的时候，从来没有出现过任何的不良的影响，是这样的吗？'对。

吉欧对吉米说：'可是，你的意思是什么哪？跟我们一起工作，他们从来就没跟我们一起工作过啊。'

吉米：'啊他们的目的与我们一样，就像今晚上的（隔壁房间里的）小组"但是，你们不满意今晚的这个小组的活动，以前你们没有提出过任何的不满意，对吗？''对。

吉米：'请澄清一下，你想要我们有一个能够把精神哲学放在主导地位的场地来聚会，对吗？'

吉欧：'您喜欢在谁的家里聚会吗？'

高登：'如果还是在这个大楼里，我们搬到其它的房间里聚会合适吗？'

吉米：'我们是否应该多了解一些他们的哲学思想？'

安：'你要我们找到一个单独的空间，能够与你们沟通专用，对吗''对。

吉欧：'这个地方，一定是专门给用来做为与神灵沟通使用的专用场所，对吗？'

吉米：'如果我们在一个什么学院的地方聚会，你们会觉得更好些吗？'

神灵没有对以上的任何问题做出答复。

安：'啊，我的印象是... 我想你们要我们找到一个能够是中立的场所。这种中立的场所，也可以用来做其它的活动。好比说，家常事儿或者类似的活动。但是，我们每周一次在那里聚会时，是可以有专用权的，完全是为了我们自己使用，而拥有的场所，不会用来做其它的用途，也不会被别人占用。对吗？''对。

安：'所以，我们要找到一个空间，这个空间没有必要是......'

桌子开始兴奋地前后摇摆起来。

吉欧：'这应该是在一个大房子里吗？'

吉欧：'是在一个很安静的地方？'

高登：'是一个很圣洁的地方？' 对。

安对小组说：'你们想想看，我想不必要在一个特殊的位置，我想这个地方只是为我们与神灵沟通专门使用就行了。'

吉欧：'是用来学习的吗？'

吉米：'我们是否需要回到这一步，高登？你知道的，这个地方，你跟 Mary (Duffy),¹ 玛丽（达菲）一样对爱丁堡了如指掌。你认为我们能够在爱丁堡找到一个这样的地方吗？' 对。

吉米：'阿奔街上的教堂。在那个地方，那是适合做我们小组的聚会场地吗？'

吉米：'因为你和玛丽都在那里工作过，并且，认为那里是很适合于这种情况的需要，对吗？'

吉米：'那只是爱丁堡的一个地方，也许还会有其它的地方呢。'安提出评论说：'那不是很肯定的，是不是啊？'

高登：'是要有个地方，这个地方的本身是很重要的。象地方的

特殊名字？你的脑海里已经有了什么地方了吗？'

高登：'所以，在哪个地方不是很重要的，只要有个地方能够合乎我们需要的条件，就可以了，对吗？'对。

安：'那么，在寻找新的场地的同时，我们还是在这里继续聚会，对吗？'对。

安：'好的。我们继续在这里聚会，同时我们每个人都注意物色寻找一个合适的地方，做为将来我们在那里有更好的交流沟通效果的新场地，这是正确的吧？'对。

安：'也许，是走廊通道里，今晚附加的那个小组，他们只是今晚对我们有影响，其余的晚上应该没有太大的问题，对吧？'对。

吉米对小组成员说：'是这样的啊，神灵方面的答复是个'对'我倒是很有兴趣，我想知道今晚到底是什么原因，对我们有了如此的影响。'

安：'今晚，我们的负面影响是否是由于在走廊中，我们小组的其中一个人，在进入我们的房间之前，跟另外小组的什么人发生了某种互动，从而影响了我们小组与神灵方面的沟通？'

即刻，桌子做出肯定性的决定表示：'对'。

安对小组成员说：'因为我来的时候，我有碰到了你所提到的那个人，一位头戴帽子和身穿长袍的女子，她大声地抱怨说走廊里从一个房间里传出了一种味道。（现在，跟神灵方面的人在对话），就是这个事件引起了问题的发生，对吗？'对。

安对小组成员说：'就在我们小组开始活动之前，我正走上楼梯的时候，我遇到了那个头戴帽子、身穿长袍的女子，她对我说她们租用的房间里，被其他人刚刚用过，有一种难闻的味道、而且房间也被搞得非常杂乱，她要我进去看看。我觉得非常奇怪，因为我根本不认识她，以前我也没有见过她，她为什么要告诉我这些呢？她也不认识我的啊，我的想法是她有一种非常强烈的负面反应。'

当安讲话时，桌子开始有强烈的摇摆反应示意出：'对'。

安：'好了，就是这样。'

吉米：'这种味道是神灵引发的吗？'对。

我们在神灵世界方面的沟通者再次给出了肯定的答案。

吉欧：'因为你不想让她们在那个房间里继续下去，要把她们从我们的附近赶走，对吗？'对。

吉欧：'我们赢了，是吧？'对。

高登：'这是跟他们的信仰，生命轮回有关的什么哲学理念，对吗？'对。

吉欧：'我们可以调查一下她们的小组吗？'
安：'等等，我们应该去调查吗？'
安对小组成员说：'我是在想，我们是否应该远远离开或躲避她们的小组？'
吉欧：'不。我想我们应该找出来她们到底在研究的是什么。'
高登：'生命轮回与我们的思想正好背道而驰 — 我们信仰的是生命升华，这样说是不是正确的呢？'对。
吉欧：'但是，我们也要忍耐其他人的观点啊。'对。
吉欧：'也许，我们可以从她们那里学到些什么呢？我们已经学习了许多了。'对。
安：'是的。但是，那个房间里确实有一种味道，不好的味道，那确实影响了我们的情况，给我们带来了麻烦，对吗？'对。
安：'就是这个问题，也影响到了神灵团队的顺利工作，对吗？'对。*当安说话的时候，桌子继续摇摆以表示赞同。*
吉米问安：'哪种味道,你知道是怎样的吗？'
安：'那是类似一种在陈旧衣柜子会发出的一种霉味儿。很可能就是神灵发出的味道，因为我曾经在做调研时，有遇到过这种味道。'吉欧：'高登（海格森）是你想把她们赶跑，让她们到别的什么地方去，对吗？'对。
吉欧：'啊！好的。所以呢，你是希望在这层楼上，只有我们自己使用这个房间喽，没有任何其它小组的人，对震动能量给任何的某种干扰，对吧？。'对。
吉米：'我们对这个楼房的管理团队能够租赁给我们使用这个房间，已经是很感激了。我们根本无法影响他们如何安排其它房间的租赁和使用。我们当然可以断绝与其它组织的接触，你同意吗？'
*当吉米讲话期间，桌子继续不停地摇摆示意赞成*对。
吉米：'啊，时间到了，乡亲们。我们在结束以前，我愿意舒舒服服地搞清楚，大家都知道我们可以继续在这里聚会的。同时，我们也会常常提到这个大家都关心的问题，保证我们双方（小组团队和神灵团队）都能够顺心如意，继续工作。'
桌子再次出现了重重复复地摇摆不定，以表示赞同。
吉米：'我离开以前，还有一个问题：安，她坚持我们每次开始以前，都要做一个祈祷致词，这个办法是正确的，对吗？'对。
高登：'今天刚刚开始的时候，震动看上去不太对劲儿。是否有其它的什么神灵接通了我们，并且开始跟我们沟通交流了？'对。
桌子仍然继续从这个腿跳到那个腿，跳个不停。

吉米：'那是由于神灵对我们的影响，还是由于隔壁房间里发出来他们的能量对我们的影响？'

小组成员给吉米的答复：'那是两个问题啊。吉米'

吉米：'好的，当我们静坐冥想时，隔壁房间里的小组能够对我们正在冥想的事情有切实的影响，对吗？'对。

高登：'能量改变直接就影响到了你们能否接通和我们的直接沟通，对吗？'对。

高登：'这就是刚刚开始的那会儿，为什么有了允许其它神灵串进来了，到了我们的小组里来冒充沟通，对吗？'

桌子给出了肯定的回复'对。

吉欧对小组成员说：'这可是一个教训啊。'

安：'确实如此。'

高登：'我们是否应该在房间里做些什么，以防范外来的影响呢？'

吉米对小组成员说：'我还有另外的一个问题，我想我们也不该把我们自己的能量和影响留在这个房间里。因为那样，其他的人，也会使用我们的能量。'

高登给出评论：'桌子正在前后摇摆，表示对吉米所说的话：非常的赞成。'

当天晚上，我们小组人员离开大楼的时候，大家有一种失望的感觉。我们刚刚组建好自己的小组圈儿，尽管我们是从1月份就开始工作了—到今天快有5个月了—我们大家对自己亲眼共睹的现象和已经取得了的宝贵经验，即惊讶又喜悦。所以，大家都有一种不情愿离开这里的感觉—不是因为有人对这所大楼有什么特殊的流连忘返的感觉，而是因为担心：大家已经取得的成就，积攒到如此良好的小组能量环境圈儿，如果迁移到另外的一个什么地方，大概需要重新从零点开始。同时，我们也有一种安慰，至少我们可以继续来这里工作，直到我们找到了一个更好的地方。

我们根本就没有再做对那天晚上，神智社是把房间租赁给什么人用了，做任何调查工作。感谢上帝，我也再也没有遇到过那个戴帽子、穿长袍的女子。我不知道那个小组是做什么的，我确实辨别出来了那种神灵发出的味道—很明显的迹象就是：确实有神灵存在，一般情况下，那股味道不是一个友好的神灵出现时，带出来的味道。在这种情况下，这种味道是有意，把人们从这座楼房里驱除出去，也许这个办法起作用了，谁知道呢？我们再也没有在大楼里见到过那个小组的人。

然而，我对使用奥吉报得的方法与神灵沟通的担忧，在几个月之后才全部消失了。可是，那只是暂时的…, 我很高兴自己将要去渡假了。

第十一章 青金石

　　我对使用奥吉报得的方式与神灵沟通时，亲眼看到和体验到了的奇怪能量，串入到我们小组中来，随意在我们桌子上摆放着的字母之间，玩弄字母卡，给我们下指令，我们有了不好的经验和教训，深感不安。我很高兴自己就要去渡假了。玛优美和我去过几家水晶石专卖店，一心想找到在我的脑海里显现出的那种难以琢磨的石头——希望正如被预告的那样，在哪家的水晶石专卖店里有这种石头，并且能够让我一眼就认出来，可是事情真的不是那么简单的。

　　我去了西班牙渡假，玩了两周。渡假期间，我在西班牙继续找寻这种我自己叫不准、别人也一样说不准名字的、有特殊功能的蓝色或者是黑色的石头。我还是有一种侥幸的心理，因为暂时我不必参加奥吉报得的活动，还暗自希望：等我返回到爱丁堡的时候，小组里的其他成员，已经把一切问题都解决好了。

　　2006年6月15日，我返回了苏格兰。到了假日后第一次小组聚会活动的日子，我刚坐下来，大家就迫不及待地告诉了我，在我假期期间，小组里没有发生什么特殊的事情。

　　吉米告诉我说：'在过去的2至3个星期里，我们都觉得有一种非常不稳定和没着落的感觉。神灵世界的团队，继续跟小组里的其它成员一起工作。可是，神灵团队的人员对在这所大楼里发生了的事情非常不满意。我们几乎也全部都同意了，我们必须得要

搬家了－这就是在你渡假期间，最主要的事情了。我想，再也没有比这个问题更重要的了其它问题。'

接着，他就转向小组的其他成员，征求他们的支持与核实他刚刚说的意见。

玛优美和高登连连点头赞许－吉欧和玛蕊缺席，她们也去渡假了。'还有玛蕊的灵媒练习呢？'玛优美说。

'呕呀'吉米说：'我想我被我们不得不从这里搬出去，给搞晕了－我喜欢在这儿－完全把玛蕊的事儿，给忘在脑后了。由于我们从桌子那里很少得到什么回复的信息。安，我们决定了大家一起努力，共同都为玛蕊而静坐祈祷，希望从她那里得到些什么信息。'

玛蕊是一名非常出色的发功灵媒，她能够非常容易地就进入到了那种通灵的境界之中。她通过这种方式得到的信息和传达给神灵的信息，也总是非常准确和有意义的。

吉米继续说：'就在你去渡假了的第一周里，玛蕊有一种感觉：好相似一位上年纪的老头儿，出现在她的面前。这位曾经被监禁又似乎接近到了生命尽头的老人，他是一位寺庙里的和尚。玛蕊的这种印象延续到第二周的小组聚会上。这次，玛蕊说：感觉老人是意大利一个寺庙里和尚。但是她说，看上去这位老人很像'*亚瑟王和他的圆桌爵士们*里面的'梅林'。她看到了他正在调制某种药物，他会调制有魔力的药物，甚至是某种魔术咒语，她认为这位和尚也懂得炼金术。因为，她看到了和尚正在沸腾的锅里制造熔融金属，好相似把铅冶炼成了黄金一样。'吉米继续说：'安，玛蕊说的话，我们谁都不懂是什么意思。所以我们同意把她的话记录下来，这就是我们的记录，等你回来把记录编入整篇的文件册子，万一将来的什么时候，它也许会派上用场呢。你认为你懂得其中的意思吗，安？'

安：'不，我不懂。'

高登说：'我在静坐时，我也有过视觉：我看到了一个好相似向导一样的和尚。但是，炼金术什么的，对我来说，就没有任何意义了。玛蕊说她看到的和尚是来自佛罗伦萨－对我来说，也没有意义。'

我说：'佛罗伦萨是意大利的城市名字。"呕，确实是这样的，吉欧告诉她这个了。但是，玛蕊说她感觉到的那个和尚，并不是来自意大利的罗马，而是意大利的其它什么地方寺庙里的和尚。"好吧，我们都记录下来了。现在－让我们拭目以待了。'

小组在寂静中静坐以后，吉米像往常一样让大家给出自己的反馈：

吉米：'安，我注意到你好像有什么要告诉我们大家的？'

安：'啊，我得到的形象是很奇怪的宗教组织之间的战争；教会之间；罗马教会，天主教会与其它基督教会之间发生了不和。我感觉到：就是一种宗教，正在想方设法迫害另外的一种宗教。我觉得是由于无法自由表达各自的宗教观点，而引发的一场宗教之间的较量或者是格斗；导致宗教之间发生了一场战争。我觉得我自己也被卷入了这场正在进行中的暴力格斗。并且，是我自己直接遭受到了严重的打脸。'

吉米：'其他人有什么观点可分享的吗？'

高登：'我注意到了，这个星期，咱们小组圈里的能量高多了。'

吉米：'高登，请你给'能量高'做出更好的解释？'

高登：'就是从能量的水平位置上判断，能量很强、很好。我觉得出来，在我身边有一个什么人陪伴着我，但是这个人是一个迷，这个迷中的人，是个大高个子的人。'

安：'他是一位身材魁梧、健壮、身体较重的人，对吗？'

高登：'他是一位膀大腰圆的男人。'

安：'这是因为我注意到了，有一个体重很重的人，从我们房间里走了过去，由于他的身体很重，乃至他在从这里穿过去的时候，我觉得地板和椅子都有振波回荡。'

玛优美：'我觉得能量很重。我也有觉察到了，安刚刚说的那种沉重的脚步走过以后，对地板和椅子都有发出来的震荡。我觉得奇怪，因为我无法进入到冥想境界，反倒有一种好像要昏昏欲睡的感觉。我有期待的感觉。但是，无法再得到进一步的感知了。'

吉米：'谁在这儿？你意识到了吗？'

玛优美：'我没有注意到是谁在这儿，就是知道肯定有神灵是在这儿，跟我们在一起的感觉。'

我意念中的宗教战争画面，罗马教会和其它的宗教等等，使我想到了是否因为刚刚小组在静坐以前，由大家讲述的玛蕊陈述的情况之影响的结果 — 也许是我臆造出来的全部情况？肯定不是、也绝对没有臆造出的就是那个脚步声 — 沉重的脚步声，绝对不会有错误。就是有一个神灵中的人（鬼）在我们小组中央圈里，径直地穿走过去了，他的每一个沉重的脚步，都在我们的房间里留下了震荡的余波。我很高兴玛优美也能够给我们小组确认了这个情况，她也有同样的经历，她也感觉出了这种现象。

在这以后的一周内，当我在家的时候，我总是被铃铛的形象给

缠绕着 — 甚至某些东西的形状，也成了铃铛的样子 — 我开始烦这个铃铛了。然后，我意识到：是被某种意念引导着的缘故，就把一系列的、有铃铛形状的东西都带到了小组里。同时，我也有感觉被提示要带一块儿绿松石和多带一些的蜡烛，到我们的小组里来。

星期四小组 — 2006年6月22日（吉欧和玛蕊都仍旧在渡假）。安做了一个暂短的开场白、祈祷词。

安：'我现在就把蜡烛点燃起来 — 确保我们小组人员的安全和得到神灵的庇护，我要建起一个光圈儿。'说完以后，安就点燃了绕着小组人员外围一圈儿的小小蜡烛排成的光圈。随即，她就把桌子中间的一颗大蜡烛也点着了。同时要求大家进入到静思冥想状态之中。随后，大家再给出每个人的反馈：

玛优美："我看到我们全都在一个碗形状的双手之中，这双手也是一朵荷花。在荷花的里面是白色的光亮，外面是淡紫色和粉红色 — 就跟一朵荷花一样。我也听到了一个声音说'亲爱的被选择的人们'我认为这是指定我们小组里的人员。但是，我主观的思想渗透进来了，我不想臆造这个故事。"

安：'今天来这儿以前，当我在家里静坐的时候，我觉得我的能量很强。我觉得好相似正在发生什么事情。但是，我无法得知我该做点儿什么。所以我就想还是跟着我的直觉做吧。所以，我就找了些蜡烛带来。同时，我的脑海又出现了铃铛，我在脑海里以前就看到过这个铃铛，蜡烛熄灭器皿（用铃铛形状的铜玲嵌在一个长长的把手上，可以用之来熄灭燃烧的蜡烛）也出现在我的脑海里了— 我知道这不是个铜铃，但是像似铜铃 — 这个铜铃形状的灭蜡烛器就跟蜡烛放在了一起，所以我就一起都带来了。然后我的眼神落到了水晶石上，我知道，我要把特别需要的蓝色松石也得带来— 我有一种感觉好相似与萨满宗教有关系的什么事儿。于是，我就把我的捕梦具（北美土著民族用手编织的一种吉祥/护身物品）也带来了。'

高登：'你带来的蓝色松石子，你有感觉到什么了吗？松石的护身作用或者松石的特殊功能？'

安：'松石唯一的特殊功能，我知道的就是跟北美印第安人有关系的'

吉米：'蓝色松石确实是产于铜矿的吗？'

安：'不，我认为不是这样。'

高登：'不，我想不是的。'

安对吉米说：'为什么呢？'

吉米：'因为它的颜色对我来说很重要的。'
安：'是吗？'
吉米：'是，就是这样。'
安：'为什么呢？'
吉米：'先别让我说出来，安，以防万一会出了差错。'
安：'当然，好吧。'
我觉得：这是一件很奇怪的事情— 我想不出来：蓝色松石与铜矿有任何联带的关系 — 可吉米，显然就是这样想的了，后来神灵真的又给出了证实。
玛优美："我刚刚在脑海里得到这个字眼：'开了一个门户口'"
安：'一个门户口？'
玛优美：'我不知道那是什么意思。'
安：'我们该怎样做呢？一个门户口 — 是一个门口，一个通道，开通了。'
安：'我现在得到的感觉是：神灵世界的什么东西或者是一个人出现了，有非常大的能量。但是，他们不肯让我们知道是怎么回事。'
玛优美：'我也能感觉到了这个神灵。现在，正在跟你在一起呢。'
安：'啊，好奇怪的啊，有点儿像似旋涡流动着一样的感觉了。'
安：'晚上好，今晚出现在我们面前，并且想要与我们沟通的神灵。请通过让桌子移动的方式，来接近我们跟我们沟通吧。'
安：'我有一种奇怪的感觉；我好像在运动中。
高登，我看到你也在运动中了，你能够感觉到了吗？还只是我，我自己有这样奇怪的感觉呢？'
高登：'对，我好像也有了动起来了的感觉。这种感觉是神灵促使让我动起来，而不是让桌子动了。'
安：'我就是这种感觉，就是这样的。'
高登：'而且，我非常清楚地感觉到了，实际上我的手就放在桌子上，他们没有推动桌子啊。'
安：'好相似他们在推着我们在动啊，而不是他们让桌子在动啊。并且，是你朝着那个方向跑，而我是朝着这个方向在跑。'
现在，高登在他的座位上左右摇晃起来，而安在她的座位上，也是前后不停地摆动了起来。玛优美看着这些，禁不住地大笑了起来。
安：'我又开始摇晃了。'
安现在摇晃的更加强烈了。

高登：'我不知道，这到底是怎么回事啊，完全不同的动状形式，我想要找出原因来— 安，你也要找出个什么原因来啊 — 我们两个人都在动态中，而桌子却没有怎么动的啊，我猜想我们怎么动起来，不是神灵应该让桌子动吗？'

吉米：'那是一个非常有意思的想法。'

安：'高登，你还在那儿左右不停地摇晃；而我呢，我在这儿前后不停地摆动，可是我们都没有办法让桌子移动。'

吉米：'呕，玛优美，我有一个想法：你站在安的背后，把手放在她的后背上；我站在高登的背后，把手放在高登的后背上，看看如何呢？'

吉米对高登说：'高登你试一试：集中精力把你的力气用在桌子上，看看会是怎样？'

玛优美把手放在了安的后背，有了玛优美的能量，安前后摇晃得就更加厉害了，安大笑着，请玛优美把手松开了。

高登：'吉米当你集中精力把手放在我的背后时，我就不动了；可是你的手一松开，我又开始左右摇摆起来了。'

安：'我这里是当玛优美在我背后，我就前后晃荡的更厉害了。'

玛优美：'啊，我也跟着颤动起来了。'（*玛优美示意她的两个臂膀都在颤动。*）

安：'你在颤动吗？'

玛优美：'对呀。'

安：'我觉得摇摆得相当强烈了。我好像在打旋转儿了。'

安：'旋转有点更厉害了。'

安闭着眼睛问玛优美：'你能感觉得到吗？'

高登：'安，你现在正是从左到右的摇动了。'

安：'我是在动，好像在坐秋千上一样，不停地在摇动。'

吉米：'好了，安。慢慢地来。现在，你们两个人的方向一致了。'

安闭着眼睛说：'是吗？'

玛优美：'可是摇摆的快多了。'

高登：'实际上，这倒让我有一种噁心、快要吐了的感觉。'

安：'是的。你有没有好相似在大海上的感觉呢？'

高登：'呕啊，这可比在海上要快的多了，一会儿又好相似在澎湃的海潮顶上。'

经过一系列的提问，我们还是无法明白为什么高登和我不停地摇摆、晃荡，同时，桌子却保持不动的状态。我现在才完全相信了：这是神灵团队做出的第一次让我们体验动态灵媒运动的尝试；神灵团队没有促使其它无生命物体，发生任何动作的行为。

那天晚上的最后确认：

高登：'正如我上周所指出来的那样，我实在对安渡假期间的两周没有什么效果的工作有点失望，因为我们没有跟神灵发生沟通，没有得到任何肯定的进步。但是，今天晚上的现象呢，我得要感谢你，亚瑟。'

当高登对神灵世界里的亚瑟·柯南·道尔的灵魂讲这些话时，桌子摇摆不定，给出了赞同的答复。

玛优美：'对的。'

安：'你来了，通过桌子跟我们沟通，特别是给我们送来了肯定与鼓励的信息'对。

安：'我想是这样的。你们仍然对我们的房间里的条件不满意。但是，你们为了我们的受益起见，就暂时忍耐这些令我们双方都不满意的方面，继续跟我们一起工作，直到我们找到一个更好、更合适的地方，对吗？'对。

安：'所以，你是特别回来，在这里推动我们的激情，对吗？'对。

安：'感谢你这样做。我知道现在的这个房间里的条件对你们也对我们都不合适，我们确实有些失落感了。'

桌子继续摇摆以表示赞成。

安：'今天晚上的蜡烛，是欢迎你们重新回来。使用这里的能量与我们沟通，今晚，你们跟我们沟通的工作，蜡烛起了帮助的作用，对吗？'对。

安：'今天晚上的蜡烛，在你们与我们接通和沟通的过程中，起着很重要的作用，对吗？'对。

安：'好极了。我很高兴蜡烛能有这样的作用。今天晚上带来的蓝色松石有重要的作用吗？'

桌子再次摇摆表示来'对，但是，不是很强烈的摇摆。

高登：'松石，是为了起到保护作用的目，对吗？'

安：'是你引导着我们这样做的吗？，为了今天晚上的活动，你引领着我，把松石和蜡烛都带到了小组里，以便有助於你们团队来跟我们接通，跟我们进行沟通、交流，对吗？'对。

安：'我把水晶石和铜铃形状的物件，也一起带到小组里来了。这也是你的引导吗？'对。

安：'还有那个捕梦具？'不对。

安：'啊呀，错了。那个捕梦具是没用的 — 啊，我当时也拿不太

准。不算太糟糕的。我猜对了大部分的东西，三件东西之中的两件东西，都对了。'

我后来才意识到了：我们是从奥吉报得的沟通方式向前发展了一步。尽管有人会想，我们又回到了用桌子沟通，让桌子给我们回答对或不对的沟通方式，应该说是退步了。但是，必定我们一系列的问题都有得到了确切的答复，从逻辑上讲，我们是进步了。因为高登和我的动态体验是有含义的。我们前后晃荡、左右摇摆是一种新的现象和体验 — 高登和我，都有了在动中摇摆的亲身体验 — 尽管目前来说，我们还尚不了解，其目的何在。

决定这是我要按照神灵的指示，采购到水晶石、做手镯的时候了。

我在我家附近的几个水晶石专卖店都找遍了，根本没有找到这种手镯，就连我在脑海里出现的那种石头'青金石'，也没有人听说过。我问专卖店是否可以预定到这种石头，他们告诉我，做不到。似乎这种石头不存在—就连西班牙也没有。

我还没想在网上采购。原则上讲，是因为我被告知：如果我看到这种石头的话，我会马上被石头给'吸引住'— 这在网上，是做不到的。然而，上网寻求采购是我的最后选择了。我看到的、最接近的实物，就是在那个有各种宝石的地球仪上，我要的那种石头标志的上面，写的是意大利。

现在我要上网查查看，是否这种石头真的存在，还是全部由我的臆造而成。我在电脑上打入了'青金石'—不敢相信，我找到了什么。难怪水晶石专卖店里没有这种石头 — 它不属于水晶石的一种 — 而是一种人造的石头。它实际上是让玻璃加热以后，再加上，你不敢相信的矿物质 — 铜，让它有闪烁的光亮。我猜想肯定是吉米已经得到了神灵的信息。要不他怎么一定要问：是否蓝色的松石是来自铜矿呢？

还有：'*城市传说里讲到的金石，是由意大利的一个和尚，他在练习使用炼金术的过程中，无意中炼出来的产品，就是这种我要找的这种石头。*'

不巧的是玛蕊仍然还在渡假，我真想马上就给她打电话，告诉她，两周以前她意念中出现的那个意大利和尚，还有那个和尚用铁锤打制金石、炼金的情景都与这种石头有关系。那个时候我正在西班牙渡假，我还到处寻找这种石头。更有趣的是，这种石头还有一个别名— 叫和尚的金子！

以下是从*Wikipedia* 维基百科全书引用的摘录：*17世纪时在意大*

利威尼斯的the Miotti 毛欧提家族发明了一种原始的金石制造工艺，并且获得了意大利总督发给的独家许可专利证书。城市传说中提到了金石是由意大利的一个和尚在练习使用炼金术的过程中无意炼出来的产品。但是，在毛欧提家族之前，并没有书面文字记载的资料可查询确认。宾夕法尼亚大学收藏的12至13世纪的波斯的金石护身符表明，其它早期的工匠也有能够创造出这种材料、也有这种技术。金石最常见的颜色是棕红色的，其中还包含着微小少量的铜金属晶体，需要在特殊的条件下，才能够炼制形成。最初是需要有二氧化硅，氧化铜和其它金属氧化物加热后熔融在一起而生成，以化学方式将铜的离子还原为元素铜。然后再将大桶里的物质与空气隔离开来，并且保持在一定的温度范围内，使玻璃浆保持有足够的热量，就是让玻璃浆保持为一种液态物质。同时使其成为闪烁的金属晶状态。该种材料的另外一个通用的名称是金钢砂玻璃，它来於意大利的原始名称avventurina（来自avventura,意思是'冒险'或'机会'）。由于这种物质在宇宙内部能有星空反射的光亮，它有时也被称为：'stellaria'或者sang-e setareh'或'sang-e khoeshid'（在波斯语中，sang它的意思就是石头,khorshid 的意思是'太阳'setareh的意思是'星星'。）而来自民间团体的（和尚的金子）或叫'僧侣石'）

  我真的不敢相信 — 我是在5月初的时候，从脑海里获得了有关这种石头的信息。在我渡假期间，玛蕊获得了意大利寺庙里的和尚炼金术的信息，她收到的信息是意大利寺庙里的和尚（恰好是我在商店的橱窗里，看到的地球仪上的这种石头上面标志着的国家的名字）。几天前，当大家都谈论松石的时候，吉米却忽然提到了铜矿矿石。然而，忽然间一下子，所有的拼图游戏的分散部分，都被拼放在一起了，然后一张画图了就呈现在我们的眼前了。就是在这个时刻里，你意识到了，宇宙间确实真的有最高的智慧，而且正在与我们沟通，这就是宇宙智慧实际存在的证据。不管你对这种最高智慧如何称呼，那不是重要的。重要的是你知道它确实存在，而且它可以直接影响到我们— 如果我们留意倾听它的话。

第十二章 医界标和通道口

到目前为止，我们终于挖掘出来了神灵指引着我们要找的这种'石头'，并且最终会用这种石头做成手镯。手镯不但象征着我们小组团结'坚如磐石'和我们之间的同志关系，这种'石头'也代表着古代人的勤劳与智慧、耐心寻求与不肯放弃，最后才有百炼成钢的结果——一位故去的和尚，他也在帮助我们、引导着我们循规求源，得知这种石头的真实来源与其内涵？

我还没有办法给这个手镯下结论，但是我知道了，显然我自己是小看了这种手镯的重要用途和显著的作用。我决定应该认真对待这个任务，既然自己被选派采购这种石头，我就要认真地去执行。

我在网上找到了这种青金石以后，发现根本无法预定到成品的手镯。就象在水晶石专卖店里问到的一样，没有现货可以买到，我只好预定一些零散的青金石珠子，再买几尺的松紧带儿，然后我就自己动手，把珠子串起来—自己动手做手镯，也不会是太难的工作。

再下周我开车去神智社参加我们小组聚会的时候，我已经把自己做的第一个手镯戴上了。—我感觉非常自豪。因为开始的时候，我只是购买了少数的珠子和松紧带儿，想先试一试我的'珠宝制作技术'会是怎样的。而且戴上以后看看跟我在几周以前在脑海里出现的手镯的模样是否一样。我也想看看用做手镯的珠子的大小应该是怎样的。因为珠子有大有小，所以需要的数量就不一样，而且男人跟女人的手腕粗细不一样，需要的珠子也是不一样的。所以，我想再次购买珠子以前，我要计算好需要多少和多大型号的珠子，我准备今晚就量一量男士和女士的手腕，以便决定需要多少的松紧带儿和珠子，再来串制另外的5个手镯。

2006年的6月29日星期四，这天是爱丁堡一年一度的贸易会的前一天 – 这是苏格兰的一个传统节日。一般会有许多的工厂和作坊都会放假两周。通常在这个时节里，苏格兰的傍晚天气不是这样的美好，我开车正从家里出发，穿过市中心，向着神智社的方向走，我住在爱丁堡的南部，神智社在爱丁堡国王大街上，我需要朝着爱丁堡的北部走，我选择的路线正好就跨越'大桥'穿过王子街，向着北面的方向行驶。我眼前出现的广阔的大自然景观，正好就是俯视发富郡和跨越the Firth of Forth河流大桥，这样难得的傍晚壮丽景色一览我的眼底。

可是当我驶到'大桥'的时候（这是开往王子大街的主要车道干线）交通特别拥挤，因为人们下班以后，或者急着回家、或者急着去商场购物，商场在星期四是晚上9点关门。尽管我的车象爬行一样开得很慢，我还是要特别地加小心，注意来往的车辆和行人。因为行人常常在车流之间往回着自由穿行过马路，而不是在斑马线上过马路。

我坐在车里慢慢地向前一点一点儿地挪动，我低头看到自己手脖子上的象征着团结一致的青金石手镯，我已经了解到了这种石头的特殊功能和意义，现在它在夏日的阳光照耀下闪烁着光彩，自豪地附在我的手腕上。现在我看得更清楚了。开始时，我还以为是黑色的，它在强烈的阳光下呈现出青蓝色，阳光能够使石头的色彩变换无穷。

就当我再瞥了一眼我腕上的手镯那一刻间，我'看到'了从手镯上挂着的一个好相似如意挂件充满魅力的什么东西，就像一个非常不寻常的手镯上面还有一个不寻常的挂件。我的这个挂件肯定是神灵世界投射来的影子了。

由于我在马路上开着车，我不得不把视线转回到拥挤的马路上，心里纳闷地想：自己刚刚在手镯上看到的到底是什么，等我再把目光转回到自己的手镯上的时候，那个充满魅力的挂件已经不见了，只剩下手镯在我的手腕上，在那炯然美丽的阳光里闪烁着斑斓的色彩。

那到底是什么？我不知道。我立即就把这个印象放入到了我的脑海里的眼睛里，仔细地分析：我到底看到了什么。我明白这是一个重要的象征，同时我马上就意识到：这又是一个神灵发给我的信息。但是这个信息的意思是什么呢－我拿不准。我给自己安慰说，只要能够记住，我看到的这个形象的一点点内容，我就可以告诉小组里的伙伴们，大家就可以集思广益，把它的真实含义搞清楚。这也是平常大家合作的结果，我们已经非常熟悉了如何把'零散的拼图游戏'找出来原样的画图来。这只不过是一个最新的挑战罢了。

我到了神智社以后，我决定先把这个情况留在我的心里，先不说出来，等在大家静坐冥想的时候，看看谁能够得到同样的信息、或者是有关这个情况的信息。

小组的所有成员，又都在静坐中冥想了许久。然后，吉米要求大家给出各自的感觉和反馈。

玛优美：'我感觉在墙壁的后面有人，不是物质世界的人。因为我们谈到了门户口的事情，我能够看到他们（是精神世界里的人）正在等待着。好像是他们已经准备好了，他们要进来。但是，我不知道该如何做，才能够把大门给他们打开，让他们进来，我的感觉就是这样的。'

玛优美在小组里通常总是寡言少语，但是她有非常敏感的神经，能够与神灵接通，而且能够看到许多其他人根本无法看到的事情－这个有关门户口的事情，就是以前被提到的话题，此刻又重复地出现了。

玛优美：'我刚觉得非常平稳和宁静。'

高登：'我也是就象玛蕊那样，非常的宁静。也是非常的和平与安静，实际上我差点儿就睡着了。'

玛蕊：'我想我也是差一点就睡着了、就要睡过去了，就是在这种模棱两可之间了。'

安："我又觉得很奇怪了，跟上周差不多一样，觉得又动弹起来了。可是，这次不是身体摇晃着动，只是又有了那种在漩涡中旋转一样动的感觉，以致于让我感觉很是噁心、又想要吐出来的感觉。我也觉得自己相似一只有羽毛的大鸟，有显眼的双翅，我觉得自己就要展翅高飞起来，那首'我双翅下的清风'之歌的歌词重复地在我的脑海里回荡，能量非常强大、能量非常的良好。"

吉米对安说：'你的身体根本一点儿都没动。我倒是注意到了你在这里非常的显眼、你的磁力场、气场非常好。'

吉米：'我们就尝试一下吧，看看我们今天能够达到怎样的效果？我猜想：我们需要把那小木桌子给移开了。'

小木方桌被大家搬到了靠墙的位置上，就象是上周那样。

安：'伟大的神灵，如果今晚你们与我们同在一起，请你们通过让桌子的移动，来示意给我们— 请给我们您的指教。'

桌子开始移动了。

高登："请您示意'对'可以吗？"

桌子开始摇摆并且开始碰撞墙壁。

高登："请您给出'不对'的示意。"

桌子立即处于静止状态了。

吉米：'安，我想：你有需要问神灵一些问题，是吧？'

好奇怪，吉米总是能够未卜先知地料到我的心思。我只好向神灵世界的朋友诉说，我刚刚'看到'的情况，希望得到他们的确认。

安：'啊，就是件小事儿。你大概注意到了，今晚我已经按照你们要求，把手镯给戴上了，这样做是对的吗？'*对。*

安：'你们能够确认手镯的珠子是你们要的那种石头做的吗？'*对。*安："现在，我想要问的— 如果你们说'不对'的话，我真的不在意。"

小组的人都大笑起来了，热切地等待着听到安，她要问询神灵什么样的问题。

安：'今晚，在我开车来这里的路上，我恰巧就意识到了我戴着的手镯子上，好相似应该还要有个什么如意挂件样子的东西，对吗？'*对。所有的人又开始笑了。*因为大家都知道，安是被神灵的考验，去给小组人员做她本人不情愿要做的事情，她自己也不喜欢佩戴的手镯。

安对小组的人说：'还有更糟糕的呢！'

大家又开始笑了。

吉米：'请原谅我的幽默，这是否意味着要挂在胳膊上呢？'

所有的人又开始大笑了，可是桌子回答了说—不对。

安：'我想：那是一个银质的如意护身挂件，对吗？'*不对。*

吉米：'是不是那个将手镯圈子的两个头，连接在一起的塔扣？'*不对。*

吉米：'玛优美建议说，应该是一个看上去更精致的东西而不只是一个疙瘩接头，对吗？'*不对。*

吉米：'是否应该在手镯的两头有一个开启与关闭的搭扣？'*不对。*

吉米：'就是一个扣，把两个松紧带的头，扣接在一起的塔扣就够了？'*对。*

安：'不对。我的印象是：还有一个什么东西要挂在手镯的上面。对吗？'*对。*

安：'看上去相似一个银件，对吗' 不对。
安：'好吧，那个东西给我的印象是银色的...' 不对。
安对小组同僚们说：'是我搞错了。今晚，就在我开车来这里的路上，那会儿，我的双手握着方向盘，我看了一眼手腕上手镯，一下子看到了这个东西。我心想一定是有一个什么东西挂在上面，一个小小的如意挂件或小小的什么...'
高登对安说：'那个东西有什么特殊的形状吗？'
安：'呕呀，我叫它吉祥挂件代表着好运气，也许就是在这儿出错了。不是应该用吉祥如意的形容词来形容它的。我的意思是...' 吉米对安：'要是叫它图标是太强的词汇吗，是不是有点相似于共济会标识那样的图标？'
安：'确实是一个标志，对。'
桌子开始抨击墙壁发出赞同的示意。
吉米：'对了。谢谢你。'
安：'我想，那是个代表着我们（小组和神灵团队）在精神上连接在一起的标志。' 对。
安：'谢谢你。你们看，这是附加的标志，手镯...'
高登对安：'是不是一个 an Ankh 的标志？'
吉米对高登：'什么叫 an Ankh 呀？'
高登：'an Ankh 是个十字架，上面有一个圆形的圈圈，是古代埃及用来做代表着生命的符号。'
桌子开始了摇摆。
桌子只是摇摆，没有碰撞墙壁，也就是没有发出赞同的'对'的信号。
高登：'啊，很有意思了。那是在你提及到这个手镯附件儿时，我的脑海里第一时间出现的符号。桌子看上去很赞成这个意见的。'
安：'可它为什么向着那个方向移动呢？'
吉米：'如果那样的话，这个挂件或许是银质还是镀银原料做成的呢？' 对。
安：'我不清楚这个问题，也就是我要问的这个问题了。我看到的是银质的。'
高登：'用哪种原料制作的 Ankh 是否那么重要吗？' 不对。
玛优美：'或者，那就是一个标识的象征？这个标识是非常重要的吗？' 对。
玛优美话出即刻就击中了关键的字眼。不是用哪种原料制作这个标识是重要的。最重要的是这个标识本身的意义 — 标识标志着什么的含义。

高登：'你们的意思是需要在手镯上有一个an Ankh标志，不管是哪种原料的都可以？'对。

尽管我们从桌子那里得到了肯定的答复，我们知道问的是两个方面的问题。

吉米对安：'Ankh的重要性是什么呢？安，你不是很高兴用这个标识，对吧？'

安：'我说不太准，我只是看到了我手镯上挂着个什么...,你瞧，（她说话的时候，桌子开始撞击墙壁）好相似个Ankh？确实是个Ankh，可是我说不准。'

吉米对安：'你的脑海里，有没有一个印象到底是个什么样子呢？'

安：'我看它相似银质的— 吉祥挂件—这就是我能够形容出来的，我没有看到Ankh。我看到的是一个椭圆形状的牌子，牌子的里面有标志图...'

玛优美对安：'也许是一个中间有Ankh的吊牌？'

安：'有可能是这样，完全有可能是这样的。更相似一个椭圆形的吊牌，中间嵌有标志从手镯上吊挂着的，对吗？'

桌子开始摇摆以表示赞同。

吉米：'我的脑海里出现的是：当有人讲授磁场之类的课程时，他用一个用光环包围着的身体模型的模版，来解释包围着每个人身体的磁场 — 是不是这种情况呢？'

安：'是那种形状的，我说过了，我没有看清楚在那个椭圆形吊牌中间的图案是什么。我只知道是一个象征为我们小组与神灵世界连接为一体的确认标志，这是继神灵已经告诉过我们的手镯上又附加了的部分内容。'

高登对安：'你能暂时用Ankh做这个的替代部分吗，直到你完全搞清楚，是什么之后再换下来，行吗？'

焦虑之下，我决定自己亲自直接来问桌子（神灵）。

安：'好吧，桌子（神灵），我现在，不把我的手放在桌子上，以免有影响答案的嫌疑，如果我要问的问题，是有正确的趋向，请桌子自己移动给出答复。当我开车来这里的路上，我看到手镯上挂着一个像似银色金属的牌子，椭圆的形状，中间有标识，是代表着我们小组和神灵的链接一致，对吗？'

桌子在安开始讲话时就摇摆起来了，现在继续这样摇动不停。

吉米：'对了。'

安：'我没有看清椭圆形牌子中间的标识图像是什么样子的，因为我只是非常快地瞥看了一眼，那个标识是an Ankh吗？'不对。安对着桌子给出评论："你给的是'不对'的答复，我也没有看到Ankh图像标识。'

高登对安：'这重要吗？'

安：'我想不是Ankh图像标识，我就是觉得不太对劲呢？'

吉米对神灵：'我感觉到了另外的一个信息，这个标识能不能是与神灵治疗符号的标志有关系呢？'对。

桌子开始兴奋地左右摇摆的同时也撞击墙壁。

吉米：'那是有蛇纹与法杖的图标？'对。

安对吉米：'现在，你这么说，实际上让我觉得好多了。'

玛优美：'我忘记叫什么了……'

安：'我应该知道那个标识的名字的。'

吉米：'那是一个标志符号，我曾经穿过的衣服上有过这样的标志符号？'对。

吉米：'是在医护人员的制服上，镶嵌的那种标志符号吗？'对。

吉米对小组人员：'对了。那是皇家空军制服，我曾经是皇家空军的医护人员，我有两个这样的标章。'

桌子摇摆不停以表示赞同。

安：'太好了；现在我觉得比Ankh对劲多了，这确实是正确的了。'

安：'桌子（神灵），你是要告诉我说，我不但要把手镯准备好，而且还要把这个有医疗界象征标志符号的银色徽章也加上去，对吗？'对。

安：'或者，能不能让其他人做这项工作呢？'不对。

全小组的人员都大笑起来了。

安：'哇呕，为什么不可以呢？？？'

小组的伙伴们又都大笑起来，因为大家都知道，神灵团队总是下指令，要我一个人为小组人员找到东西，而其他的小组人员也能做得一样好，或者比我做的更好，也许别人会更容易地做到这些— 我想他们是故意不把事情搞得简单化了。

z吉米：'如果我们把一个这样的徽章作为我们小组的标志，拿到小组里来，就象那块蓝色松石一样，摆放着我们小组的桌子上，用唯一的这个标志来代表我们的小组，那样的效果也是很好的吧？'不对。

安：'不行。我知道的。因为我知道这种感觉的；就是这个标识是附加在我们每个人应该佩戴的手镯上的特别记号。有这个标识的手镯是标志着我们与神灵链接联系在一起了，有着共同一致的

目的 — 这是我们要做的共同事业。所以当每个人单独佩戴着自己的手镯的时候，又被同时看到了，就会自然知道我们每个人都是这个整体的一部分。'

玛优美：'我有了一个主意。你知道在游览区的游客店里，有一种自动销售打印纸花标识的机器。你把一个铜子插进去，搬动机器的拉手，机器就会自动地吐出一个打印的彩色胸牌徽章，游客自己粘贴在自己的外衣上，作为到此一游的纪念徽章—你是需要这种徽章吗？'

安：'就是这种徽章之类的东西，对的啊。'

吉米：'我想有的机构就是使用这种徽章来警告医护人员，要对某种病人要提供某种特殊的医疗保护工作。你知道有的人是患有语言障碍症或者是糖尿病症的，病人在脖子上佩戴不同的牌子—我想他们可能使用那种符号标志。'

安：'对。我明白你的意思了。好吧，让我来找到最合适的吧。'

吉米对神灵：'你们认为这种手镯和手镯上要配加的标志，对我们来说是非常重要的吗？'对。

吉米：'所以，现在我们可以澄清我们小组的功能之一是治疗小组，同时其它的功能也不排除在外。但是治疗是重要的一个方面？'桌子没有给出清楚的答复。

吉米：'那样的话，我的看法就是，朋友，我们双方最终的目的是帮助人们康复，你同意吗？'对。

安：'对。我想，这就是你第一次问的时候，没有得到答复的缘由吧。'

吉米：'对。这个小组不是一个专门的治疗与康复的小组，治疗与康复只是其中的一个功能。'

安：'对了。那个徽章最早的时候也不是康复治疗徽章，是后来被用来做治疗康复的标志，开始的时候不是用这个徽章的。'

吉米：'那是什么呢，安。这个徽章就是世界著名的造世者的标志了吗？'

玛蕊：'早期原始的意思是有否可能与……'

玛优美：'对了，就象神圣的祭祀之类的？'

安：'对。我就是想说这个意思，相似炼金术或类似的。'安说话的时候桌子开始摇摆了。

安：'是炼金术吗？那是最初组织用这个标志做代号的吗？'对。

玛优美：'我今年在伦敦 斯坦丝代德Stansted学院学习的第一期课程就是这个主题。'

安：'真的啊？'

玛优美：'是的，炼金术和变形法。'

安：'你们看，这多有意思，所有的情况都互相吻合了。'

安对小组人员：'好了。我的问题解决了，进行下一个专题讨论吧。'（小组人员都笑了）。

我已经确认了我在途中，用眼睛一瞥看到的情况，我也接受了就此与神灵辩论的结果，那个标识确实是与医疗界有关系，意义重大。我在脑海中，已经刻下清晰的记忆。我要在网上查找手镯珠子的同时，留意、查找、找到这种特殊的徽章标识，再跟青金石珠子一起做成完好的手镯。现在，我们小组又返回到讨论玛优美视觉里出现的门户口的题目上来了。

安：'这是你们要为我们开启的一个大门口吗？'对。

安：'好棒啊，玛优美你说对了。'

玛优美：'是的，我知道这个。'

安：'玛优美在这个开户口方面的预感是完全正确的，对吗'对。

玛蕊：'那将意味着什么呢，如果我们搬家的话 — 开启的门口跟我们一起搬走，或是个大楼？'

高登对玛蕊：'你要把这两个问题，分别开，再提出来问才行。'

玛蕊：'这个门户口跟这个楼房是连着的吗？'不对。

安：'所以如果我们搬家的话，这个门户口就会跟着我们一起搬走，你们会保证能够做到这些，对吧？'对。

有趣的是，我想起了小组在（2006年）刚建立时的录音记录内容，那时的内容到我们真正搬家还有5年的时间。直到5年后，我们才有搬到新家，才真正有了开门户的体验，并且在我们的新地方拍摄了照片。现在，我们继续在探索研究着。

玛蕊：'一定是哪种能量力。'

安：'是的，他们正在创建过程中，不管怎样。'

安：'你们在墙上开个门户口是很重要的吗？'不对。

安：'在这所大楼里，正好就碰到这堵墙了，对吗？'对。

安：'是由于能量贯穿线能够帮助你们在那个特殊的位置上创建门口，对吗？'不对。

高登：'上周，我用导向仪在这个房间里寻找应该放置桌子的最佳位置。导向仪在房间里指出了几个点。但是，现在你所在的位置应该是最佳的位置。因为我找出来了，那是个几条能量线相互交差而又聚合的一点。所以，这是非常重要的能量聚合点，对吗？'对。

高登：'有一条是正级能量线，而其它的都是负级能量线，这是重要的吗？'对。

高登：'这是由于能量线的交聚，形成了创建旋转的能量的旋涡？'对。

高登：'这就对开门户有着重要的作用。对吗？'对。

安对高登：'如果我们搬到的新地址里，没有这些可怎么办呢？'

高登：'啊，如果我们选择地址的话，我们肯定需要有神灵的指引，我希望得到神灵的信息，在神灵的帮助指导下，我们做出正确的选择。'

桌子在高登讲话的时候就开始摇摆表示赞成了。

高登：'我最近参加了一次活动，在爱丁堡Eric Liddle 中心附近。我了解到旁边的教堂里，他们有空余的房间，也许我们可以租用。我在想那里的房间是否值得问询一下？'

桌子一直在高登说话的过程中都一直做出摇摆表示赞成他的意见。

安："我想你已经有了一个'对'的答复了，高登。"

就当小组人员开始讨论小组的搬迁地址和租用房间的问题，桌子随即就忽然兴奋不已地摇摆起来了。

高登：'嗨，发生了什么事情了，（神灵）这样的兴奋？'

安：'桌子欣赏你要为咱们更换地址给出的那个提议。'

高登：'我就把这个现象当做赞成了，我去查询一下新的地址了？'

桌子剧烈摇摆以表示赞成。

高登：'好吧，我就去查询一下了。'

桌子开始兴奋地朝着安的方向移动过来。

高登：'桌子朝着你，蹦蹦跳跳地过来了，安'

安：'呕呀，好吧，啊......我猜想桌子现在想要我做什么呢？'

吉米：'你向着安的方向跑来了，对吧？'

玛优美：'你就是非常兴奋，对吧？'对。

桌子继续兴奋地摇摆不停。

高登：'就象一只狗狗，是不是啊？'

吉米：'你兴奋的缘由是经过了几个星期的商榷，我们大概能有个地方去了，对吗？'

桌子兴奋地单腿跳跃起来，然后就又跳起了摇摆舞–对。

高登："这就是神灵团队，他们都到了，在一起告诉咱们说'对'了吧？"

桌子又开始跳起了摇摆舞蹈。

安：'我刚刚在想：为什么桌子朝着我跳跃过来，现在又朝着我跳过来了。我正想要问一个问题，也许有必要的，我重复一下咱们小组的宗旨，好吗？'对。

　　桌子在安说话时，一直都跳着摇摆舞。

　　吉米对安说：'这是给咱们小组人员说，还是对着神灵团队说呢？'

　　安：'不知道，我想，这是桌子唯一朝着我跳跃的原因。'

　　吉米：'好啊。'

　　安：'你明白，我们要重申：我们为什么聚集在一起的。'

　　吉米：'是的，当然，当然了。'

　　高登：'我想，在你重申咱们的宗旨以前，要搞清楚和问准确了这些问题。我们是否：是其它的有明确任务的各个小型组织中的一部分？'不对。

　　吉米：'所以，你们为我们的小组制定了特殊的目的了？'对。

　　吉米：'那是取决於我们尝试着确定是什么样的形式，对吗？'对。

　　吉米：'好了。现在，安就把我们的宗旨给你们重复讲讲。'

　　安：'我在最初得到的信息和我记住的就是：我将有志同道合的人召集在一起，建立一个小组。大家能够完全互相信任，对吧？'对。

　　安：'好。最后一次我用电话联系小组候选人的时候，我刚刚把电话放下，你就告知了我，我们小组的人员都齐了。对吧？'对。

　　安：'上周你再次重申了这个确认，对吧？'对。

　　安：'好的。然后你们给我们的信息是我们的这个小组是物理动性小组，对吧？'对。

　　安：'你们把我们聚集一起的目的：是提高我们对精神主义的认识和了解，扩展精神主义者的目标宗旨 — 当我说精神主义者，我的意思是广义的，不是对某个宗教狭义而言的 — 这是正确的吧？'对。

　　安：'好。其它我记住的就是：我们小组的活动内容和所有的情况，都要严格保守秘密 — 你已经给了我肯定的回复了，我不多说了。还有就是：我们小组里进行的讨论和与神灵对话的一切信息，都需要用录音机录制下来，录制下来的目的不光是为了我们小组内的人员，我清楚的印象是：你们希望在不久的将来，有书籍能够被公开发表，咱们双方的交流沟通活动记录，要推广到更广泛的世界里，向更广泛的大众介绍我们小组的经验，是这样的，对吗？'对。

　　安：'对。谢谢你们能够确认这些。'

吉米：'还有，一定是安，她将要来写这本书，对吗？'

小组的其他人员都大笑起来，桌子也给出了肯定的回复。

玛优美对吉米：'我正想着，也想要这样问问呢。'

小组的成员总是觉得我被特别挑选出来写这本书真逗，因为他们都知道我是不喜欢这样做的。

安：'另外的就是，我得到你们的指示，你们会利用和发挥我们中间每个人的特长，来提高和扩展精神主义者的目标宗旨（同样也是从广义上讲）例如：我们小组的人员在公众场合里演讲这个题目。并且，也有人在这个领域里教授给其的他人。'

桌子在安说话的期间一直都摇摆着，以示赞成，直到安的最后几个字，桌子才停了下来。

安：'呕，桌子停下来了。'

吉米：'正如安，她被神灵选中一定要写书那样，我们都赞成这个提议，第二位和第三位乃至第四位的人，都赞成安是这本书的作家了。也许到了时候，还会需要一名小组的发言人，发言人也许被新闻界采访，就我们的观点和理念发表讲演。当然，我们会请示，并且需要得到你们的允许，我可以加上这些吗？'

桌子没有回复。

安：'有点不对劲儿啊。我知道你说的在理。因为我很清楚地看到了玛蕊在演讲台上，做精彩的演讲。'

桌子这次有摇摆以示赞同。

高登：'当我们提到演讲台的时候，多半都是用来形容体现精神主义者与神灵世界的人沟通的时候，所使用的平台。实际上，我们是说在室内的地板上或画廊或会议室里，换句话说就是在会议厅— 不是那种精神意义上的平台。'对。

安：'对了，好极了。谢谢高登。'

吉米：'请你特别强调说明一下，玛蕊会是在讲演台上当演讲的人吗？'对。

吉米：'所以，现在，我们就可以……'

安：'啊，请稍等等，等一下啊，请问：吉米也一样会在讲演台上，当演讲人。对吗？'对。

安：'还有玛优美也会一样，站在讲演台上做演讲，当演讲人吗？'对。

小组的人员都大笑了起来，因为吉米认为他把玛蕊推荐成小组的代言人，为全小组在演讲台上发表演讲，他自己可以在幕后享受了。结果发现他也被选中了，他也一样与小组的任何人都一样有着平等的责任和权利，也得登上讲演台。

现在可是我沾沾自喜的机会了，因为他们每个人都有了平等的责任和互助合作的角色，不光总是我一个人被选中— 就是这一次，我没有被单独指派任务。

高登：'我们整个圈儿里的人都有任务的是吧？'对。

安：'对。我们都有份。那就是我得到的印象。我们都要各尽所能，为此做出努力......'

吉米：'是这样，是这样。'

安：'好了。现在大幕已经拉开了，这就是你们神灵世界的团队要我们小组成员聚集一起的目的。然后，你们会带领我们一步一步地、从最初的精神主义者发展需要的方面做起，允许我们体验精神主义者是怎样运作的。我们就可以从体验中学习，再把体验中学习到的知道用于实践，在实践中获得你们的进一步指教，以达到你们的发展进升的目的。是这样做吧，对吗？'

桌子在安说话期间一直都强劲地摇动不止，表示赞同。

安："我就把桌子的回复当成'赞同'了"对。

安："所以你们会领着我们一步一步地体验精神主义者发展过程的每一个步骤了。但是，由于我们目前的场地有限，无法允许你们领着我们做物理动性现象的实际体验与练习的工作，我们被卡壳了。直到我们找到了一个合适的场所，才能允许你们带领我们做下一步的体验，对吗？我把桌子不停地摇摆当成是你们说'对是吗？"

桌子当安讲话期间再次强烈地摇动起来。

吉米：'我们搬到了新的场地，如果场地允许我们做物理现象动性灵媒演示的话，我说的这个就是，我们讨论过的物理现象引发的动性灵媒以及类似发展的自然体现，给我们做为体验的机会。对吗？'对。

吉米：'如果就是这样的话，你们认为小组里谁是最适合的，最富有这种内在的能力，能够承担起演示这个功能的角色？'

桌子没有给出回答。

高登：'全组里，谁是最合适呢？'没答复。

玛优美：'我能问一个问题吗？我刚刚有得到信息告诉我，咱们小组里的每一个人，都会按照各自的特长，有不同的学习与发展的机会。发展成各自独特与传统方式截然不同的动性灵媒能力的发挥者。对吗？'

桌子给出一个非常激烈和兴奋的肯定答复，以示意她说'对了。

玛优美：'我不知道将会是怎样的。但是，我已经得到了这个信息了。'

我们不知道将会是怎样的形式与情况，但是，我们就要收到一个新形式的动性灵媒的实际演示了。

吉米：'啊，你们会在白天里、日光灯下做这些示范表演，或者是让我们在多盏灯光下体验，那可是从来都没有的事情啊。'对。

吉米：'也许用上音响呢？我们可以准备音响设备吗？'对

.吉米：'可以用来做神灵治愈的工作，大概这个项目是从来都没人做过的，我们是来尝试着做，对吗？'

桌子发出摇摆动作以示意赞同他的话。

吉米：'你现在给我们发出了非常肯定的答复了。太好极了。'

高登：'你看上去是在打转转，意思是告诉我们：这是我们整个小组合作的工作，是大家共同努力的结果，我们要集体随机行事，对吗？'对。

桌子单腿跳动了一会儿，然后就四条腿都落地，休止了。

高登对桌子（神灵团队）：'你快要接近悬浮了吗？'

吉米：'桌子没回答你。'

安：'啊，那它在做什么呢？我们看到了桌子在跳摇摆舞了。'玛优美：'你要吉米做动性通灵媒体吗，你们要通过吉米来跟我们交谈沟通，怎样？'

桌子朝着吉米的方向摇摆移动。

吉米：'那是我被强行抓劳工了— 是让我俯首就擒！'小组的人都开怀大笑起来，因为桌子已经对着吉米的膝盖碰撞起来。

玛优美对吉米：'你要当媒体吗？'

吉米：'啊，你绝对不要跟神灵说不字。但是，我琢磨不出来会发生什么事情。'

安：'好了，神灵团队里的人们，请你们重新安定下来，我们可以……'

桌子用一条单腿做出美丽的快速旋转打圈圈，小组的人都惊喜地叫出声来。

高登：'桌子成精了，四处游逛。'

玛蕊：'呕哇，就要成功了，我想实际上桌子是想要从地上腾飞悬浮了。'

吉米：'我想我们都应该站立起来。'

小组的人都站立起来了，并且把所有的椅子搬开了，让出位置来。

高登评论说：'桌子正在绕着圈地打转转。从一条腿上，跳到另一条腿上，并且，向着场地的中心部位上移动着。'

吉米评论：'桌子先是顺时针跳跃旋转，然后就逆时针跳跃旋转，单腿跳，你要不要卧倒休息一下？'

小组全体人员惊喜呼叫着，亲眼看着桌子的表演，桌子慢慢地向着地板鞠躬直到桌子的侧面着落在地上，侧躺在地上。随即，桌子的四条腿全部从地板上离地而起，然后就轻轻地再次悬浮起来。

高登：'呕啊，你好聪明，真是太聪明的表演啊，是我们见到的最了不起的表演了。'

高登继续评论说：'尽管所以人的手都放在了桌子的桌面上，桌子侧躺着，桌子的四条腿都离开了地面，我们根本没有办法人为地让桌子做到这种境况。桌子两次悬浮在空中，第一次我没有做评论的机会，因为我们都被惊呆住了，都不敢相信桌子发生了的事实。'

小组的人员都又惊喜又紧张，不敢相信自己目睹了的实际发生了的整个过程。

安：'你喜欢我们的惊喜，对吗？你喜欢这种愉快的能量，对吗？'对。

高登：'我们把两只手都放在桌子上，是非常有帮助的，我想那样就能给神灵团队更多的能量力。'对。

玛蕊：'我们就是很难把手停放在桌子上。因为很难判断出桌子往哪个方向移动和判断出桌子下一步要做什么。'

吉米：'你们应该在我们静止站立的时候，给我们做一次悬浮表演？'

桌子回复是静止没动。小组的人也都围着桌子站立着，把双手放在了桌子上，等候看到桌子的反应。

玛优美：'你们能察觉到能量力在起作用吗？那种偷偷地、在不停地涌入身心之中的心潮澎湃的感觉。'

玛蕊：'是的，我也有同样的感觉。'

安：'嗯嗯嗯。'

吉米：'你有一种就要被操纵控制了感觉，不是吗？'

小组人员都表示赞同。

高登评论：'我们都采用了一种让双手合掌宛如莲花的姿势，集中精力保持为桌子提供最多的能量支持力。'

吉米：'你能到房间的正中央来吗，给我们做一场示范表演，怎么样？'

安对小组人员：'能否请你们大家按照我的方法做：把自己的拇

指头连接起来，然后再把自己的小手指与旁边两个人的小手指连接起来。我不知道我为什么要这样做，但是……'

小组的人员都按照安的话这样做了，他们的手指在桌子上方做成了一个框圈圈，但是没有接触到桌子的桌面。

高登：'我好象似乎进入到了我的窥视镜里了，我有一种在窥视镜的雾气茫茫中漫游的感觉了。'

玛优美和玛蕊同时赞许说：'对呀，对呀。'

高登：'这让我想起了体验那种自由落体的感觉。在空中，自由降落的感觉。'

安：'我看到了一个面孔，你们是否也有人看到了什么面孔了吗？'

玛优美：'我有看到了。'

吉米：'我们能不能象这样把手都放在桌子上，不要断开。'

小组人员按照要求把手放在了桌子上，但是桌子已经停止移动了。

安：'你要向着墙壁的方向移动吗？'

安：'你要我们都坐下来，试一试与神灵世界的这位沟通者交流一下吗？'都没有回复，桌子忽然静止不动了。

吉米：'也许今晚我们用尽了你们太多的时间了？'

安：'也许我们今天已经得到我们要学习的东西了。'

高登：'也许我们让你们积攒的所有能量，在这一次就全部被用尽了。'

高登：'你们愿意我们就此结束今天的活动吗？'对。

吉米：'这就是你们为什么把我们聚集在房间的中央，让我们目睹了一次你们的动性演示，然后结束今天的培训工作，对吗？'对。

高登：'我们是人；人的本性就总是：对好的东西贪婪无厌。'

桌子做出摇摆动作以示意明白他的意思。

吉米：'最后还有一个问题，你们有没有试着让桌子上面出现一张人脸的面孔，允许我们小组里的人看到这张面孔呢？'对。

安：'好的。下次我们要再接再励的了。'

高登：'下次我们把一面窥视镜带来，有帮助吗？带窥视镜到小组里来使用，会有帮助的，对吗？'对。

安：'好主意，高登。好主意啊。'

小组全体人员一起答谢了神灵团队。而后，吉米说了祷告词，结束了小组的活动。随后，小组又把今晚活动的过程商讨了一番：高登说非常遗憾的就是今晚的活动没有准备好，没有用录像机把全部过程录制下来。高登解释说：他想在现场做一次试验来证明，当所有小组的人员把手都放在了桌子上，桌子无法实现将四条腿离地、自由悬浮的自动升起之动作。如果试验证明了桌子无法自动悬浮，就能够说明桌子一定是有一种外来的力量促使其发生这种悬浮现象的。大家一致同意高登的建议，所以这个试验紧接着就开始了。高登把桌子放倒在地板上，桌子就象先前一样倒放在原来的位置上，大家把手都放在了桌子面上，也跟先前一样做的，试着看看桌子是否能够从地面上自动悬浮升起，结果是桌子做不到。这就证明了桌子四条腿离地、自动悬浮是根本不可能的事实。

小组的全部人员一致同意：今晚目睹的桌子自由悬浮的事实是非常难以置信的现象。

小组的人员都被当天晚上亲身经历、和亲眼目睹的，桌子自动悬浮升起之现象所震撼，大家都非常惊喜，继续被这宗难以置信的实际现象所陶醉，没人想马上就回家睡觉，有人建议大家一起去一个酒吧喝点什么，一边喝一边继续聊聊这亲眼目睹的离奇现象。由于夏季暑期到了，大家再次聚会就要是几个星期之后了。所以，大家都认为去酒吧喝酒、聊天是个好主意。从上次大家一起在白金汉葡萄酒家聚会以后，我们还没有机会再次聚到一起。大家同声称赞一起去喝点什么，可是这里是著名的爱丁堡乔治安公寓居住区，附近根本没有酒吧或外卖店。高登说他知道跟国王大街平行的街上，有一家酒吧，就在山坡脚下，大家可以步行到这个酒吧。我们就开始朝着这个酒吧的方向走去了，走到了酒吧附近，发现酒吧特别忙，人特别多。因为是在温暖的夏夜，人们都喜欢出来，在酒吧里享受夏夜的悠闲和聊天。我们进入到了音乐嘈杂、人头拥挤的酒吧里，前拥后簇，我们才终于挤到了吧台附近。出来以前，大家把一些零钱交给了我，我把大家凑齐喝酒的钱放在了一个信封里；这样就跟我自己的钱分开了放着，然后我把信封放进了我的手袋里。这会儿的高登 — 他是我们这伙儿人中最高个子的人 — 他能够隔着拥挤的人群，向酒吧的服务员大声地下单要饮料。我就把钱递给了高登，让他来支付我们小组人员的饮料费用，高登把找回的零钱再递还给我，我再把零钱放回到那个信封里保存好。我们站在酒吧里，仍然情绪高昂、喋喋不休地谈论着桌子自动悬浮，万有引力失去作用的离奇事迹，忽而，有人发现靠窗子的地方有一个空桌子的位置了。我们大家就立即往这个位置上挤过来，找到了椅子，大家围坐在一起了。

大家有了桌子和椅子的座位，都坐了下来，一边喝酒一边聊天。话题就改了方向。'还有,就是那个医界标的事儿?'吉米说了。'如果那样的话,就是它了,'玛蕊接着说:'或许是Ankh呢。"对,或许是呢,可我就是觉得不对劲儿。'我说。'可是,你对我的了解,是透彻不过的了,我总是做什么都想要找出证据和根源来的。'小组的人又都乐了,因为大家知道我从来都不是接受第一个答案的人—答案必须是有确凿根据,是对的。'桌子给出确认,的确就是医界标识的啊。'玛优美赞同了我的观点。'是的,可是我们还要确保无误—我还是希望得到进一步的确认。'我说。'哎呀,'高登说,'你一定要确认—这里儿就有你要的确认啊。'高登手指着我们身边上的、酒吧里的一个大玻璃屏风。屏风是用来把酒吧的正门与客人的就座区域遮挡开来的。这个大玻璃屏风,高度有六英尺;宽度有三英尺,在其上面实实在在地有一个巨大的、雕刻精美的、蛇与法杖绘画—代表医疗界的图标。"当时我们全都又被惊呆了—'多么恰巧的吻合呀?'"高登说。'安,你一定要个确认证据,你再也找不到比这个屏风更大更鲜明的证据了。"哇啊,'这个屏风上的巨大标识让玛蕊和玛优美同时发出了如此的惊叹,'你看到你要的答案了,安',她们俩个人,几乎是异口同声地,在同一个时间里对我这样说。

那天晚上,我回到家里,在电子网站上查到了在维基百科全书里,对这个标识的解释:

(1) The caduceus (☤;发音:/kk djuːʒəj, -si-E/;拉丁文: *cādūceus*,(2)来自希腊语的 古典传说中的故事爱马仕,是希腊神话中的人物。也是希腊——埃及神话中的人物。一般而言这些人物也与先驱者有关联,如艾瑞丝。它是由两个蛇缠绕在一起的短杆,有的也给它加上了翅膀。在罗马的故事绘图里,有把它描绘为它是水星用左手握着的法杖,是上帝的使者;是死者的向导;是商人、牧羊人、赌徒和小偷的保护神。(3)还有一说法是图像起源于美索不达米亚的苏美尔神,它有一把由两条蛇缠绕在一起的手杖,这个典故可以追溯回到公元前4000或者公元前3000年。(4)魔力法杖是一种象征物。它代表了爱马仕(或罗马的水星),还延伸了与神相关的贸易、职业或事业。在上古时期,这种代号被占卜术、炼金术和天文学方面所采用,也用来表示同名的行星和金属元素。据传说法杖有一种魔力,可以唤醒沉睡者;可以让濒临死亡者寿终正寝或者是起死回生。(5)将其代表的意义延伸到商务,是商业界里公认的和平谈判的象征,代表着在两个不同的区域谈判时,以平等相待和平交换,以实现共同互惠的理想。(6)(7)这种联系从远古至今,一直贯穿延续下来。(8)这种标识也用来做为打印的符号（书写和口述笔记相关的符号），在北美洲，这个标识也被非正确地用来做医疗保健和医疗实践方面的工作标志。这是因为与传统的Asclepius的标识互相混淆了。Rod of Asclepius的标示上只有一条蛇，并且绘图上从来没有用有翅膀的那样的描绘。

第十三章 有人在敲门 - 有人在按门铃

到了7月中旬的时候，我们小组的人员，除了玛优美还在暑期渡假中，其余的人员都怀着盼望重逢的期待和热情回到了神智社。以前，我们听到的好相似有人从我们房间走过去的脚步声，也又回来了，而且让大家再也无法熟视无睹了。

我们小组静思冥想用的房间又重新被装点了一番－房间里的壁炉台架上摆放着松石和几盏点燃着的蜡烛。吉欧把一个融化在大玻璃杯子里的蜡烛点燃以后，放在了一个倒扣着的花瓶上面，花瓶就在房间的一个角落里。静坐大概有5分钟的时候，安，她站起身来，把摆放在壁炉上的一个一个的蜡烛，重新摆放在了房间里的各个角落上。让燃烧的蜡烛，把小组人员围成了一个小圆圈儿，然后她又安静地返回到自己静思的位置上，坐了下来。这会儿，房间的门发出有人在外面想要拉开门栓，推门入内的声音。

开始的时候，是由安，她说的祈祷词，大家进入静坐冥想。过了一阵子，吉米向大家征求静思冥想期间的意念反馈：

高登：'我不知道其他人，你们有否听到了，我所听到的声响？'

安对高登：'有人从房间里走了过去，是吗？'

高登：'就象动物发出的哼哼的声音一样。在那个方向（他用手指着他自己的对面，正好是吉米跟吉欧两人坐着的位置）。就象一只动物，一只大野兽。我在很短的时间，内听到了三次－就是因为这个，我才抬头看了又看的。当听到了那第三次声音的时候，我对自己说，我得起来过去看看到底是怎么回事儿。'

吉欧对安：'你走过去了吗？'

安：'对，然后，我就又坐下了。我以为是你站起来走过了房间呢（她指着自己的对面，就是高登和玛蕊正在就座的位置上），因为我能够肯定：那里有走动的声音。我听到了脚步声音和走动时的衣服摆动的声音，可不是你的衣服（吉欧）发出的声音，因为你的衣服不会有那么大的声音呀。我听到的衣服的声音是很响的（吉欧穿的是牛仔裤和T恤衫）你们其他人有没有听到这些呢？'

高登：'我觉得有动静，就在这里（他指着安刚刚说有声音发出来的位置上）但是，被我听到的那种跟野兽一样发出的哼哼声，给淹没了。你们有没有人听到，这个野兽的声音呢？'

吉欧：'我听到的就是有人在门口要进来的声音。'

高登：'我说的野兽哼哼的声音，是在你说的声音之后才有的。'

吉米：'门开了吗？—是门的声音吗？'

吉欧：'我以为是有人进屋里来了呢。'

高登：'对，我以为是有人把手放在门的拉手上试着开门，你有注意到这些吗，玛蕊？'

玛蕊：'对。我意识到了这些。我也意识到了有一个神灵跟吉米在一起，我转过头去看了一看，就在你（吉欧）看了以后。'

吉米：'我想是一位女神灵跟我在一起的；我有很强烈的印象是这样的，她有很强的气场。但是，我不想说话，因为我没有什么好说的。'

吉米：'你收到什么信息了吗？玛蕊？'

玛蕊：'我也真的不想说话。一切都是那样的静谧。我沉浸在静谧之中了。而后，我又返回了自然；我的静思被摇动门把手的声音给打扰、给惊醒了。而后，我就意识到了你（吉米）的身边有神灵。继后，我就浑身发热，热到无法喘息，我的呼吸明显加速了。我想要站起身来，可是我对自己说，不能站起来啊，随后我身上的剧烈热量就移到了你（吉米）那里，那就是我睁开了眼睛，看到了你的情况。'

高登：'我意识到了，我的左边（示意是吉米的位置），可是其它的事情，我不是听觉非常好用的人，那个声音确实很特别，我有过体验。我可以把它跟我有过的萨满经历来对比着讲，我意识到：好相似水牛的重重的脚步声；我可以清楚地听到了，那是水牛四个蹄子的脚步声。同时，伴有野兽一样发出的哼哼的声音，就好像骑在了我的脖子上了一样，我只能想象是水牛了，这就是我今晚感觉到的。就在那个墙角的角落里，我并不是总能得到，也不是总有这种感觉的人。'

吉米：'就是为了录音机能够把这些情况，全部录制下来的缘由。我们开始静思以后，大概是5分钟到10分钟的时间里，安，她起身把蜡烛从壁炉上，拿到房间的各个位置上，摆放好了点燃的蜡烛。我们随后体验到也是正在讨论的嘈杂声音和脚步声，都是在安，她重新入座之后，发生在房间里的事情。'

安对高登：'你有没有注意到，我起身拿蜡烛呢？'

高登：'有的啊。'

安：'那样就好了，那样你就能够辨别得出来了。'

高登：'当然了。我非常感兴趣听听录音机里，录制的情况是怎样的，看看有没有录制到那种我很少听到的，这个野兽一般哼哼的声音。'（应该指出的是，当我们静坐冥想的时候，录音机是关闭着的—这是惯例。大家认为我们在安静的无声音的环境中静思，开启录音机是浪费。但是，今晚的这种情况，也许我们今后应该把录音机一直开着，就更好了。）

安：'我努力想在安静中静思。但是，神灵不允许我这样做。神灵催促着我起身，*把蜡烛摆放在我们小组人的外圈，特别是要摆放到房间的那个角落里*。我回复了神灵说我已经开始静思了，不能起身乱走动。我尽力想要不去理会这种催促感，我也对神灵说，我稍后再去摆放蜡烛，但是神灵不允许我继续静思。我经历了神灵不懈努力地催促，就跟你，玛蕊说的一样，*你得起来，你得起来。*'

玛蕊：'对了，对了，我也是在同一个时间里，体验到了这种感觉。'

安：'我觉得*我知道*有必要也必须这样做才行。我清楚地意识到了，我不去重新摆放蜡烛，就没有办法静心地积攒能量。我也有想到了，重新摆放蜡烛也许与保护大家的安全有关系，所以我就想，如果他们在我们的周围，我最好还是把蜡烛摆放妥善了的好。于是，我就这样做了。'

有趣的是，我和玛蕊都有被强烈地被影响到了，应该起身—我是重新摆放蜡烛。正常礼节都是在整个小组就座以后（静思）不得任何人随便起身，或在房间里来回走动。我和玛蕊都有起身就是犯规的思想和必须起身的紧迫感。也许高登的水牛也是为了同一种目的，只是让他感受到不同的方法罢了。之后不久，我们确实都听到了，就是门的把手被用力搬动，似乎有人进入到了我们的房间里。

安：'我意识到了，有人走动的情况（小组里的人）我以为，呕，是吉欧站起身来了，我非常清楚地听到了，那个人在走动

时，所带动的衣服发出来的响声。但是，现在回过来想想看，那个声音好相似有人走动，衣服被带起的声音……'

高登：'半身大衣，在走动时衣服发出的声音。'

安：'对了。裙子或者是那种出声音的衣服。我能够听到，走动的声响。就是从这条直线穿过去的（用手指出穿过小组人员圈的径直线条），在高登和玛蕊之间穿过去了。就是这个感觉，让我再次觉得是有人在房间里走动。'

安：'啊，还有一件事儿，我应该提到的。就是当我们静思以后，我去把录音机打开的时候，我发现录音机的按钮上有黏合物，我的手指并没有任何粘合胶液。现在，这台录音机上，没有了这种胶液。但是那会儿，粘合胶却是在录音机上。'

吉米：'有人感觉到，现在我们应该做些什么吗？'

安：'呕，我们应该把桌子搬到那个地方去。'

吉米：'为了录音机录制现场情况的需要，我们按照神灵先前的指示，把桌子搬到了靠墙的位置上，现在我们要看下一步会是怎样的了。'小组的全体成员都围绕着这张朝上摆放好的小木桌子坐下了，随后大家就一致把手指放在了桌面上。

安对神灵：'如果今晚，有神灵团队的哪位沟通者与我们同在的话，请您通过桌子让我们知道你是在这里—你可以把桌子往任何方向移动，往哪个方向都可以，请让桌子移动一下，给我们信号。'

桌子开始慢慢地给出回应。

高登：'请您移动得明显些。'

桌子开始有了确切的移动表现。

高登：'谢谢你。'

吉米："我们认为你们跟以往那样用'对'和'不对'与我们沟通，请给我们一个'对'的回复。"

桌子一动没动。

吉米对小组人员：'那个是非常模糊的答复，对不对啊？'

安："请让我们知道，你能回复'对'。"

桌子开始左右摇摆了，小组成员开始大笑了，认为还是简单的问题容易得到答复。

吉米对安：'聪明的混账！'

小组人员又都笑起来了。

玛蕊对吉米：'你要记住，是这位女士，她要把录音的记录写出来啊，（意思是不要用粗俗的语言，录音机会全部录制下来的。）'

安：'完全正确！'
小组的人员再次一起哄堂大笑起来。
高登：'我喜欢这样大笑，对。看这张桌子也开始高兴起来了，它在跳摇摆舞了，并且碰撞着墙壁。'
安："给我们一个'不对'的回答。"
桌子即刻停止不动了。
'谢谢你。'
高登：'我们要确认今天的神灵团队，就是上次跟我们在一起工作的那伙人，对吗？'对。
'谢谢你。'
玛蕊：'我们今天的人多了几位，因为他们没有去学院。'
大家又都大笑了，桌子也摇动起来表示欣赏她的话。（玛蕊是在开玩笑。因为上次小组聚会的时候，正赶上学院正在给学员上动性灵媒课。她的含义是上次学院上课时，有这个神灵团队的人员去了学院，没能到我们的小组里来。）
安：'很有意思，有没有人意识到，从上次我们记载的内容可以得到确认的是，我们大家的开怀大笑，打破了僵局，让我们的沟通别开生面了。'
桌子非常赞成地又摇摆起来。
玛蕊：'对，就是这样的。'
安：'是这样的，你们都还记得，由于大家大笑了几次，结果就是让整个场面的气氛总显得非常活跃，致使与神灵沟通的能量越来越高了。'
吉欧：'对啊。还有，你们喜欢听到我们的谈笑风生，对吗？'对。
吉欧：'你们不喜欢我们都闷不做声。'
玛蕊马上加上了一句：'当我们思考的时候。'
安：'你们能闻到烧木材的味道了！'
小组的人员又都大笑了起来。因为，安，她又在开玩笑了。桌子也同时跟着不停地左右摇摆起来。
吉欧明显地已经准备好了，她要进行的工作，所以她就严肃地提出了问题：
吉欧：'我有问题要问，是有关你们方面的另外一位，他是有医疗背景的人物，对吗？'对。（桌子很兴奋，连续摇动没停，好象知道她的下一个问题是什么。）
吉欧：'这个人是亚瑟 柯南 道尔的同事，对吗？'对。
吉欧：'谢谢你。他也是在爱丁堡工作的吗？'对。

吉欧：'最近的新闻报纸上，有一篇关于他的文章，我说的对吗？'对。

吉欧：'还有一个这方面的专题展览会，也是关于他的介绍。我说的对吗？'对。（桌子然后就自动倾斜，直到桌面倾斜得能够轻轻地碰到了吉欧的大腿上面。）

吉欧：'请你现在回到你原来的位置上，以便我能够继续提出我的问题。'

桌子恢复到原来的桌面朝上的位置，小组人员才意识达到了吉欧问的问题是大家都还没有发觉的情况。

吉欧：'这位绅士的名字是－现在，我没有把他的名衔加上去－Joseph Bell 周瑟夫 比尔？'对。

安：'好样的。好样的。真高兴你回到组里来了，很明显的，你在假期里，做了详细的家庭作业，准备好我们的工作了。非常好。'

吉欧：'实际上这篇文章是今天晚上，才发表出来的。'

安：'呕，太棒了，文章的发表与你的工作同步进行了。'

吉米：'谁是Joseph Bell 周瑟夫 比尔啊？'

吉欧：'Joseph Bell 周瑟夫 比尔是在亚瑟 柯南 道尔的大学里当外科教授；亚瑟 柯南 道尔上学期间，给这位教授当研究员，是这样的吧？'对。

吉欧：'况且，他是亚瑟笔下塑造出来的、著名的福尔摩斯最原始人物的偶像。如果你看看他的照片，就会非常容易地发现，除了他的苍苍白发，他跟福尔摩斯的形象基本上就是一模一样了－你们不是这样认为的吗。'对。

安对吉欧：'你的意思是他又高又瘦，留着一缕山羊胡须？'

吉欧：'对。白头发－不对吗？嗯是那会儿你有白头发－现在也许你又返老还童了。但是，在那个时候，你是白头发的，对吗？'对。

（桌子又开始向着吉欧的座位上倾斜了。）

吉欧：'对，谢谢你。我也很高兴又回来了。'

安：'这就是我们一直在纳闷，我们很早就遇料过的那个教授人物，对吗？'对。

吉米：'骑着古式（一个小轮圈和一个大大的轮圈）自行单车的人，对吗？'对。

安：'好了，你也是一名科学家，对吗？'对。

安：'终于，我们把他给钉出来了。'对。

吉欧对安：'也许你应该用其它的词来代替钉，这个字眼儿！'

（小组全体人员都笑了起来。）

吉欧：'如果这样，我们今晚就可以……'

安恍然大悟地感叹道：'比尔，他的名字就是比尔！（Bell 的英文意思是铃铛。）'

吉欧对安：'你静听一下外面有响铃的声音了？'

小组的人员开始寂静地倾听大楼的外面，报警器铃声大作。

安：'是的，但是，也……'

桌子摇摆着向着安的座位上倾斜过来了。

安对桌子表示理解了：'好了，我明白了。谢谢你。'

安对小组人员：'大家记得吗，有一次我总觉得是自己看见了铜铃，我还把一个铜铃形状的东西带到了小组里，我还一直询问谁叫这个名字的？'

吉米：'当然，当然了。'

安：'那个就是……呕，你已经回答了我的问题了。'

当安说话的时候，桌子不停地左右摇摆着。

安：'是你一直影响着我们，让我们从铜铃上面，联想和认出来，这就是你的名字，对吗？'

桌子非常兴奋地碰撞墙壁，给出一个'对'的答复，同时大楼外面的报警器的铃声又响了。

小组的人员都被神灵能够如此聪明智慧地运用各种视觉、模拟物品、以及室外的声音，来帮助和影响他们与人进行沟通，直至交流的信息通过和成功，才肯罢休，此处又是一个最鲜明的证据。

自从我们发现了是亚瑟．柯南 道尔 在跟我们沟通和交流以来，每次当我静坐冥想之际，我都有得到他的形象在我的脑海里闪烁而过。他是让我知道：他跟我在一起－现在，他是我生命中的常客了。我已经接受和习惯了他的存在，不必在反反复复地寻找线索和图像来查对核实了。目前来说，Joseph Bell 周瑟夫 比尔也是循规蹈矩，加入了我们的行列。

吉欧：'对。室外的报警器、又铜铃响了，他们做的实在是太了不起啊。'

高登：'报警器的鸣叫，与铜铃确实还有点，是恰到好处的巧合呢。'

吉欧：'世界上任何事情都一样，从来就没有巧合的说法。'

安：'请允许我澄清一点：我是被您影响，找到了铜铃形状的物件，还把它带到了我们的小组里来了……'

桌子给出了肯定的回应对。

安:'好，谢谢你。那样的话，就是你只是想要提醒我们从中得知您的名字，实际上并不是要我们把铜铃派上用场，对吗？'

吉欧重复了安模糊不清的问题:'……在这儿，你们实际上是不需要有一个铜铃做道具，对吗？？？'

安:'你们需要有一个铜铃吗？'不对。

安:'铜铃形状的东西就是为了强调您的名字，只有这唯一的目的，对吗？'对。

安:'哇呜，真是太聪明了— 需要我们用这么久的时间，才能够把这个情况给琢磨出来，铜铃到底是您名字的意思。'

安:'我这样想的对不对……我们把一群志同道合，笃实诚信，坚信不移的人聚集在一起，你们通知了我们…，建立起一个特殊的小组群体，每位都有其特殊的技能技巧。我这样想的对不对，就是在神灵团队里，你们每位神灵也都是有着不同的特殊专长，与我们的小组沟通合作，引导我们在不同的领域中发展？换句话说，就是神灵团队的各位都有他们各自这不同的特殊技能，像一张镜子一样映照出我们这里小组的情况，对吗？'

当安讲话期间，桌子一直摇摆不停，以示意肯定她的思路和判断。

安:'让我想到如此的原因就是：在我们的小组里有治疗师，你们那里也有治疗师。还有，Giilfeather 大概是一位萨满主义者，玛蕊和高登两人都是萨满的追求者，对吗？'对。

吉米对高登和玛蕊:'高登和玛蕊，你们同意这个观点吗？'

高登和玛蕊同时点头表示赞同。

安:'也许有更多的在其它方面的联系和接洽，对吗？'对。

吉米对安:'你试试问清楚，是否有与我们小组的另外三位成员，他们还没有提到这些人，他们那里有给这三位指派在一起工作的项目吗？'

安:'啊，我就是觉得挺高兴地知道上天那里有一位作家，可是在我们的地球上、在这里却没有作家！'

小组的人都哈哈大笑起来，桌子也在同时兴奋地摇摆不停。

吉米:'呕，玛优美会是一位治疗师，还有你，安，你应该让你自己也成为一名治疗师？我的印象是：咱们小组的主要目的 — 你们已经回答过这个问题了 — 我有非常强烈的感觉，就是要做的什么，这个小组 — 你赞成吗？'不对。

玛蕊对吉米:'上次你就有了这样的答复了。'

桌子仍然静止没动。

安对吉米:'你就是需要重新把你的话，给讲清楚了。'

吉米：'我们全体，在每天的日常生活中，为有需要的个人，提供治疗。这是正确的吧？'

桌子考虑了许久，最后给出了一个'对'的答复。

吉欧对神灵：'你们要考虑好一会儿，才能够明白他的这个意思啊，嗯？'

吉米：'我待会儿给小组讲解，我的那个意思吧。'

安：'感激上帝，你待会儿能给我们解释清楚！'

小组的人又都被逗得大笑起来了。

玛蕊：'上帝也在吗？'

小组的人继续大笑不止。

安：'啊呀，我就想要多有一点幽默。'

吉米：'对，上帝同在。'

玛蕊取乐地说：'喂，喂，在那里的上帝，你好！'

桌子愉快地回应着她的玩笑。

吉米：'就告诉上帝，这里是JC.（吉米名字的缩写）'

小组继续欢笑不止，因为吉米的名字缩写就是JC.

我们的这次活动，再次证明了神灵世界有最高智慧，用各种方式把他们的信息，想方设法地传递给我们。并且让我们详细获悉—此次是用了一个实物来代表出来的，形象地给出了跟我们沟通人的名字—令人佩服的Joseph Bell 周瑟夫 比尔，就是福尔摩斯探案集的最原始创作的人物原型所在。有人说过，他的才华出众，不仅仅是对事物细致入微的观察上，还有对解决问题的精密分析与思考方面—他曾经有过非凡的成就，因为他自己本身也曾经是一位著名的通灵媒体。

还有，用蜡烛组成的'光环圈'是神灵告知我们摆放的。因为是为了我们小组人员的安全所需；我们小组在静思冥想的时间里，有白色的蜡烛光亮保护着我们。我们在'光环圈'里面，得到保护。所以，很奇怪地是，我和玛蕊同时都有被神灵敦促起身把蜡烛摆放在我们小组的圈外，在这种情况下，是我站起身来，摆放了蜡烛，让燃烧的蜡烛起了'光环圈'的保护作用。难得说是神灵世界里的人，他们已经知道了有人会要搬动我们房间的门把手，要从我们静思小组的圈中央直接穿走过去，还是有一位神灵世界的人，从我们小组中间走了过去—他大概还穿着短身的大衣？

第十四章 悬浮

在各种宗教领域里，常有悬浮现象的发生，这种特殊现象总被认为是奇迹。最明显的例子就是在佛教里，功夫到家的佛教信徒，就可以盘腿悬浮，坐在空中—特别是在水上悬浮。在水上行走和在水上悬浮的现象是有文字记载的，在许多宗教的传说故事中，都曾经出现过，包括印度教、犹太教，当然还有基督教里，基督本人就可以在水上行走，这是一个家喻户晓的经典故事。其它的例子还有圣 特蕾莎St Theresa of the Roses，圣 费朗西斯St Francis of Assisi,以及上世纪的帕德里Padre Pio，以及精神主义崇尚者，丹尼尔Daniel Dunglas Home,，本书前面有提到过这个人。有趣的是到目前为止，这些例子中的大部分内容都是来自基督教的，而且大多数情况下，这些人后来都被基督教誉为圣教徒了。

但是，当它出现在精神/唯心主义中时，通常会以神秘学或魔鬼做的工作，给予谴责。如果有灵媒参与，灵媒就会被指控为欺诈或者是用欺骗的手段作弊。因此，我不知道那些持有怀疑态度的人，当灵媒跟平常人一样，面对悬浮的无生命物体，深感惊讶时，他们又是怎么看、怎么想的！

随后的几周内，在神智社我们的工作室里，我们小组的成员跟着倾斜的桌子，学习到了更多的东西。在以前的几周内，我们都对桌子能够逆反万有引力定律，自动摇摆、移动的现象感到惊奇，我们小组里有人热切地盼望看到桌子能够自动升起、悬浮在空中，我也有这种愿望，想看到桌子真的能够悬浮起来。可是，我错了。下次的小组聚集是以下发生的事实：

吉欧：'好了，请给出你们的旨意，我们小组的能量应该朝着哪个方向移动？'不对。

高登：'我们今晚是否应该还是用桌子来进行沟通呢？'对。

高登：'在前几次里，我们有幸能够得到你们通过桌子的示范表演，让我们知道桌子的能量有多大；桌子能自己在地板上到处自由走动，而且还出现了部分桌子从地板上悬升起来，让桌子的四条腿离地，是这样的吧？'对。

高登：'这周我们也应该有同样的效果吗？'

桌子的反应微不足道。

吉欧：'嗯......能量不一样了。'

高登：'好吧，我们就听桌子的指挥了，看看今晚会有怎样的结果？'

另外出现的一个问题是上次神灵暗示出来的（铜铃）物体/物件，不光是为了要提示神灵世界人的名字，也还有另外的目的，就是超凡能力的展示 – 吉米要求有这个方面的展示，继而，我们能够听见些超声波的波动。神灵团队告诉了他，他提出的问题是可以显现出来的。

吉米：'好的。这也是为了超凡表演了？'对。

安：'因为我们觉得有动物神灵在发挥作用。在开始前，我可以问一个问题吗？'，是不是有一位阳性的神灵正在发挥其能量力的作用呢？'

没有回答。

高登："也许是你用了'阳性'这个字眼引起了误解，也许用好的神灵能量力更贴切一些？"

安：'动物神灵传递给我们的视觉图像，能有好意图吗？'对。

安：'好吧，那就好了。'

吉米：'可是，为什么一个动物要来找咱们呢？'

吉欧：'它不是动物。'

安：'那是超凡演示 – 是用来做演示功能的，是来给咱们做演示用的。'

玛蕊：'啊呀，我想把这个问题调个角度来说，是动物要来跟我们交流，做为我们小组需要学习的内容的一个部分吗，对吗？'对。

安：'说的太准确了，玛蕊，你这样说好极了。'

高登：'我们准备好了，如果哪个动物过来跟我们小组交流，就开始吧。确实在此初级阶段，提示我们时刻不要忘记，这个世界上不光只有人类存在。'对。

高登：'是的，谢谢你们提示给我们。'

高登：'那就请带你们领我们着接近这个根源吧？也许还差点儿，但是，我们已经接近了许多了，对不对？'

桌子继续摇摆不停，然后就朝着吉欧坐的位置上倾斜了过去。

吉米：'吉欧你在想什么呢，让桌子往你的怀里跑？'

吉欧对桌子：'好吧，你最好回到你原来的位置上，行吗？请你回到你原来的位置上，我就可以站起来了。'

小组里的人全都站立了起来，并且把自己的椅子移开，放在靠墙的窗子的下面，以便让出位置来，让桌子表演。

桌子从吉欧的位置上移到了房间的中央位置上。

吉欧：'我觉得我们应该把小组基本的宗旨找回来，就是好的、也是最基本的东西：证明人的生命是延续不断的。对不对？'对。

吉欧：'所以我们应该利用这个机会建立与你们更紧密的关系，对不对？'

桌子没有反应。

吉欧：'你愿意利用这个机会做出更多的实际动性工作吗？'对。

吉欧：'好的，那样的话，如果你想动，就动吧。你要在地板上演示吗？'桌子慢慢地倾斜了两条腿，倒放在地板上。小组的人员把手都放在了桌面上。

吉米：'我们当中有的人，也许只能很够容易地坐在地板上，可是从地板上站起来怕不是那么容易的了。'

吉欧对桌子：'快点，接着动，动，动。'

吉米：'对了。'

玛蕊：'对了，好了，好了，起来…，起来….'

此时，桌子正在利用墙壁做为杠杆支撑着，再次把自己全身摆正了，站立在两条腿上，另外的两条腿搭在墙壁上。安，站起身来，她去打开了录音机录制这里的全部过程，其他人都把手放在了桌子上。

吉欧：'你可以演示一次，用一条腿旋转做绕圈圈儿吗？你好象很想跳舞？你想跳就跳起来吧。我想你要加快跳跃的步伐了，对吗？'

桌子高兴地碰撞墙壁发出响亮的声音，以表示'对'。

吉欧：'你要爬墙吗？'桌子从墙壁那里移开了。

吉欧：'你要到房间的最中央的位置上吧？'

桌子朝着中央位置移动过来了。

玛蕊惊喜地叫出声来：'哇呕！'

桌子已经到了中央位置，并且轻轻地沿着地板倾斜，直到站立在一个腿上，然后就单腿旋转起来了。

这个表演与上次我们目睹的现象是差不太多一样的，但是今晚，有不同的情况正在发生。

吉米：'我想知道我们是否在帮助桌子，让每个人知道我们都在给桌子助力，简单地说，就是我们要有两个人把我们的手放在桌子的底下，就在桌腿的部位上。'

桌子现在躺倒在地板上了。

吉欧对吉米：'那样也许能够给桌子助力，让它有更多的能量。'

桌子躺倒在地板上，吉欧、高登和玛蕊都把手放在了桌面上，安和吉米在桌子的两边上，他们把手放在了桌腿上，想要给桌子助力，增加能量。

小组的成员就这样，摆着各自的姿势等了几分钟，同时讲诉自己对给桌子助力时的感觉，特别是扶着桌腿—我们的手，以前还从来还没有碰过桌腿，所以这种感觉实在是太新鲜了。

忽然间，桌子悬浮升起、离开了地面；在离地有两个英尺高度时，桌子自动翻了跟头，然后就轻轻还原，慢慢地、高傲地在原来的位置上着落，再重新躺倒在地板上。（翻了个跟头以后）。

你能够想象得到，我们该有多惊讶—特别是我，因为当其他人都期待着桌子自动悬浮升起的时候，我想实际上那是不可能发生的事情；然而，桌子竟然自动升高。悬浮，还在半空中翻了一个跟头。

房间内的能量力非常良好，小组人员惊喜、欢腾，同时也不停地评论着眼前的奇迹。然而，桌子又自动升高，悬浮在离开地面的2-3英尺的高度上，暂停几秒钟以后就迅速向着靠窗摆放的一排椅子的方向移动过去（在此前，小组成员把椅子靠窗摆放，给桌子腾出地方做表演），桌底朝上，桌面轻轻地降落在一把坐椅子上，就开始休息了。惊喜得目瞪口呆的小组人员，围绕着这个正在椅子上面休息的桌子，大家站在那里惊喜万分，吉欧已经跪在了地上，因为她一直在跟着桌子跑，奋力让自己的手给桌子助力。

吉欧：'我要说的是：我已经汗流浃背了，我真的真的担心……，你会爬上墙壁的啊？'

小组的人都笑了。

在这瞬间，好象桌子是回答吉欧的话，桌子从它休息的椅子上倾斜过来，桌子的两条腿在吉欧的头的两边儿上停留了下来。吉欧的头部正好被桌子的两条腿夹在了中间，她的脸部面对着桌面的底部。所有这些桌子的动作都是那样的精准无误，桌子根本就没有碰到吉欧的头部或脸部。小组的全体人员又被眼前的精彩一幕给惊的目瞪口呆了，无法用语言来形容了。

吉欧：'呕，非常感谢你。好吧，那就继续吧，我奉陪到底，现在，我们往哪儿走？'

说话间，桌子又开始动了。这次是桌腿向前移动，这样一来，吉欧就不得不象跳林波舞的舞蹈演员那样，用后背挺直做支撑，全身向后退着脚步，跳跃着移动。

吉欧：'可是，我不会跳林波舞啊，我跳不了啊。'

吉米：'没事的，我们又把手都放在桌子上了。'

小组的人立即跟以前那样都把手，都放在了桌子上，直到吉欧继续跳着向后退的林波舞，让桌子腿从自己的头部向前方移了出去－大概离开地板有2英尺的高度。桌子在高空调整了姿势，然后就轻轻地在房间的正中央，正正当当地四条腿着落地面，还原到了原来的位置上。

玛蕊：'快快快看啊！'

桌子直线上升，在空中翻了一个跟头就朝着摆放椅子的那面墙壁过来了，然后又回到了房间的中央位置上，四条腿朝天，桌面向下，轻轻地着陆在吉欧的头上了。

吉米：'现在，你能从吉欧的头上悬浮起来吗？'

吉欧：'你正好在我的头上了。好吧，集中精力，你必须保持你的能量力－我知道，我说起来是多么容易的，你可要自己动啊。'

吉欧仍然跪在地上，桌子在她的头顶上，她的两手抚撑着桌面。吉欧把一只手彻回来，因为她想抓住高登。吉米要其他的人把手松开桌子，可是那样桌子就不能够在吉欧的头上稳着了；吉米又让吉欧把她的另外一只手也松开桌子，吉欧不肯。小组其他人又都把手放在了桌面上，这样桌子就慢慢地返回了地面。

吉欧对神灵团队：'你们还在吗？'对。

吉欧：'我非常抱歉，有一瞬间，我走神了，那会儿我丢失了我的集中力。'

桌子继续摇摆做出肯定的回答之动作。（吉欧对神灵世界的团队解释说，是她自己一瞬间丢失了集中力，幸亏小组成员的集体力量补偿了她的走神的失误，顶起了桌子的重量。）

吉欧：'请你返回到墙壁那儿，行吗？'

安：'上次他们想在房间的正中央，结束了他们的表演。'

吉欧：'好吧。你要在房间的正中央结束表演吗？'对。

桌子同意回到中央的位置上。就当小组人员情绪激动、谈论纷纷之际，桌子几乎像似一批骏马，飞跃着回到了房间的中央位置上，然后静静地休止了，不再动了。

玛蕊：'桌子停下来了。'

吉欧：'桌子在整修能量呢。有一点儿的变更。'

吉米对小组：'让我们按照上周安说的办法来试一试，集中我们的能量力'

小组成员坐在桌子边上，先把自己的拇指连在一起，然后又把自己的小手指与自己左右两边上人的小手指连在了一起，形成一个圈儿，停放在小桌子的上面。

玛蕊：'对了，上次他们特别喜欢我们这样做，咱们连成了一个圈儿了。咱们是一个圈儿了。'

吉米：'对，有一种就象看窥视镜的感觉了。'

高登：'啊呀，我抱歉忘记带来我的镜子了。'

安：'大家还记得上周，在桌面上出现了个面孔了吗？'

吉欧：'你们今晚结束了吗？'

吉欧：'这是我们的圈儿与你们的圈儿相联接的象征，对吗？'

吉米：'在你们离开之前，我想问一个问题。如果要是把今天的晚上，这种情况，要是用像机拍摄下来，那将是非常好的。我想问的是，下周我们带来一个摄像机，我们会严守协议，我们知道我们要拍照的内容就是象今天晚发生的情景 — 我们下周再这样做一次，让我们拍摄下来— 你们明白我的意思吗？'

吉欧：'你的意思是一台照相机呢还是一台录像机呢？'

吉米：'照相机。还有，我们大家都清楚，我们的目的就是把这一幕再重新表演一次的时候，能够拍照，我们能够保留下来 — 拍照的时候不一定就是实际发生的那个瞬间 — 但是会把照片放上标签，按照详细情况都记录下来。'

玛蕊：'我们怎能回到那种情景与姿势呢？'

玛蕊的这个意见可以让大家想象得出来，重复当时小组人员的情况和姿势该多难，特别是桌子让大家进入到那种特殊的姿势和境地。如果想要拍摄照片，人为设置这样的场景应该是多么的不容易啊。后来，在我整理打印这些情况，写成文字记录存放在档案时，我注意到了：吉米没有得到神灵团队的允许，没能带摄像机来拍摄这样的照片。在小组讨论（接近结束活动时），吉米又改变了他的建议，并且提示，不可以这样做的。同时又有其它的事情发生了。

安对高登：'你看那儿，象有个什么似的？'

高登：'又是那个，跟上周的那个情况差不多一样。又是被重重浓雾、霾气埋着，我猜想他们要展示什么给咱们。因为他们肯定还在这儿，你看，他们没走呢。'

安：'有个什么东西就在中央的位置上，你看得出来吗？'

玛蕊：'在中央的部位上确实有什么东西。'

安：'对，是一种象漩风涡形式的什么东西在旋转呢。'

吉欧：'不会是桌子剩下来的能量力吧？'

安：'呕，上次我们看到的时候，我们就站在这里等了一会儿，让他们把能量建立起来，然后一张面孔出现了。后来我们也得到了神灵团队的确认，他们确实是想要给我们看什么东西。'

高登：'我的眼睛无法聚焦。这样就能够让他们直接给我看到他们想要展示的东西了。'

忽然间，这种旋风一般的能量就消失得无影无踪了—比它来的时候还要快—我们一致认为桌子的表演消耗掉了神灵团队积存的很多能量。

吉欧：'现在，他们走了。'

安说了祈祷的闭会结束语。

小组讨论：

玛蕊：'嗝呕，你对今晚的表演可怎么解释呢？'

安：'好了，请把你们每个人的想法和印象给我简单介绍一下吧？'

吉欧：'当桌子……不是液化了而是改变了它的分离子时，我非常清楚地知道他们在使用能量。我的太阳穴和神经血管都被拉得很紧，他们正在利用我们所有人身上的能量，来建立他们需要的桌子以外的支撑力，以促使桌子的改变，并且在有了片刻的静止后，出现了这种能量的激增，恰恰在同一个时间点上，我获得了神灵的通知：我们即刻就要启动了，随后神灵就动起来了。当桌子的一面躺倒在地板上时，几乎就象是一场在神灵世界内部展开的辩论一样；正在表演的神灵好相似说：我们现在接触到地面了，我们该如何才能再起来升回去呢？这就是为什么他们改变了方式；他们改变去做别的什么事情。当桌子（神灵）在我的头顶上的时候，简直难以置信，我可以感觉到他们的能量力，就跟高压电缆一样的猛烈。我需要全神贯注的集中力，我当时是汗流浃背了，我一般是很少出汗的。'

玛蕊：'啊呀，我简直就象是被谁当头打了一个闷棒，搞得晕头转向了。如果不是我亲自眼见，根本就无法相信那一切—桌子自由走动、离地升高、并且进入到如此难以想象的位置上，又是那样的高雅威风、精确无误。正如我们事先有试验过的那样，知道了需要多少的能量才能移动桌子，我简直不敢相信我自己的眼睛了。'

安：'吉米，你要我晚些再来找你问意见，可以吗？'（安意识到了吉米正在陷入到了一种阴沉的影子之中。）

吉米：'好的，请稍候了。'

高登：'对我来说，更让我觉得精彩入迷的就是，我感觉到了暴风骤雨来临之前的瞬间宁静，跟吉欧一样的感觉，在桌子启动前，我知道桌子会动起来，我知道桌子能自由上升，有一次，我预感到了桌子要动了，接着就是桌子朝着墙壁的方向迅速移动。那该是桌子第一次或最快的第一次移动吧。尽管你双目圆睁、目不转睛地望着桌子，好相似桌子没有什么动静，你没有感觉到什么特别的，可是桌子有感觉、有动，然后清楚地听见了四个响声，再看到的就是吉欧跟桌子合作的情景，桌子在她的头顶上，那个烙印实在难忘。'安：'真的，我要是有个相机拍下照片该多好。'

吉米（明显不是他自己平常讲话的语调）：'你不应该有在这种场合拍照，你不能有被允许使用摄像机的设想，你不该有这个念头。'

安：'呕，不对。我的意思是我多希望实际上，今天晚上我把我的相机带在身边，我会征求神灵许可的，我会征求神灵意见的啊。'

吉米：（语调仍然不完全是他自己的）'我想下周我们要为了拍照，重新摆放姿势的话，会是非常难做到的事情。因为需要人为地将桌子摆放到那种境况来拍摄照片，是难以想象能够办得到的事情。这根本就不是小组的宗旨所在。而且，我们必须让人们知道，今天晚上，这里发生的一切根本不是人为所能制造出来的，我们只是把我们的手放在了桌面上罢了。但是，会有人说闲话，特别是如果有人看到了那些是为了舞台效果而拍摄的照片，尤其是当吉欧跪在地板上，她站起身来时，她的手还在桌子表面上……看到这个照片情景的人，一定会认为她是有人在背后支撑着的了。我们知道那是不对的。为了能够准确无误地记录实际情况，应该写入书面报告的文字，我想应该按照如下来记录：房间，桌子，桌子的一切动作都是非常珍贵的历史性文件，应该被保存下来，我们应该现在就把目睹的一切，都做好书面的记录。我，做为今晚活动的目击者之一，非常幸运地参与了今晚发生的事情，我完全，百分之一百地肯定，不管能量是从哪儿来的，那张桌子不是我们一起给撑着的。这是我给出的见证词。摄像机是没用的。'

安：'谢谢你这样讲，我完全同意你刚说的话。只有一件事，我要加上去的，也是高登说的，也是我的同感。就是当我们两人在桌子底下，把手放在了桌子腿上的时候，我能感觉到桌腿的分裂响声，有一瞬间，我感觉到桌腿蹦裂，我还以为桌子要裂成四分五裂的碎片；它好相似成了流体。我能够感觉到一股强烈的能量是从我手扶着的桌腿底下渗透出来，这种能量给我的手背一种过电了的感觉。也相似一种无形的发丝或暖流从桌腿底下流了出来，溢入到了我的手掌和全身。我也被桌子急速移动的情景给惊呆了。'

高登：'完全正确。我相信要是有人用一个专用词汇'rods'[1] '无形的钓鱼线'来形容这个事件一点都不过分的。因为，那就是一种无形的力量，从桌腿洋溢出来的。另外的一个，就是吉米提到的摄影拍照的事情— 人工拍照的结果不可能、也办不到，表现出当时的真实情况的效果，反倒会弄巧成拙地毁掉了实际发生现象的事实。'

吉米：'我想，高登，实在是一言难尽啊。实际上，桌子是让自己的桌面坐在了椅子面上休息的，就是桌子四条腿朝天坐在了椅子座位的上面，这本身就是一个壮举，还有其它一系列的动作，那都是我们提出来要神灵做的。'

吉欧：'真的是触目惊心，令人惊叹不止。'

吉米：'我们今天晚上，真的是目击了无法言喻的精彩示范表演。'到此录音机自动跳起了停机键，录音带里保存了这些内容。随后，大家也有更进一步的讨论，包括吉米要求安，把今晚发生的重要历史性事件，要按照录音机里的记录，逐字逐句地笔录下来。

也是这个缘由，您现在阅读的资料就是当时录音机录制内容的复制笔录，您能够意识到这些经历是多么令人惊讶和难以置信。

第十五章 诊断

在那个非凡表演之后的又一个星期四，我们小组人员都期待着有幸再次目睹同样精彩的表演—我们生活在热望之中。但是，就在我们开始聚会以前，我再次觉查到了，在我们小组聚会的房间里，有一种不对劲儿的感觉。以前，我有过的那种我们需要庇护的感觉再次袭击而来。上次的那种感觉，我认为只是由于使用奥吉报得让我担心。但是这种需要庇护的感觉再次涌入我的周身。在其他小组人员到来以前，我跟吉米把我的担心讲了出来，我们两人都认为使用蜡烛，把蜡烛点燃以后放在小组人员的圈儿外，是一种心理保护的安慰。但是，刚刚发现了我们的火柴盒是空的，无法点燃蜡烛。小组人员都到齐了以后，就跟平常一样进入静思冥想的境界，然后由吉米请各位给其反馈。

玛优美：'我这里有了两种截然不同的感觉；一边儿是平静，另一边儿是拉托—用劲地在拉托。'

安：'我首先觉察到的是Red Feather红色的羽毛，我想是和Giilfeather吉尔非瑟这位神灵有关，可是我不知道红色的羽毛，是一个人还是一个物体。然后，我又意识到了有一个男性在我的身边，我看到了他的脸，他使我想起了肖恩·康纳利（英国著名男电影演员Sean Connery），他的脸比较瘦，可他就是那种类型的体形—灰白短发，我认为他还留着胡须。我觉得他在努力让我特别留意些什么，他希望引起我们的特殊注意，在某个方面我们错过了什么，还没连接上；但是，我不知道那是什么，他向我展示了一个东西，看起来像是那种做提示、要强调某些特别内容才使用的彩色荧光画笔。我不知道这到底是怎么回事。但是我认为这个男人是跟上周出现过的那个人一个样子。我觉得我们之间还有一些尚未接通的关系，等待发觉。目前来说，我得到的就是这些信息了。'

高登：'开始的时候，我能感觉到能量磁场特别好，感觉有一位人就在我的身边，可是他朝着你的方向走了。（指向安的位置方向。）而后我就注意到了，正在那里发生的事情（又指向了吉欧的方向），我马上把眼睛睁开，瞪大了眼睛看到了：吉欧弯着腰，抱着腿，我猜想她是1）她身体有问题吗；或2）也许神灵跟她在一起，或者神灵处于胆怯的状态，或者是她处于无法动弹的状态；或者...3）也许她是...在情绪上有了很不愉快的感觉；那会儿，我的注意力就转移到了吉欧这里。还有一件事，就是Sir Isaac Newton 艾萨克 牛顿爵士的名字不断地出现在我的脑海里。我不知道是什么原因。曾经有一个人告诉过我艾萨克 牛顿爵士试图要跟我联系，那个人说：我需要用神灵引导着书写的办法，才能够与牛顿爵士联系上。我们有说到笔和类似的事情了，牛顿爵士是神灵人，我猜想这里是否存在着某种联系— 这些就是我得到的信息和能够联想到的了。'

吉米：'也许这个方面是我们应该为咱们的小组考虑的项目之一了—自动书写。玛蕊，你有什么反馈吗？'

玛蕊：'我可没有得到那么多的信息。我在开始的时候，只看到了一只小狐狸；很瘦小、神态可掬、缓慢地悄悄观望着周围的一切动静。接着，我就得到了上周同样的信息— 有点恐慌、有点躁动、还有点不知所措的感觉，然后我就有了要入睡的感觉了。我似乎告诉自己，不要睡觉啊，但是我脑海里空空荡荡的。再后来，我就注意到了吉欧和你（吉米），把我们这么快就叫回来反馈了。'

吉欧：'我想除了告诉你：我有不安全的感觉之外，没有什么可说的了。'

吉米对吉欧：'你有没有意识到你自己坐的姿势呢？'

吉欧在她的座位上低着头、弓着腰，将头部放在了自己的两腿上，双臂紧紧地抱着自己的两个膝盖下面的两条小腿。

吉欧：'当然有了。我知道我的坐态，而且也不舒服，有种想动又不想动弹的感觉。'

吉米：'你是在强制自己不要动吗？'

吉欧：'在某种程度上，我是这样。'

吉米：'你认为那样做是对的吗？'

吉欧：'我不知道啊，吉米。我意识到有神灵在影响我这样做，但是，我没有安全感。'

高登：'是由于你的情绪影响了你的感觉吗？'

吉欧："我想不是由于情绪的问题。如果我能用一个词来形容的话，就是我有一种'下沉'的感觉。"

吉米：'你有那种感觉是被强迫逼到了，不得不弯腰坐着的那种姿势之感觉吗？'

吉欧：'我不是被逼迫的，那是可以选择的，在某种程度上说，是我自己选择了那样做的。但是，我也决定不再继续下去了。'

安：'你是由于能量进来以后，你感觉不舒适；还是房间里的气氛让你不舒适呢？'

吉欧：'不，那就是为什么……，我一半是在倾听室外的声音，同时我的脑海里不断地重复告诉我说，我在这儿不安全……。'

大家再次注意到了：我们房间的外面有声响。但是，这次是人为的响声：我们能听到外面的人一边上楼梯到顶楼上来做事，一边在聊天的说话声音和各种动静。

吉米：'我想你刚才坐着的姿式，就象似胎儿在母亲体内的姿态一样，对吗？'

吉欧：'也许是吧。我只想得到保护，我是谋求一种庇护。'安：'今晚你们到来以前，我就是这样跟吉米说的。吉欧，我觉得我们的房间里，确实需要一种保护。这跟上周的情况一样—我不会轻易地站起身来打扰其他人的静思，我从来都没有那样做过的。可是，我知道我必须为了我们大家的安全起见。我必须起来把蜡烛放在那个房间的角落上，也要放在我们小组人员座位的圈儿的外边。我认为蜡烛是一种庇护的工具。我也有感觉到如果不把蜡烛放在圈外和角落上，我们就无法建立起好的能量源，同时点燃的蜡烛也为神灵提供了庇护。还有你（高登）和你的水牛。我确实知道这里需要一种特殊的保护。什么原因和为什么要这样，我不太清楚。可是我知道这里肯定是需要有保护的元素。'

吉欧：'我知道你听上去，你会认为我是在唱反调。可是今天的晚上，安，我需要跟你调换个位置。因为我要背对着这个门，把这个门给挡住……（安坐的位置是后背对着房间的门）。'

安：'好的，你应该早说啊；如果你早说了，我们就应该已经调换了位置了。'

吉欧：'我要把你背后的门给挡住。我不知道是否是我的心理作用。因为我认为有人要进屋来，切断我们的（能量、集中力、静思）不是故意这样做的啊，也许他们是走错门了或怎样的，就是我的意念中在不停地提醒着我，要有这种保护。同时外面的响声太大了，影响我专心致志的思考。'

我们有听到了室外人们爬楼梯到顶楼的茶室里来；也听到了走廊里的谈话说笑的声音。很有趣的是，就在神灵团队与我们小组交流沟通的前几周，神灵已经警告过我们，我们小组在这个房间里，会受到外面人员走动与谈话、聊天声响的打扰。目前来看，确实如此了。也许是神灵团队想要提醒我们的注意，所以神灵团队自己从我们小组的圈内，径直走了过去 — 那个穿短大衣的神灵，也许就是为了这个目的，而从我们小组的圈中走了过去。

高登暗指外面的人员：'如果我们出去告诉外面的人，我们正在这里开会，让他们注意轻点讲话和走动，要安静点儿，你认为那样做，会有帮助吗？'

安：'我想他们已经注意到了，并且尽量安静些了，或者他们已经安静得多了。'

吉欧：'实际上，他们是到处走走，看看的，我理解他们，而且我就......'

安：'这就更强调了我们一定要有个咱们自己的地方，不被其他人打扰。'

吉欧：'你有什么反馈，吉米？'

吉米：'实际上，我的感觉是非常好。我好像就要进入沉睡了。然后我对自己说，不行啊，不能睡觉，这里得要有人盯住才行，要关照好这个小组人员的安全。然后我就注意到了你（吉欧）的坐姿卷成了那个样子，我想你会有呼吸困难的问题吧？'

吉欧：'我呼吸得还很正常。'

吉米：'我自己的感觉是没有点燃的蜡烛 — 神灵团队会认为是我们的疏忽没有点燃蜡烛；就是因为我们的火柴用尽了，我想神灵团队不会因为我们的火柴用尽了。就说：我们走了，就是因为你们没有火柴了。'

吉欧：'不会的。我知道神灵团队是在这儿的，并且还正在保护着我们......'

吉米：'任何时候，我坐在任何的地方静思，你都不用担心会有人直接走进来打扰你，那是以前的经历了。因为以前，我们有一个小时安静的时间。这种情况在这个楼里不再有了，除非得到特殊的允许和安排，这个楼给我们自己使用......'

大楼里的安排有所改变了。以前，我们在大楼的顶楼上的房间里，我们至少可以有一个小时的时间是安静的。那会儿，正是我们大家静思冥想的时间，可以安静地不被任何外人打扰，现在这种情况不再有了。因为我们注意到外面总是有人爬楼梯到顶楼来，进入茶室里喝茶或者喝咖啡，这样我们静思冥想的安宁时刻全被打扰了。

也许这就是神灵团队警告给我们的提示－其它会议的时间和安排也都有所改变了。我们把小桌子朝着墙壁的方向搬了过去，没有靠着墙壁，因为吉米说：'上周小桌子差点把墙壁给撞塌方了。'

我们所有的人又把手都放在了小桌面上。

吉欧：'桌子开始动了。'*桌子确实开始移动了。*

玛优美：'是的。'

吉米：'我要知道今晚是谁跟我们在一起工作。但是，首先请你们示意给个'对'的答复，是否跟以往一样的方式呢？'*桌子开始摇摆了。*

高登：'今晚有点缓慢。'

玛蕊：'对，你说的对啊。'

吉米：'对，我能够明白你们需要一点时间，把能量积攒起来。'

桌子开始明显地摇摆，给出了肯定的信号了。

吉米：'也请给个"不对"的示意信号吧'*桌子停止摇摆了。*

吉米：'我也要想知道，跟我们在一起工作的神灵团队就是上周跟我们在一起工作的同一个神灵团队的人员，对吧？'

桌子给出了'对'的摇摆示意信号。

玛蕊：'我想桌子上有某种物质元素，因为桌子上有一种黏糊糊、油润润的什么物质，能被感觉得到，这可是原来桌子上面没有的东西。'

桌子开始更兴奋地摇摆起来。

（玛蕊说的这种黏糊糊、有润润的物质元素是能够被人用肉眼看到的，安说上周就是这种同样的东西，她在录音机的开关键上，也有遇到过了。）

高登：'是不是有人想要跟神灵交流沟通了，因为桌子有敏感的反应了。'

桌子这会儿变得非常活跃了。

安：'桌子已经开始动起来了。'

高登评论：'桌子正在单腿跳舞，现在是从一条腿换到了另外的一条腿，开始跳舞了。桌子单腿按照顺时针，转动着跳跃。然后，又旋转跳起舞来了。'

吉米：'我们坐在半开着的灯光下，这样，你们能够接受我们今晚要做的事情吗？'*对。*

吉米：'我们把窗子的遮盖板也全部都打开了，行吗？'对。

我们进来时，窗板是半开着的，为的是遮挡一些从顶楼窗口里透过来的8月里的灿烂阳光。

吉米：'非常感谢。现在吉欧已经走过去，把窗板全部打开了。我们事先商量好了，你们可以在光天化日之下，给我们那种现象的体验—这是一次很好的尝试；你们同意吗？'对。

桌子开始转圈圈儿，还碰了玛优美的膝盖，又倾斜到玛优美的双腿上面。

安：'我的印象是：今天我们用不着提问题了，就跟着事态的发展走就成了，桌子你说这样对吗？—桌子你开始了吗？'

桌子从一条腿旋转，换到了另外的一条腿旋转，全小组的人都发出了惊喜的呼叫声。桌子单腿跳旋转舞以后，就慢慢地倾斜，然后躺倒在地板上。

吉欧评论：'桌子现在躺在了地板上，桌子的四条腿，都对着墙壁了。'

玛蕊：'快点儿，你得要起来的，你知道，你可要象上周那样的做啊。'桌子重新站立在四只腿上。

玛蕊：'对了。桌子，你做得真漂亮，真太棒了。'

吉欧评论：'桌子现在是站立在自己的四条腿上了—现在又站在两条腿上，要弯下来了。'

全组人员又异口同声发出了赞美的呼叫声，因为桌子奔跑到了窗子的下面，就在远离小组人员有12英尺的地方，停了下来。

高登：'上周，桌子就是这样表演的—与上周做的一模一样。'

吉欧对吉米：'吉米，请等等，桌子要做些别的动作呢。'

桌子先是四条腿立正站好，再平行移动到了墙壁的前面，然后就用两条腿搭上了墙壁，桌子与墙壁形成一个45度角。

高登：'好相似桌子在这里要爬墙了。'

吉欧：'不，等等。'

玛蕊：'呜哇！'桌子再次慢慢地躺倒在地板上，然后就轻轻滑动到一个最陈旧、最笨重的实心木头的椅子底下休止下来，四只桌腿全部在笨重椅子的底下，只有桌面倒在椅子的外面。

高登评论：'桌子从立正站着，一下子就冲出去钻进到了椅子的底下了。'

安：'我的眼睛都不够快了，跟不上桌子的速度了。简直太快了。'

吉欧对桌子：'快点啊，你得要把你自己从那个困境里撤出来啊。'

大家的手指仍然放在桌面上，桌子好相似倒着退出来了，这个动作又是我们不可思议的。桌子从笨重的椅子底下轻松自如地站起身来，又重新正正规规地站好了。

玛蕊：'桌子正想要做另外的什么呢。'

吉欧：'你要坐到椅子上去吗，桌子？'

玛蕊：'你又有了什么新鲜的花样儿了，我知道的。'

桌子又重新朝着窗口底下的那把椅子移动过来，桌子到了椅子的附近，就轻轻滑下桌腿儿，一直滑到了陈旧笨重的椅子底下。桌子腿在椅子底下试图要伸张起来，可是正好被卡在椅子底下了。

这可是硬木的椅子，它还有棉布缝制的软垫在上面。椅子腿也相当的坚实笨重，一般情况下需要两个人才能轻易地搬动这把椅子。这会儿，在我们看上去弱不经风的桌子面前俯首就擒了。因为我们担心会随时散落成碎片的桌子，竟然把笨重的椅子给抬举起来了。

吉欧：'呕，你太出色了，好的，就举起来吧。'

吉欧对小组：'你们得要用无影钓鱼线缠好桌子的腿，帮助它发功顶起椅子来。'

吉欧在这里是引用神力钓鱼线的典故。典故的大概意思是唯心论主义者相信：神灵能够设立一种让人的肉眼看不到的钓鱼线，用它来随意移动无生命的物件，有时，也能让人移动。

吉欧对桌子：'好了，你快点儿啊。你得把自己从这种窘境解救出来啊。'

安：'桌子上有一张面孔，你看到了没有？就在那儿。'

吉欧：'那是有一个正在努力积攒能量的人。他在变了。'

吉欧：'现在桌面在动了，可以看到动的颤动余波，你现在需要把你的能量积累到一起啊，一鼓作气让你自己站起来。'

吉欧：'正在要站立起来了，软下来了，站起来了！'

玛蕊：'我支持不住了。用这种姿势，让我的手指停放在桌面上，因为我的膝盖受不住了。'（因为桌子躺在地上，桌腿在椅子底下，小组的人都需要弯着腰、保持自己的手指要接触到桌面上，以给桌子助力。）

玛优美：'把你的胳膊肘子低下来，能好一点儿。'

玛蕊：'这是要插过来又要再转过去……'

玛蕊引用了儿童跳格子的游戏：需要按照地上画的彩色线，把手和脚放在不同的格子里，婉转回旋，最后才能赢 — 通常是孩子们的身体互相交错、又都编织到了一起— 她说的完全正确，因为小组人员的身体就是这样错交编插着，三个人不得不坐在或跪在地板上了，才能保持自己的手仍然能够接触到小桌的桌面。

高登：'桌子需要空间，桌子要的地方比我能够让出来的要大，可是我给不出来更多的空间了。'

桌子挺立起来了，小组的人员都发出了惊喜的欢呼声，桌子挺立之后，做了一个360度的大旋转，然后就稳稳地站直了。

吉欧：'嗳，对了。'

高登：'哦啪咚，那可是个非常了不起的旋风窝啊。至少可以这么说吧。'

玛蕊：'我也能这样做了，现在我的浑身酸痛都消失了！'

玛蕊长期以来都患有膝关节痛风的疾病，她不得不总要穿着护膝和沉重的皮靴子，来帮助她的脚趾承担她身体的重量。刚才她还抱怨自己的膝盖支持不住那个姿势。现在看来，她的疼痛全部消失了。

吉欧：'谢谢你。你真是我们的明星了。能量采集和积累的非常充分，现在这儿还是这么热呢，你们同意我的说法吗—如果不是的话，就是我激动得发烧了。'桌子马上摇摆起来，表示赞同。

吉米：'啊，那可是个有趣的问题。因为看上去相似你能够诊断出别人的疾病。你也能够诊断出其他人的医疗问题吗？'桌子继续摇摆给出了一个'对'的答复。

吉欧：'对了。当然了。'

吉米：'我愿意向你问问：我身体上有什么疾病的问题，我还真有几个问题呢。'

安跟吉米开玩笑地说：'你又要医治你的痔疮了吧？'

吉米：'我的痔疮只是一个例子呀。'

全小组的人都哈哈大笑起来，桌子也摇摆了起来。

吉欧：'不光是你一个人啊。'

吉米（开着玩笑地）：'啊，在这个房间里现在是咱们两个人都有这个问题了—还有没有其他的人，也有痔疮呢？'

小组的人又都大笑了起来，桌子再次欢快的摇摆示意欣赏这样的欢声笑语。

吉欧：'对不起，安，请不要把这个记录下来啊！'

玛蕊（开玩笑地）：'没关系的，她不知道如何拼写痔疮这个词。'

安：'对了，我要使用词汇拼读检查的软件了。'

吉米："好了啊。我现在可要提出几个问题，来问问了啊。我需要桌子给出'对'或者'不对'的答复。我提出的问题，有的不是我自己本身的问题，如果在座的人有这个问题，你们就自己注意收听了啊。你们对我要提出问题，有没有反对的意见？"

小组人员表示都同意吉米的建议。

吉米：'我骨头有问题吗？'不对。

吉米：'那是正确的答案。我的便秘系统有问题吗？'没有回答。吉米：'我最近泌尿系统发生了问题了吗？'对。

'那是正确的答案。'

吉欧（开玩笑地）：'啊，你老了。'

吉米：'那就带我到下一个问题了。我还要问的问题就是：我最近患上了前列腺疾病？'不对。

吉米：'我有泌尿问题吗？'对。

吉米：'那是正确的。我的胰腺有问题吗？'不对。

吉米：'我有甲状腺问题吗？'桌子给出的反应是不确定。

吉欧：'那个回答是对和不对。'

吉米：'那是由于正在接受治疗了。在座的人有没有患有甲状腺疾病的，而且正在接受治疗呢？'对。

吉米：'答案是正确的。你能不能指出来，在座的哪位？谁又是患有甲状腺疾病的患者呢？'桌子朝着吉欧的方向移动过去了。

吉米：'请问你是否有这种疾病，由于桌子朝着你的方向移动了，你认为这是对的吗？'

吉欧：'那是正确的答案。我正在接受治疗我的甲状腺问题。'吉米：'谢谢你。你非常聪明。请原谅我的幽默，我不是到了更年期了吧，对不对？'不对。

吉欧：'我是在更年期吗？'不对。

吉米：'我发现今晚的经历是特别有价值的。因为你带着我们又向前迈进了一步。我们意识到你能够非常准确地诊断出通常的疾病，而且能够辨别出我们小组里的人，谁正在患有疾病和谁正在接受治疗。就神灵医治疾病的问题，让我有了进一步的认识。吉欧你同意我的观点吗？'

吉欧：'对，我同意你的观点。'

吉米：'不光是诊断了，还是很有帮助的。其他人有没有这方面的问题呢？'

吉欧：'请注意啊，我的身体有好多的问题，那要花上这张桌子的很长时间了……'

高登对吉米：'也许你就继续问你已经开始提出的一些问题，看看在座的人谁也有同样的问题吧。'

吉米：'好吧……'

吉欧：'为了录音机录制咱们的工作内容起见，请让我澄清我的手，现在没有放在桌子上面啊。'

吉米：'好，另外的五名成员的手都在桌子上面了。'

吉米：'小组里的其他人—现在，我希望没人觉得不好意思—我们小组里的人有没有通常人知道的，可以治愈的甲状腺问题？'桌子没有答复。

吉米：'好吧。我重新整理一下我问问提的语句，我再说一遍。我们小组里，有没有人患上甲状腺疾病，可还没有接受任何治疗的情况呢？'

桌子没有答复

吉米：'好，我想高登提示我要从身体的其它器官系统来试试。'

吉欧：'我们小组的其他人，有没有甲状腺问题的？'不对。

吉米：'好，我明白了。不，我不告诉你我的意思。你要告诉我，我有的疾病是什么……'

吉欧：'难道今晚永远不会被盼到黎明了吗？'

小组的人都笑了，桌子也给了回复。

吉米：'我走路踮脚吗？'不对。

玛蕊：'但是，我们能安排的，你要让他有这个毛病吗？'

安：'那是什么意思？'

小组的人都大笑起来了，桌子也给出了愉快的肯定答复。

吉米：'好了。我想，安是指再生系统。我的再生系统有问题吗？'*桌子一边走动一边摇摆。*

吉米：'我有这个问题？啊，很有意思。'

吉欧：'不对。桌子想试试其它问题。你是要试试其它的问题吧？'

桌子继续走动和摇摆。

安：'就让桌子自己来吧。然后，它就能让我们知道它的意思是什么了。'

桌子在一点上稳定地摇摆起来，好相似在储蓄能量。

高登：'它在思量。'

吉欧：'你知道上周你做的吗？'

吉米：'吉欧把她的档次换到了体操上了—她准备好了。你能重复再做一遍上周你跟吉欧合作的表演吗？'

'桌子用摇摆给出了肯定的答复。

吉欧继续给桌子指令，以至于桌子重复了上周许多表演的内容。小组的人员都发出喜悦的欢呼声，尤其是桌子的表演比上周还要精彩的地方，就是当桌子自动升高到与人差不多一样的高度时，桌子从房间的一头迅速飞越跑到了房间另外的一头，桌子也在空中做了翻跟头的表演，而且高度比上周还高出了许多。

还有就是，当把上周表演的内容重复表演了一遍以后，桌子决定要增加一些更精彩的项目，来打动我们— 那确实如此。因为桌子朝着墙壁的方向移动、旋转，并且与墙壁形成了一个90度的直角，高度跟人的肩膀一样高。

桌子四次从蹩脚的位置上撤退出来，大多都是桌子卡在了房间里那个笨重的硬木椅子的底下。我们意识到了，桌子是有意这样做给我们看的。因为我们的手并没有碰到桌腿，只是大家的手抚摸着桌面，桌子展示出它的许多功能和本事，可以轻易地抬起笨重的硬木大椅子。

我觉得这是神灵能力和能量积累的展示，神灵希望我们知道它能够做到许多人类无法想象他们能够做到的事情。一时间，高登很明智地建议说，我们应该有一段的时间，不再给桌子指令，让桌子自己随意移动，那样的话，录音机就可以把桌子自动行动的内容介绍给人们，让那些不相信唯心主义的人，能够知道桌子没有人的指令，也会自动行动的。（公平地讲，我们没有这样的机会，做这个实验，也许我们会在将来考虑这样做的。）

就要接近尾声了，桌子调转了个方向，桌面朝上继续升高，直到离地有一到两英尺的高度，开始绕着圈旋转；然后就再继续升高、再次升高，一直升高到了跟人一样的高度时，高登和吉米的手从桌子上撤回去了，这会儿，桌子距离天棚吊灯的距离很近了。桌子就象一个健美体操运动员那样，做了一个精确又漂亮的翻转以后，轻轻落地，小组的人员也随之安静了下来。

高登借此机会问询与艾斯克 牛顿的联系，他希望知道这个人是否给小组的人员任何影响。神灵的回复是影响非常弱小，还是需要通过高登他本人，而且，对他影响的渠道也是很遥远。高登对今晚表演的观察表示出非常的兴奋和激动，他认为地球的万有引力定律，在此间失去了意义，人类有更多的方面需要学习。

就当高登讲话提问期间，我们大家都听到了响声，大家以为是录音机的自动开关跳起发出的声音，因为我们听到的就是这种录音机按钮自动跳起和被按下的时候，才会发出来的那种响声。可是，当我们查看是否因为录音带到头了，录音机自动结束录制时，我们发现不是这种情况。因为录音机仍然高兴地在录制过程之中。当我们重复收听录音带的时候，我们可以从中清楚地听见这种被录制下来的响亮的声音。

高登问神灵团队这种声音是不是神灵团队故意制造出来，希望小组人员能够听到的声音，桌子给出了肯定的回答'对'。还要强调指出的一点是，当作者重新收听录音带、并将录音的内容做成笔录的过程中，发现了在刚刚开始小组活动的时候，也是当高登说话的时候，这种声音也有被录制到了录音机里。只是早前的那次声音，有些相似手机的铃声，这看上去没有什么特别的结果。但是，作者有注意到了这些细小的情节，因为在后来的故事中，有提到这些内容，作者和小组里的其他成员在静坐期间，也是在那个声响出现的时刻里，全都没有理会、没有听到这种声音。

这种没有被小组人员听到、但是被录音机给录制了下来的声音，在往后的几周里，继续发生了多次，而且更是有了戏剧性内容。但是，至此为止，我是跟从神灵的指示录制下的，他们跟我们在一起工作期间的实际过程。

第十六章 格兰谷

尽管我们的暑假多半是在7月里,大家也都出去玩过了,我们不得不还要再过一个暑假,因为我们租用的神智社大楼管理员通知我们说:爱丁堡艺术节要使用这个大楼的场地做表演剧场。爱丁堡的艺术节是从8月中旬开始到9月中旬才结束。这样一来,我们这一个月的时间,就只能够白白等着。这段时间里,吉欧热情善意地邀请了我们大家每周一次到她的家里聚会,以不致于断掉我们与神灵世界里的朋友们刚刚建立起来的良好联系。

2006年的8月10日小组开始在吉欧的家里会聚了。她的家位于爱丁堡西头。吉欧有一幢非常显赫的公寓,窗前是打理非常讲究的花园。除了吉欧美丽的房间和她真诚的款待以外,我们大家都在猜想在这个新的地址上,会给小组带来怎样的受益。我们小组里没人曾经到过吉欧的家里,根本不熟悉她家里的情况和环境,相信这也是我们神灵世界里的朋友们,应该有的同样感受吧。

每当一个人,第一次进入到一个新的场地,都会有一种跨进了陌生区域的感觉。人与猫的反应在这方面也有相似的地方—我们要察觉自己刚到的新地方的各种情况,先有了是否满意、安全的感觉,然后才能够安定下来。这个问题在我们的情况下,是我们需要有一个安静的静思冥想的环境。到了她的家里,我们的拘谨就显得更加突出了。我们大家第一次来到吉欧的家里,谁都没有对神灵企望得太高。其实,我们根本就不用担心,神灵世界里的朋友已经给我们布置好了强有力的惊喜。也许是因为吉欧家的地址是在爱丁堡帕玛森区的缘由吧，那会儿我们根本一点儿都不知道，只隔着几个大门口，就是神灵为我们指向的那个我们自己的家园－尽管是在四年以后才有兑现。

我们小组跟往常一样坐成一个圈儿，我感觉到了神灵就在我的周围。很快我就觉察到了神灵对我的影响，那是从我的头部灌注到我的周身。我的心急速地跳了起来，好相似在提示着我，我暗自询问是哪位神灵，但是我没有得到答复。又象大上周那样，我面部开始发烧。这次，我就更显得面红耳赤了。我觉得自己面部的所有毛细血管都在发胀和颤动，致使我欲抓挠、极力想要消除这个现象－但是，我清楚地知道我不能这样做。在我的脑海里忽然闪过一个有麻风病的人，随即又消失了。我努力保持自己沉醉在深度静思冥想的状态之中，忽然我又听到了有人在呼唤我的名字。我的第一反应以为是玛优美在叫我，因为声音是从她的方向来的，可是我又意识到这个声音不是从周围的人发来的，我曾经参加过一次神灵声音显现的现场示范表演，所以，我现在能够肯定这声音的来源是神灵发出来的。

大家给了各自的反馈以后，吉米问小组人员是否想试一试用桌子与神灵沟通、交流。吉欧已经把一张桌子给我们准备好了，所以大家一致同意了。桌子在房间的允许条件下，做了非常精彩的示范表演让大家知道它的能力以后，小组成员决定提出一些问题请神灵通过桌子来回答。我们先问了神灵团队是否满意我们今晚临时安排的这个场地－桌子给了非常肯定的回答。我问了神灵要我为全小组人员购置的做手镯的青金石珠子是否正确的，答案也是对的。我又问了神灵这些珠子按照神灵的旨意，正在月光下和阳光下净化和吸取月光和阳光的能量，这是否正确，答案也是对的。当我再问，大概需要放置在月光里和阳光里的时间应该是多久，答案是通过吉米得到的，神灵旨意是我会意识到什么时间珠子可以用来串制手镯了，到了时候我就会把手镯做好了，发放给小组里的每一位成员。

我曾厌恶这种模棱两可的答案，可是这个答案至少不是小组人员编造出来的。既然我们都知道有关镯子的重要性质，我们六个人都特别渴望早点儿戴上手镯，如果我们其中一人戴着手镯得到神灵的影响，我们所有戴着手镯的人，都会收到这种影响，并且能够得知明确的答案。

小组的其他成员又问了神灵团队，今晚有谁跟我们在一起工作。我们得到的答复是Mary Duffy[1],玛丽 达菲女士，Joseph Bell 周瑟夫 比尔和 Giilfeather 吉尔非瑟都在现场，跟我们在一起工作；但是

Arthur Conan Doyle 亚瑟 柯南 道尔,和 Gordon Higginson 高登 海格森，还有 Oliver Lodge² 奥立瓦 罗智 没来到现场。通过吉米的仔细询问，我们知道了有一位新的神灵团队的朋友，今晚也加入到神灵的团队中，来到了我们交流的现场。他的名字是, Arthur Findlay³ 亚瑟 芬利。我们当然惊喜和热烈欢迎这位著名的老朋友。一时间我有了一种感觉，想要跟高登联系上，我有一种要把自己的手，放在高登的后背上的欲望，我有过这样的感觉。但是，我拒绝这样做了，这次又有了这样的强烈要求，我就问高登是否可以把手放在他的后背，他说没有问题，我就这样做了。结果桌子的反应很兴奋，玛蕊也注意到了这些，玛蕊说桌子喜欢我这样把手放在高登的后背上。当大家继续提出问题跟神灵沟通时，我的脑海里出现了Roslin Glen 若丝琳 格兰谷的画面 — 在几周以前，我的脑海里就曾经出现过这样美丽山谷的画面。我被格兰谷的景色给吸引住了，即兴就自己开车去了这个山谷，在丛林之中散步漫游。现在，这个情景又回到了我的脑海里，可是没有任何其它的信息，只是这些我深深钟爱的景色的画面。所以，我就把注意力转移到了倾听小组里的其他人员，正在通过桌子与神灵沟通的对话上面了。玛蕊问我们是否应该去Rosewell 她喜欢的地方；吉米问我们是否应该去Pluscarden Abbey 大教堂；吉欧问我们是否应该去在发富郡的唯心者静养中心。听上去，我们大家都获得了：要到大自然中去的同样信息。有一次，桌子自动移到了我坐的座位前，倾斜着倒在了我的大腿上，把我给卡在了椅子之中。吉米说：这大概是桌子想要表示感谢把这个小组的人员聚集在一起的那个人；吉欧也问是否桌子要我说些什么。可是我非常清楚地知道，桌子（神灵）知道我在想的是什么，神灵希望我能够发声，表达出我的想法。这种情况已经有过许多次了，也是很明显的再一次的示范了— 神灵团队能在我们小组人员把思想用语言表达出来以前，就能知道我们要说什么的本领，在我们的话音还没有落地，它就能够给出了回复的答案，我多次悉心观察，都是同样的情况。这次有种情况，我的判断是神灵把这个想法放进了我的脑海里，让我们有返璞归真的动机。我还了解到了，无论一个想法、一个概念或构思，在当时看上去是多么的荒谬无聊，可是后来通常都被发现它是很重要的信息。或者是我们小组里的其它人员，也有得到了相关的信息，可以与他们的信息组合一起，完成拼合整个信息，构成一个完整的图样，使之有一个完整的意义。我想应该把自己的思想讲给小组和神灵听一听。于是，我就花上一分钱问问（神灵）了：

'若丝琳 山谷Roslin Glen对我们小组有特殊的意义吗？'

桌子立即就给了答复—'对'。

现在我没有其它的信息，可是我这一问恰似一石激起千重浪，顿时引起了小组人员的一系列想要知道的问题。目前只要一提到若丝琳的名字，大家马上就会联想到那个肃然令人起敬、庄重宏伟的大教堂、著名电影《达芬奇密码》的拍摄地 — Dan Brown 丹布朗 写的书，被改编成了电影剧本 — 一连串的几个问题由小组里的人，向神灵团队发出了询问。我们是否应该去这个大教堂里看看，是否可以从那里得到些有意义的收获，是否那里是一个极其重要的地理穴位等等。所有我们的问题都得到了肯定的答复。我甚至问了：我是在那里长大的，如果童年的记忆能否对我们小组的进步有所帮助（我小时候在那里上学、成长。经常在那里的教堂和城堡里玩耍，当地有很多我了如指掌的神秘传说和离奇古怪的故事。）我感觉到了小组人员的这些问题远远偏离了神灵想要指引给我们的方向。特别是在格兰山谷的那块净土上 — 那儿就是我小时候经常玩耍的地方，我可以带着小组的人直接进入到山谷的净土地带 — 这就是我脑海里出现的画面，不是那个大教堂。

我们再次询问神灵团队，小组成员是否应该在山谷的净土地带，找寻出来一些什么重要的发现，大家是否值得去访问大教堂。实际上，真正吸引我们的就是这个山谷地带，不是教堂本身。我们的问题得到了神灵团队的肯定与确认。我同时也得到了神灵的提示，我需要有小组里的其他人员一同前往，我需要他们的智慧和技术— 就像以前那样，如果我自己一个人去了，是没有用的 — 特别是我需要高登跟着一起去。我需要高登使用吊绳摆锤指示标的技能（也许还要用上他精通导向仪的能力，吊绳摆锤指示标是肯定要用得上的工具了。）当我提出这个问题，请求桌子（神灵团队）答复的时候，桌子朝着高登座位上，自动移了过去，同时还向着高登的座位上倾斜，以表示赞同。我仍然记得，当时玛蕊见到桌子这样做的情景，她玩笑地说桌子的动作很像她的狗狗。即刻，吉米也同声这样地称赞，还讲诉了他自己的狗狗也有这样的反应。吉米说他带着他的狗狗到公园里散步，狗狗在公园里的一尊雕像前停了下来，他和他的狗都认为：在那里有什么不对劲儿的东西。因为狗狗反反复复地在一个地方打转转儿，用鼻子到处找寻味道，他从观察狗狗的行为动作上，学习到了很多知识。吉米建议高登带上他自己的狗狗一起去格兰山谷。高登随即问了桌子这个建议是否正确，桌子即刻再次给了肯定的回复。

大家问了许多问题以后，小组活动就要结束了。小组集体感谢神灵团队使用吉欧准备的新桌子，协助两个方面的交流与沟通，神灵团队再次给了我们确认，让我们知道不管小组在任何场合、使用哪种随意得到的桌子，他们都会跟小组成员进行交流，与小组一起工作。吉米致祈祷结束词，我们也同时感谢了吉欧的热情与友好的款待。吉欧这会儿才告诉我们这张小桌子，是她故去的父亲生前亲手制作的。她以为她的父亲会前来与小组人员沟通，可惜她的父亲没有到了。小组同意了吉米、高登、玛优美和安将在下周的一个下午，一同去格兰山谷。

　　后记： 我很高兴我们小组最后决定了有小组的四位成员一起去格兰山谷调查。因为我很清楚我们需要团队的共同努力与合作，发挥各自的特殊专长与技能和集思广益的集体智慧，发掘出这个山谷地带的重要意义和其跟我们小组有什么特殊的关联。当我的脑海里不停地要我跟高登联系起来时，可能就是示意我们去山谷需要有吊绳摆锤指示标和能够熟练使用这种工具的人。也许由于高登当时就坐在我的身边，正好他懂得使用吊绳标。玛优美也懂得使用吊绳摆锤指示标，如果当时玛优美坐在我身边的话，也许我被神灵影响，需要跟她联系的。神灵真是精确无疑，给我们安排得恰到好处。吉米是出色的现场灵媒，他完全可以不费劲儿地感觉到自己周围的能量现场的状况如何，并且相当容易地进入到现场通灵状态，我认为在我们探查山谷作业中，要想查得水落石出，他们的技能都会被派上用场。他们又都是非常有经验的治疗师。我们需要每个人的特殊技能和贡献，需要集体的力量和智慧才能力把这个山谷之谜给解开。

　　2006年8月16日星期三，我们一起开车来到了格兰山谷。我带着玛优美、高登、吉米和高登的名叫池博的狗狗一起来到了山谷净土地带，那是我童年最熟悉的地方。以下是吉米当天的日记记录：

　　"当我们从停车场沿路走出来后不久，我马上感觉到了磁场能量的迅速改变。再走了大约有50到100码，向左急转弯以后，能量明显地增强了，直到我们小组人员走过了安叫它'大门'的地方，能量再次出现明显的改变。即刻，我们被领到了一个大约直径有50码的森林圈地带。这里的地面是天然树木与森林覆盖的地段，这里的树种有梧桐、山毛榉、七叶树还有6颗紫杉树。高登用导向仪测量出了圈外的磁力能量场的情况。高登和玛优美一起使用了导向仪和吊绳摆锤指示标来判断出跨越这个圈的能量状况。他们得到的数据是：这里有许多条能量线，相似一个大大的车轮一样，不停地在运转着，统统在圈的圆轴的中心汇聚在一点上。非常引人感兴趣的是，我跟许多人都注意到了，这么多的能量线，条条相聚在这个固定的中心点上。这个中心点，就是一个不大引人注目的大石头。石头的一大半埋在了地下的土壤里，它是有着特殊能量的中心源地。高登觉得很奇怪，为什么他没有得到允许，在他想要测量的特殊地段上，去测量某一颗大树，他认为这是从来都没有发生过的事情。接下来，安带着我们到了一个特殊的地方，在那里安和玛优美两个人都'看到'了神灵世界的人影。我们小组人员决定在一颗古老的大树底下，停下来集体做暂短的静思冥想。对我个人来说，这次来这儿，是我有生以来获取经验的好机会，我希望以后能够再有机会返回来，再次来这里，以增加我对这里的自然环境、特殊现象，更进一步的了解。当天，这里的天气状况是良好的夏日，大概在20摄氏度。这次由于时间所限和游人甚多，我们没有去大教堂。"

从我的个人角度来说，自从我长大以后，除了从前有过的每周一次在山谷、林间散步和偶尔来这里走走以外，我还没有到过这里。我不知道这次来这儿的体验会是怎样的，我只是意识到了我从脑海里得到的'视觉'，一下子就认出了，这儿就是我童年时代的记忆所在地。可是，每当我们走进森林圈儿里的时候，我都会感觉到那里的能量太棒了。我和玛优美同时被圈儿边界上的一个地方给吸引过去了。那里好相似由自然植物形成了一个'窗框'，我两都能看透它。我两都'看'到了神灵世界的人物围绕着它在忙碌着。透过现实中的这个自然景色，我仿佛看到了中世纪在这个山谷里，忙忙碌碌生活着的人们。他们之中有的人，在围绕着燃烧的篝火煮饭、烧烤挂在钩子上的野味，有的人正在支起了帐篷，更有顽皮的孩子们和他们忠实的狗狗，在四处玩耍欢笑。我也有感觉到猎人在追捕野猪和獾，用来做烧烤，为他们充饥的情景。这里与刚刚站立过的寂静的树林圈相比较，可要热闹得多了。我也意识到这就是通往那个城堡的路。它好像还是人们日常使用中的那种情景，因为在一面干石头墙根下，就是延伸到出口处的大道，在墙的后面还有一颗茂密的紫衫树。如今，这条路几乎是被自由生长的野草、植物给覆盖住了，被荒芜废弃掉了。我还意识到了，还有很多人仍然生活在城堡的阴影里，尽管他们生活在城墙以外，但是他们熟悉和眷恋自己的家园，他们自力更生有安全感。相比之下，曾经住在城堡里的富人绅士，坐着有仆人驾驶的马车，这条小路上来来往往。当时生活的差异竟然是那样的鲜明，因为冬天这里的温度会下降到零下16度或者还要更低。我的脑海里忽然出现了一幅安排好了的婚姻嫁娶的情景之画面，这也许是当时婚礼的再现；新娘被马车拉进了城堡里 — 她不情愿进入到这个城堡里来。我看到了她的新郎患有麻风病。我猜想我通过这里的'窗口'，看到了以往的真实生活，可是，这又是为了什么呢？什么原因要我知道这些呢？一件事肯定是对的，就是象吉米在他的日记中说的那样，我们还要回到这里来。

格兰山谷成了我们小组讨论的常用话题，由于大家经常在视觉中看到它，也得到了神灵的确认，这个山谷与我们小组有着不解之缘。一天傍晚，我和玛优美再次来到了这个山谷，我们静静地坐在森林圈的净土地带的草地上，进入沉思冥想之中。我们与山谷结成的情缘，就有了更进一步的加深。我觉得自己忽然间变成了另外的一个人，变成了一个又高又大的男人，坐在一个大椅子上。同时觉得自己的头上有很重的什么东西，我伸手去摸它，意识到这是个皇冠，皇冠上有各种粗糙地镶嵌着的各种宝石。与此同时，玛优美得到的印象是亚瑟王，她也'看'到了一位身穿盔甲的骑士，还有一套军用盔甲服装。奇怪的很，她也有'看'到了，就在大教堂的附近，有一幢楼房。我们两个人得到的印象都是与若丝琳格兰山谷有关。但是，我们都无法解释，为什么会是这样的。

（当亚瑟 柯南 道尔 最初给我的印象是他用了亚瑟王和他围着圆桌坐着的骑士们，来让我确定了他的名字就是亚瑟 — 此时，是否是亚瑟想要告诉我：他曾经来过这个山谷里？几年以后，我发掘出来亚瑟 柯南 道尔 实际上是用了 King Arthur[4]，亚瑟王的名字，但是，到此为止，所有的线索和谜团仍然尚在，等待着答案）。

那天我回家以后，继2006年我们小组第一次去格兰山谷之后，那天的晚上，我静思冥想、祈问我们的神灵团队，给我一些信息和示意，让我知道我们小组去格兰山谷探查，是否是正确的途径。我被神灵团队示意，我会得到一个象征的符号，还告诉我说：需要等待适当的机会，我才能够领悟得到，那个时候应该是我们采取行动的时候了。我意识到了我必须要朝着成功的方向，不懈地努力，顽强地工作，不管最初目的是什么，等到水到渠成的那会儿，一切都会自然揭晓了、真相大白，我们做的是一项对人类有利益的工作。

尽管我定期去格兰山谷和大教堂去搜索查询这个象征符号，直到2019年的2月，我才刚好发现了。我意识到了完成这部书，只是整个全部计划的一小部分；至于其它的部分 — 需要我们大家拭目以待，注意这个领域里的发展情况了！

第十七章 寂静的声音

9月21日，附加了的暑假后，我们都返回到了神智社。正如我们在吉欧家里担心的那样，我们与神灵团队建立起来的良好的沟通与相互之间的良好能量，现在大概又有被削弱的可能。这次我们担心的不是对场地环境的陌生，因为我们又回到了自己熟悉的地方。我们担心的是隔离了有一个多月的时间，在这一个多月的时间里，我们曾经在这里用了8个月的时间，建立了良好能量的房间，被不认识的人使用了这个房间、也不知道他们在艺术节期间做了什么，他们在使用我们房间时，释放了哪种能量，他们留下的能量对我们今天的工作有否影响？

这种感觉是来自於：我们都是由能量支撑着的人这个理论得出来的。每个人、每个地方或者是每件物品，都是由不同频率振动的能量分子构成。你大概还记得在学校上科技课的时候，老师给讲解分子量的情况。能量是永远不会死去了，当出现干扰或变动时，能量只是改变了方向或振动的频率。按照这个思路，你来想象我们的房间，在我们自己经常使用时，一直保持着某种我们自己本身发出的能量的振动频率，这就是我们自己的磁场能量力 — 有时我们把这种磁场称为气场auras — 有其他人来过我们的房间以后，会把他们本身的磁场能量力也留了下来，与我们自己本身留在这个房间里的能量力发出的磁场能量发生互动。人在房间里的时间越久，其本身的能量力也就沉积得越多，并且与房间里原有的能量力混合得，也就越加密切。更确切地说，就是逐渐改变房间里的能量力，与近朱者赤，近墨者黑的道理，是完全一样的。由于这种能量的混合，致使敏感的人，很容易就能够把房间或建筑中的'身后能量'察觉出来。尤其是某人在某个住所里，居住了很多年以后。有的时候，人走了，但是强烈的能量力尚存，就跟那个人，仍然还是居住在那里，有着一样的类似感觉。这通常被误解为房子里闹鬼了，其实就是因为先前的居住者的剩余能量，还留在原来的家具与空气中。

我们在神智社租用的房间，已经有了那些在我们不能够使用房间期间、他们来这里使用了这个房间，而后将他们的能量留在了这儿的情况。尽管我们希望神智社吸引来的人，能够与我们的兴趣、爱好相投，至少是有善意行为的佛教徒之类的人们。这次呢，我们的房间是被艺术节的表演人员使用的，他们是娱乐界的人士，况且使用了一个多月的时间，所以我们大家都在担心，我们在这里努力工作将近一年的时间，我们在这里建立起来的良好能量场地，被他们使用以后，将会有怎样的影响。也许就是因为这些缘由，我们神灵世界里的朋友们非常热心地鼓励我们搬家。

这些担心困扰着我，一直到我们再次聚会的日子，我担心下一步将会发生什么呢 – 如果能够发生的话。我们在假期以前有过非常难得的惊喜体验，大家总是在担心这样的体验是否到头了。带着这种忐忑不安的心理，我又把亚瑟 柯南 道尔的《唯心主义发展史》翻开来学习，希望这本书给我启示，让我知道下一步我们应该做什么。其实我的灵感都是无意中闯入到我的脑海里的，跟读书没有太大的关联。我通常发现是我有了灵感以后，跟小组的人员共同商讨，那会儿我才恍然大悟知道该怎样做，然后再看书，才能够更明白书里面的意思。这次，我觉得我们需要有更多的投入。

我刚刚读到第一卷的一半，了解到了美国通灵媒体Mrs Hayden海登夫人1852年来到了英国。她也是用敲击发声的办法来代替把字母拼读出来的，以形成语句和信息，她就获得了神灵发出的信息，随之与神灵沟通。她得到的神灵信息绝对准确，就连她自己都不知道坐在她身边的要她与神灵沟通的人的情况。可是，当她把从神灵那里得到的信息转给了这个坐在身边上的人以后，那个人能够确认信息是相当的准确。尽管如此，海登夫人还是遭到了报界严厉侮辱和指责。况且，海登夫人的丈夫就是波斯顿杂志的前任总编辑。她本人当时也接受了几位科学家的现场调查核实：

'对她进行调查的科学家，是有名的著名的数学家、哲学家Professor De Morgan 毛根教授。他作出了检验的实证和结论，并且为他妻子的书《"From Matter to Spirit" 1863》《从物质到精神 1863年出版》撰写了著名的前言。请见如下:

10年前海登夫人,这位著名的美国灵媒,单独来到了我家。她到了以后,马上就进入与神灵沟通……敲击跟往常一样。我听到了清晰、利落、时隐时现的声音,就象铜铃一样有振荡和回声,我可以形容声音跟编织毛衣的钢针响声相似,也好相似钢针掉落在大理石板上,或者即刻就停止了回音的振荡,在检验过程中,证实了我的描述基本上是准备的……'

来源:亚瑟 柯南 道尔著作《唯心主义发展史》第一卷的第155页。

由于在我们租用神智社大楼的房间里,我们已经有听到过各种敲击和爆裂的声响,亚瑟 柯南 道尔的著作《唯心主义发展史》第一卷的第155页描述的那种编织毛衣的钢针掉落在大理石板上的声音一直也在我的脑海里回荡。我好像'听到'了它的振荡声音。我猜想我们是否能够听到这种清晰的声音。万一今天的晚上没有什么事情可做,我带着一种侥幸的心理,如果没有人知道我们要做什么,也许我们可以试一试这个呢。就这样,我带着这种想法去了神智社。

登曾经跟踪询问了他建议给小组搬迁去的那个在教会里,可以的租用房间。但是,教会无法安排我们在星期四使用那个房间。我们就又只好回到了神智社。当我们进屋以后,我们首先注意到的就是:那把曾经帮助过我们与神灵团队沟通的小木折叠桌子不见了。我带来了一些蜡烛,我就把蜡烛都点燃了,燃烧的蜡烛被摆放在了站立在房间中央的长方形咖啡桌上和壁炉台上,今天晚上,我把那块蓝色的松石也带来了。

吉米首先欢迎大家又都回到了这儿来,他致了祈祷词,大家进入到静思冥想状态之中。当我们都静坐时,我意识到了我根本不用为我们小组的能量担心,我们小组人员的磁场能量非常强,我们相互之间的联系,以及与神灵之间的联系都非常好。房间在上个月,我们都不在的期间里,发生了什么已经全部被忘却了。我在脑海里得到了亚瑟 柯南 道尔 经常出现的那种'一闪而过'面孔的画面,一般都是他用这种方式让我知道:他跟我们在一起。这已经成了对我的一种安慰、非常好的感觉了。我能够感觉到他就在我们的周围,很温馨、很友好。我知道他一直在支持着我,爱护着我—就象慈父对待爱女一样。就在我享受着亚瑟 柯南 道尔的陪伴和沉浸在静谧的冥想与小组能量尚好的当口之中,我忽然感觉到自己脚下的地板在旋转…又一次旋转起来了。地板在我的脚下起伏不定，左脚下面的地板下沉，右脚下面的地板升起，一会儿倾斜，一会儿又下沉。好相似地底下有一股强大的力量在推、在拉、不停地在摇摆、晃动；又好相似有人想要从地板的缝隙间串进来。我睁开眼睛看看两旁的同事，他们正都处于静谧的沉思冥想意境之中 — 只是我一个人经历着这种异常的现象吗？我猜想刚才来这里以前，我曾经设想到了的宛如毛衣编织钢针掉落到大理石的石板上，发出的那种声音振荡的情景，这是否是被神灵团队给识破并且给利用上了呢？所以正在制造出这种振荡的余波，让我得到了感觉。我正有点儿紧张，吉米开口唤大家从静思冥想的意境中返回到现实中来，我象得到了解脱一样，我听到了：

玛蕊：'地板的振荡是怎么一回事儿啊？是隔壁房间里的人，在他们房间里的地板上，来回走动的振荡，传过来给了我们的吗？'

安：'是的吧，我想是这样的。'

玛蕊：'那种振荡，可真不是一般的啊？'

确实如此。我是有心理调研经验的人，我能接受玛蕊的说法，那种来自隔壁房间里的地板振荡，还是我从来都没有遇到过的经验 — 她说的是可以接受、有理由的解释，总要遵守的原则就是先考虑有原因会引发出现的正常现象，'在排除了所有可能会出现的正常现象之后，才考虑是异常现象。'

吉米：'吉欧，你怎么样了？'

吉欧：'很好的，谢谢你。你注意到那边了吗？'（她用手指着房间的一角）'我想是那里有一种破裂一般的声响？'

吉米：'没有，我没有听到。'

玛蕊：'我确实听到了有声音从那个方向传出来。（玛蕊也用手指向同一个墙角）但是，我尽量想分辨出来这些噪音与来自从室外的噪音和地板发出的振动之间的关系— 从地板传来振动很强烈— 以前没有过的，现在非常明显，地板的振动能把我的双脚给拱起来。'

安：'你说的对，我也有同样的感觉呀。'

吉米：'你还有其它的什么感觉吗，安？'

安：'我最初的感觉，就是我的脸，特别是脸与下巴颏这儿。我心想多奇怪呀 — 难道我的下巴颏锁住了？或者是下巴颏锁住了或者是那种士兵为了保护头颅、面部和眼睛，而佩戴的自动翻起的护面具 — 不停地挑扰着我。'（安用了在格兰谷时，在视觉中出现的罗马士兵的情景。）

吉米：'那种罗马士兵使用的面具？'

安：'对，可是我必须承认我也被室外的吵闹声音给打扰了。'

我们再次听到了在室外有人走上楼来，在走廊里，来回走动和大声喧哗，又进了茶室，他们不拘小节地喧哗吵笑和大声交谈的声音。

吉米：'大家有人想好了要做什么吗？'

吉欧：'呕，我做什么都欢迎。'

玛蕊：'我不知道。这也是我正在思考的问题，我们应该做什么呢？'

吉欧：'我想是由于放假以后，这是我们的第一次重聚吧。'

玛蕊：'对了。不一样了。因为室外有喧哗声，还有就是那个小桌子不在了 – 我们不知道该怎么重启。'

安：'我们有这个桌子呀，'（她用手指向了那个铜面桌子）。'我知道我们不能够用它做，但是……'

铜面的桌子是一个又小、又矮的圆形桌子，它也是一个折叠活面的桌子。桌面可以单独拿下来，当茶盘托使用。

吉米：'我们可以互相静思做灵媒。我不知道你们大家会认为怎样？'吉欧：'你们大家怎样想的呢 – 你愿意让别人为你（玛蕊）冥想吗？'

吉米开玩笑地说：'你愿意当我们的能量集中射击的靶子吗？'

玛蕊开玩笑地回答：'听上去好恐怖的啊！'

吉米：'安，你愿意吗？'

安：'啊，是啊，我想是可以试一试的了。'

吉米：'好吧。我们就这样做了。'

安：'我有了这个概念，就是一个想法……'

玛蕊：'我能看得出来，你有了一个想法；我正在等着看你怎样说呢 – 告诉我们你的概念和想法是什么？那是我们在这个房间里得到的唯一的一个概念，是吧……'

安：'嗯，不是那么有激情的；就是从书上得到的，也许非常令你们感到无聊。是我从亚瑟 柯南 道尔 的书上读到的。因为他的书中每个章节里都讲诉一个不同的灵媒、或者是下一步的晋升阶段、或怎样的，我总是读一点儿，就又重新返回到前面的章节里再重温、体验和一点点儿地咀嚼其含义，然后再往下接着继续阅读。你们记得我把使用奥吉报得拼字母给搞错了吗？那应该是使用敲击发声的方法，才得到的信号而拼读出来的字母。那就是家喻户晓的福克思姐妹破译敲击墙壁的信号，得以与神灵沟通的原始记录。当我阅读了最初的章节，有著名科学家研究调查的内容介绍，如：Crookes[1]，科学家考克斯，对几位灵媒进行了研究以后，描述了灵媒进入到现场通灵后，出现声响的情况。他对这种声响的描述，是跟一种编织毛衣的钢针从高处掉落到大理石板上发出的响声，差不太多一样— 现在，我想这种声音不是很响亮的。而且声音也不是持续不断的 — 他说好相似是针尖落地的声音，然后就被拉住了不再落地— 是第一个响声，有跟针尖一样的音响。

吉米：'是金属编织针，对吗？'

安：'对，所以我认为一个金属编织针，掉落在一块大理石板上，不会有很大的声音？我认为那是不对的。他在书中描述到了声音的响声如乒或乓— 他说这种声音，是一种非常微弱的声响。'

玛蕊：'那是声音的振荡回音，应该叫声波。'

安：'我想，如果我们试一试这个，也许能成功— 那个桌子能帮助我们发出一个声响来 — 我们可以试一试这样做，对吗？'（*她再次示意使用那个铜面的小桌子。*）

吉欧：'你身边带有着金属编织针吗？'

安：'没有。可他们也没有用金属编织针啊。就是那个'*声响*'相似那种金属编织针发出来的声音那样。'

玛蕊：'你就是没说那个声音跟大象发出的声音一样！'（*小组里的人，全都大笑起来了。*）'如果你是说相似与大象的脚步声，吉欧就会问你，你有没有把大象带在你的身边……没想把大象掉落在桌子上的声音会是怎样的。'

安：'我知道她呀，我都已经习惯了她是这样的了啊 —你看我是怎样对她说的话熟视无睹，而又勇往直前的啊！'（*小组的人又都大笑起来。*）'不管怎样，他们也没有金属编织针，他只是用此来形容这个声音。当这个声音出现的时候 — 他们正好也在房间里，他们证明房间里没有任何东西能够发出这种声音来。'

吉欧：'他们在那里没有可以使用的任何东西吗？'

安：'没有。他们说，就是象……'

吉米：'他很明显地指出了那种声音，不是我们一般人的一般听觉振动区域力度之内，可以听到的，对吗？'

吉米的解释很奇怪。那会儿，我们根本不知道吉米的解释确实是千真万确的。可是那会儿我告诉吉米，他错了。

安：'不对。他们能听到那个声音。'

吉欧：'所以那肯定是振幅？'

安：'那就是他给的解释，因为当时在房间里没有任何东西能够发出那种声响。他还继续解释说这种声音从房间的几个地方同时发出来，房间里的各个部位都有这种声音。'

吉欧：'我现在不得不说出来了，我的左手边上变得非常冰冷了，一下子变得got very cold[2].冷起来了。'

玛蕊：'你说得对啊。我喜欢咱们今晚做个声音的试验。那会有某种的回荡反应。'

安：'我不知道咱们该怎样做，才能够得到成功。'

玛蕊：'我们也不知道。但是，我们可以尝试着，让我们来看看我们能否得到神灵方面的回音－就是要静坐等待吧，然后，我们也许能够看到什么呢？'

吉米：'我想这是正确的意见。玛蕊，因为我想如果我们不去努力……，我想神灵肯定就会放弃我们，你和我，我们永远都无法处理那些安跟我们一起做过的事情。因为对我来说，没有开始就永不会有结果的－我们做过的事，绝对是难以想象得到的。然而，我们学习到了那么多的知识，神灵教给了我们那么多的信息。所以呢，我们就顺手把这张桌子给推下去吧？还要把那张桌子，顺手给拉过来，好吗？'（他指把长方形的咖啡桌子推到一边，把那个铜面的小桌子放在了中间。）

安：'还有一件事，想想看，那张桌子—（铜面桌子）我认为它可以发出一个抨的声音来。'

玛蕊：'对，当你说桌子的时候，我就想到了那个铜面的桌子能发出个响声儿来。'

安：'我不知道这个办法能不能好用，因为从理论上讲，这个声音就是从房间里出来的，不必要是从桌子上出来的。'

吉米：'让我们把这张桌子抬起了，放在我们小组的正中央位置上。'（小组人员把铜面的桌子放在了小组人员的正中央位置上，把那个长方形的桌子移到了旁边－蜡烛仍然在桌子上。安随手把一个银色的蜡烛瓶子盖儿和一支圆珠笔放在了铜面桌子上，希望能够从中得到发出声音来的反应。）

吉米：'我不比你们其他人更巧，我当然已经不再认为自己是对着桌子说话是个大傻瓜了，因为我坚信不是桌子能够做出任何反应，而是神灵世界里的朋友在给我们回复和反应。所以呢，我们就跟往常一样，这样对桌子喊话了？'

安：'我想我们就这样的试一试－我能就这样开始尝试一下了？'

吉米：'当然了。'

安：'伟大的神灵，如果你们与我们同在，我们坚信你们与我们同在，我们今晚又在这里静坐，请求你们今晚以发声的形式让我们知道你们与我们同在一起－任何某种声音都可以－请在房间里发出响声来，请让我们知道今晚你们与我们在一起。我们会将我们自己的能量互相融汇再延伸到整个房间里，你们可以利用我们的能量，达到用声响的方式与我们沟通的目的。如果这个也是你们的目的，请帮助我们实现这个想法，请你们帮助我们得到精神上的发展晋升，帮助我们理解这些事情是如何发生的。'

小组人员都静静地坐在那儿等待着。这次我们大家都睁大了眼睛，集中我们的能量力，盯着我们圈儿内中央位置上的小铜面桌子，盼望着能够得到一个什么叮、咚或者是呼、嚓的声音。但是，什么也没有听到。只是有轻微的炸裂声响，又马上消失了，吉米认为是他的椅子发出的声音，尽管他无法重复那个响声，那也不是我期望得到的那种声响。如果在我们小组初期静坐的情况下，我们也许听到了那个炸裂的响声，大家会有惊奇感，可是现在，我们都期待得到有更多更显明的声响。

没有人碰到桌子。我不想让任何人的手接触到桌子，因为我担心会影响桌子发出来一个闷闷的声音，影响它的清晰度。我已经把一个瓶盖和一支圆珠笔放在了桌子上，企望神灵可以使用这些东西，让声音在房间的空气里出现，我们可以听到个叮、咚或呼的声音。我给小组人员提示：

安：'记住这些声音不是很响亮的，虽然说声音是应该让我们能够听得到的，注意倾听啊。'

可是，仍然没有任何响声。实在是奇怪的很，刚才外面的喧哗声音已经全部消失了，我们静坐在全然的寂静之中。我在猜想是否是神灵安排了这样的寂静环境，以便我们能够在寂静之中，听到'微弱但是清晰的'呼或叮的声音。仍然没有任何动静。我就再次说祈求：

安：'我只是重复祈求，我们祈求今晚与我们同在的神灵世界中的朋友，能够通过声音与我们沟通。我们非常渴望今晚与你们交流沟通。你们是跟我们在一起吗？'

玛蕊：'我的身边有很好的能量在回旋转动。'

而后吉米就接着说：

吉米：'你们同意这个用声音交流的建议吗？你们可以用敲击一下发出声音来回答我们吗，敲击一下是代表了对，敲击两下代表回答是不对？或者是一个声响代表了对，两个声响代表了不对？'

吉米对小组：'你们认为是否把我们的手放在桌子上，让桌子回答给我们对和不对，然后再从那里开始用声音交流呢？你们明白我的意思了吗？'

吉欧：'明白了。'

我不是很高兴用这个办法。因为我认为，当大家把手都放在了铜面的桌子上，那个桌子不能发出振动的振波或发出呼或叮的声音。但是只是等待，什么也等待不来，我们还是决定试一试。

小组的人员都轻轻地把手指放在了桌子的边缘上。

吉米：'朋友，请你开始使用桌子沟通，请让桌子转动一下。哪么说是极为微弱的转动，那样的话，我们就有可能开始与你们交流了。'

又是一段寂静的沉默，桌子没有任何动静。吉米又开始了：

吉米：'我能澄清吗，今天的晚上，朋友，你们有能量在这里，跟我们一起想要用这种方式试一试，跟我们在一起工作吗？'

没有任何动静。

安：'快点儿啊，神灵，请做出特殊的努力，让我们今天晚上能够听到你们发出的声音。今天晚上，我们都非常热望期待着听到你们的声音。我们都静静地坐在这里，非常期待地等待着你们出现。'

仍然没有动静。

吉欧：'情况在变了。'

玛蕊：'我可以感觉到桌子的边缘有振波。'

吉欧：'好相似他们还没有完全地掌握好。'

玛蕊：'也许，就是需要多一点儿的时间；也许，我们都要再耐心一些，再对神灵有多点儿的相信。'

吉欧：'你看，它在变化了。好的。'

安：'你们跟我们在一起吗？你们在吗？快点儿，快点儿啊，让我们知道啊。谁在这儿呢？今天晚上，谁想要跟我们交流呢？我们的朋友都在不在啊？快点儿，快点儿啊，今晚要跟我们说话吗？'

桌子拒绝有任何的反应，我们继续在寂静中等待。

吉米：'我希望知道今晚神灵有没有跟我们在这儿，你们以前可总是跟我们在一起的。请你们确认我们是在正确的轨道上。我的疑惑是如果我们无法得到你们的答复，我们就必须离开这座大楼了，所以我们希望在我们离开以前，你们跟我们在一起的朋友，今天晚上能够在这里给我们一个肯定的回复。万事开头难，一旦我们能够有一个开始，我们就可以用提问题的方式来帮助你们，跟我们交流了。以前我们用这种方式交流的都是非常成功的。'

桌子固执地一动不动，可是很奇怪的是桌子上的瓶盖开始移动了。

吉米评论说：'它动了。'（*银色的瓶盖开始摇摆、晃荡，像一个吊坠。*）

安：'快点儿，快点儿啊。'
吉米：'对了，这样就对了。'
安：'快点儿，转动啊，转动起来啊。你们听到了我们的祈求，正在给答复了－吉米不要停下来，快继续说呀。'

我们目睹到的情况是：在铜面桌子上的银色瓶盖开始有轻微的摇动，桌子保持缄默不动。我们大家又都怕是神灵已经离开了我们。

吉米：'我们实在希望能够知道：我们该从这里往哪里儿走。我们已经得到了你们的教诲，那是非常珍贵的指教。你们一定很高兴地知道了，我们小组里的人，已经在努力想在其它的地方找到我们可以使用的房间。但是，目前来说，还没有实现。在这个节骨眼上，我不相信你们就是因为我们无法找到最后的选择地址，而不再跟我们在一起工作了。'

没有任何反应。

安：'所以，请求，请求啊，让我们知道你们是否跟我们在一起呢。我们做出最大的努力来遵循你们的教导和指引，从与你们的交流中，在你们的示范表演中，我们已经学到了很多有价值的知识，也从我们自己的实践中得到了非常大的进步。还有，我从亚瑟 柯南 道尔的书中，学到了的知识－我知道今晚，他肯定是再次跟我们大家在一起，所以我希望这样能够起作用，我们可以在一起工作了，对吗？'

没有任何反应，吉米相似落水的人，开始急忙抓住身边的那颗稻草一样，发出求救的信号。

吉米：'对啊。我要问的一个问题之一，就是你们是不是像我们一样的失望，我们开始使用的那张桌子也没在？那实在是我们控制不了的事啊。我们将会把那张桌子给找回来。因为，你们今天的晚上也许非常需要这张桌子能够起特殊的作用？因为如果你们能够让我们知道今天晚上你们确实跟我们在一起的话……，我们决意要在今天晚上听到你们回复的声音，这就是我们的主要目的之一，行吗？'

安：'那是什么呀？'桌子上忽然有振动的余波－就象被拳头砸下去那样的振波，但是没有任何声音。

玛蕊：'就是个振波。不懂是怎么回事。'

安：'你也感觉到了吗，吉米？'

吉米：'没有。'

吉欧：'是这里。（她用手指着她身边的桌子。）请你重复一次可以吗？也许他们要发出声音来了呢。'

不管吉欧怎样恳求，都没有任何反应，与此同时，吉米又象似再抓了一把水边的那根稻草请求说：

吉米：'现在，也许我们欠你们一个道歉。也许是从前使用的那张桌子的人，因为我们把那张桌子给搬走了，搬来了这张桌子，用这张桌子，放弃了那张桌子，现在，我们又把桌子给搬回来了，这就触犯了那个习惯使用那张桌子的人。我们肯定不是有意要触犯谁的，我们也不再想这些事情了。但是，如果这是你们不高兴的缘由，我们当然要为此道歉了。'

我觉得在吉米说完他那含糊不清，语无伦次的一大串话以后，桌子发出了轻微的振波。但是桌子始终是静止没有任何动静的。他又对着小组的人员发出了请求：

吉米对小组人员：'你们认为我们把手都从桌子上退回来几分钟，静坐一会儿，看看会发生什么情况，怎么样呢？'

吉欧：'好的。'

安：'好的，你可以看到桌子，正在发出了这些振波……'

吉欧：'对呀。'

安：'如果当我们的手，都离开了桌子，桌子仍然有振波，他们就有可能发出声音来。我认为我们的手在桌面上，有可能会减弱振动所产生的任何声音。这只是我的一个想法？'

吉欧：'对啊。'

吉米：'朋友，请给我们发出一个声音来吧，请你们努力啊。'

最后的这般请求也没用，桌子仍然是静默无声，没有任何反应。

吉米：'我们周围的能量特强，我感觉到了神灵距离我们非常近。'

安：'如果那样的话，就是神灵想要通过你来沟通了，如果这是神灵的目的，那你就上场试一试吧。'

吉米的面孔开始改变了，看得出来，那应该是跟他正在交流的神灵人的面孔，他说话的声音也相应着改变了：

吉米（用的不是他本人的语调）：'我身上散发出来的能量与让桌子移动的那种能量是不相同的。可是，我想要你们知道的是：通过说话是能够积累一种能量的，如果这种能量就是神灵用来驱动控制桌子上的东西移动，或者是用来发声的话，或者会有相反的作用。'

吉欧：'你认为是声音的振波起了作用吗？'

吉米：'朋友，请你们努力从桌子上给我们发出些什么声音来，行吗？'

仍然没有反应，吉米现在又返回到了他正常的自己：

吉米对小组人员说：'我想你们如果有相同的意见或者是不同的解释，请不要胆怯，就发问好了。'

吉欧：'是啊，这儿的能量很浓很浓了。'

安：'是的，我的双手都发热了，好象在治疗中或是正在给别人治疗。'

玛蕊：'啊呀，这儿怎么又开始冷了呢。'

吉欧：'我感觉到了，我在打颤。'

安：'有人在我们的周围吗？你们是在这儿跟我们在一起工作吗？请你们发出一个响声吧，暗示给我们，你们是在此与我们同在，或者是让桌子移动一下也行，可以吗？'

等了好久以后，桌子上面的银色瓶盖有开始摇摆起来了。

吉米："就是这样，好极了。请继续坚持下来，这就是我们想要看到的，非常好！太好了！如果可能的话，请你们就继续摇摆吧。如果可能的话，请你们让瓶盖也转动一下，但是，这已经是太好了，证明你们能够有反应。所以你们确实是跟我们在一起，是正确的，对吧？对。对。他们都在这儿，太好极了。当你象这样转动的时候，你的意思是在说'对'对吗"

吉欧：'没反应。请再来一次。'

吉米：'所以呢，真的就是你们在说什么呢，我想你们让桌子上的银色瓶盖儿也移动。是那几位平时跟我们在一起工作的神灵世界的朋友吧，今天晚上，你们也正在跟我们在一起工作，对吗？我会更确切地说，今天晚上是吉尔非瑟跟我们在一起对吗？你在吗，吉尔非瑟？亚瑟爵士你在吗？'

安：'有一个巨大的振波从桌子上一扫而过。'

吉欧：'对。真奇怪呀。'

安：'就让那个瓶盖移动一下吧，就动动吧，你们就快成功了，让我们看到一个清晰的转动吧。快点啊。'

瓶盖仍然只有微小的颤动，就当我凝视着在桌子上的瓶盖，忽然领悟到了另外的一个方面：

安：'你们知道我能够在瓶盖上看到几张面孔。其中的一个就像是圣诞老人那样的面孔，老人留着满脸白色的胡须— 是这样的，你们那边有一个人就是这样的面孔，对吧？呕，我想你可能是新加入我们团队的神灵人— 可是，我不知道，因为我不知道其他人是什么样子的。啊，见到你很好，尤其是见到你那微笑的面孔— 你看上去很像鸟眼人，Captain Birdseye[3]. 鸟眼大卫先生。呕，我想那张桌子刚刚启动了，就在右手边上，对吗？快点啊，我们实在乐意有你们的消息，我们真乐意在今天的晚上跟你们交流沟通，请给我们发个声响，让我们知道我们在正确的轨道和路线上，朝着正确的方向在前行。'

吉欧：'蜡烛的荧火光亮忽然静止，然后就开始闪烁—这是你们在这里的象征。你们今天晚上，是在用蜡烛跟我们交流，对吗？'

现在到了吉欧抓住稻草，呼唤救命了—百无聊赖之际，我也加入了他们的行列：

安："如果是这样的话，我们就用蜡烛的火光闪烁来交流了，我们就以闪烁一次为'对'荧火光静止为'不对'— 这样安排可以吗？"

仍然有任何反应，荧火光也没有任何闪烁。吉米和吉欧都非常沮丧：

吉米：'我想我们应该继续注意桌子的动静。'

吉欧：'请你们今天晚上给我们一个举动啊？'

我意识到了大家都非常沮丧，就把圆珠笔从桌子上拿了起来，用它来轻轻敲桌子，看看有否能够得到声音的振波。

安：'请你有个反应。'吉米："你们能够听到我们在这里做出动作的声音吗？你们能听得到吗？除非你有反应，让我们看得到，否则我只能够猜想是'不对'但是我又怕这实在是太模糊了。"

安：'对，我同意。没有任何反应，就让我们结束这个圈儿吧。'

吉欧和吉米再次发出了绝望前的请求：

吉欧：'今晚我们真希望看到你们有一个动静？只是让我们知道你们跟我们在一起就行了。'

吉米：'快点给我们发出一个声音吧，什么响声都行。'

忽然间，好相似给他们的请求发出了答复，我意识到神灵能量在我的后背发生了作用：

安：'我感觉到有人在我的后背用力地推我，就跟以前那次一样。我的后背被用力地推动着。'

吉米：'那样，你就见机行事吧。'（安开始在她的椅子上前后摇摆起来了。）

安：'我忘记上次是为什么出现过这种摇摆的现象了？'

吉欧：'就让他们通过你，发挥他们的能量力。'

吉米：'我把桌子上的东西都拿开，你别停下来啊？'吉米把桌子上的瓶盖和圆珠笔都拿开了，大家把手重新放在了桌子上。

吉米：'我的朋友，如果你们还在这儿，就接下来动吧，不要停下啊。'安：'我觉得我的面孔是非常怪怪的；他们在我的脸上做了什么。'

吉米：'墙角那儿有吱吱的声响。'

安：'对。是你们吗？是你们在墙角那儿发出了吱吱的响声了吗？如果是对的，请让桌子动一下吧，或是在继续发声？'

安：'我的双手和面孔就象被烧烤了一样的热。'

玛蕊：'注意桌子底下有非常强大的能量力，尽管是桌子没有动静。'

安：'你们非常努力，但是，肯定有什么是不对劲儿的。'吉米：'我想他们正在教我们......，我们总是见木不见林。也许他们正在给我们上了一堂教育课。'

吉欧：'你们有没有听到那里，刚刚是有声音的。'

玛蕊：'对。我想我听到了，就在你的附近。但是，我拿不准那是什么声音，好相似是一种抓挠的噪音。'

安：'对，是这样的。'

吉欧：'如果是你们发出来的声音，请你们再做一次，好吗？'

又是一段时间悄悄地过去了，我们意识到我们已经体验过了这天晚上神灵努力要我们体验的一切。我们神灵世界里的朋友们，用尽了他们最后能够做出的努力，让我们知道他们一直在那天的晚上跟我们在一起工作 — 或者是使用墙角发出了吱吱的声响、或者是让蜡烛火花闪烁与静止不动、或者让那个银色的瓶盖转动摇摆；还有就是让我坐在椅子上前后地摇摆不停。但是没有出现我们所企望的那种呼或叮一样的声响。

吉米对神灵：'好吧，我们接受没有任何的响声发生。可是我还是要表达对你们跟我们同在一起工作的感谢之心。也感谢你们对我们的耐心和忍耐。很明显的就是，当我们非常希望并千方百计地推动你们做些什么的时候，你们那边不同意；我们对此表示感谢。我们也感激你们耐心地引领我们逐步地意识到了你们在一步步地努力推动着我们。请接受我们为此之道歉。'

吉欧：'谢谢你们。'

今晚小组的活动接近结尾、就要结束了，因为没有发生什么激动人心的情景，大家沮丧地坐在自己的座位上，只能安慰自己了：

吉欧："他们*确实*是跟我们在一起的。"

安：'对。'

吉欧：'可是他们不想用那个。'（她用手指着那个铜面小桌子）。

安：'但是，那个就是......'

吉米：'一个旋转？'

玛蕊：'对。一个美丽的旋转动作。不是吗？'

吉米：'肯定是。美丽的旋转，你选择的这个词太恰当了。我是想说旋风，但是你感觉它应该是停留了一会儿，对吧？'

玛蕊：'实际上，它是停留了挺长的一段时间呢，所以我们不能说什么都没有发生的，就是……'

吉欧：'既然是这样，他们就是想让我们知道，通过……通过我们的感觉…让我们知道，对吧？你们想是由于隔壁房间里有人，他们不想发出任何声音来，怕打扰隔壁房间里的人吗？'

安：'这是有理由的。因为他们实在不希望我们在这里工作了，对吧？我们已经非常清楚、非常坚决地得知我们应该搬迁到其它的地方去，更有甚的是我们的隔壁确实有人，那些人还发出那么多的喧哗、噪音，这就意味着：神灵也许故意在指出了这些方面……'

吉欧：'也许我们下意识地没有注意到的就是，我们不能够象以往那样的放松？这是由于我们放假以后的第一次小组聚会的原因吗？'

安：'我们从以往的信息已经知道了，他们不能再继续跟我们工作，除非……'

吉米：'提高我们的知识水平？'

安：'对。直到我们有一个安全可靠的地方，也许我们要求的太过分了一步？'

大家的精力都集中在找出当晚为什么没有发生期待的现象的缘由和解释，就这样，大家对神灵世界的焦虑就更突出了：

玛蕊：'如果是那样的话，我们的地方，早就应该由神灵世界的人给安排好了的啊。如果他们真的要我们搬迁到什么地方，又不做什么，直到那个地方……我倒是认为那个地方现在应该兑现了，所以，实在是有点儿懵。'

吉米：'对，你是对的。直到我们有了……，我真觉得我们需要有一个解释，要他们给解释为什么这个房间不合适。可是，不管到了哪里，我们都无法控制那边……'

玛蕊：'在那边，还有哪些人呢。'

安：'可是，如果他们要示范表演他们准备要表演的项目，他们会因为怕有人在他们的表演中闯进来，打扰示范表演，他们就不做。他们做示范表演给我们看的地方一定是要属于我们自己有权利控制的才行。我想这一点是比什么都重要的。'

吉米：'对，如果我们接受这些……。'

玛蕊：'可是，就是在他们的示范表演中，有人走了进来又当如

何呢？我的意思是：他们会大吃一惊的，可是那对他们来说又有什么重要的可说呢……'

吉米：'我想这全靠他们要咱们做什么了。比如说：他们选择我们中的哪一位做现场灵媒的话，并且在现场让那个灵媒发功（进入到深深地无自我意识之中），就在这种情况下，有人破门而入进来了，那就只剩下坏消息了。'

安：'你说的对。'

吉米：'我接受那是严肃的案例，这就是他们一定要较真儿的方面吗？'

玛蕊：'难道不是吗，如果是你正在做着 ectoplasm[4]?那种七窍皆通的灵媒示范表演，你又会怎样想呢？'

吉米：'对。你说的是正确的。'

玛蕊：'如果不是这样的，在我们发展提高到了一定程度以后，学习到了一种完全不同的方式方法。在现场的灵媒，能够发挥新的技能。那就是我们正在探讨中、也就是我们想要学会，要做到的事情。那样的话，就不用太过分地担心了。'

吉欧：'如果是你自己做灵媒的话，当你的灵魂和身心正在进入到另外的一个境界中，忽然，有人闯了进来，难道你没有恐惧的心理吗……'

安：'今天晚上就连听到了室外的那种喧哗声音，我就完全没有了心情。'

吉欧：'我那会儿，能让自己超越，没受到影响。'

玛蕊：'我也没有受到太大的影响，只要没有伤到人，就没事儿。'

吉米：'我不在乎。'

吉欧：'是因为你知道你有被保护着，对吧？'

吉米：'对。我有那种感觉。可是，那是我….只要我有意识地明白是有人进来了。但是，如果我不知道的话，我就肯定不参与的。我不知道怎样…或是什么事情会发生。因为我听说高登 海格森，他曾经因此被烫伤了。是他亲自告诉我的这些事情，所以……'

玛蕊：'请允许我重申一次，那可是个七窍皆通的操作啊。'

吉米：'对。就是那个。'

玛蕊：'我不知道。但是，我想咱们这会儿要学和要做的事情，是跟那个不太一样的方式和方法。'

安：'我们实际上并不知道他们给咱们的学习计划是怎样安排的。'

吉米：'我们在这儿，是给他们创造机会了。'

安：'所以，我们只能够跟着我们的感觉走了。'

吉米：'是这样的。现在，摆在我们面前的有两个选择：一个方案就是我们放弃小组的聚会，等到我们有了自己的地方。我不相信神灵要我们这样做；另外的一个方案就是继续留在这儿，直到我们找到了一个合适的地方再搬迁。'

安：'对。'

吉米：'那样的话，我们应该如何安排和使用我们的时间呢？'吉欧：'我想我们就静坐了。'

玛蕊：'今晚，我感觉……，我没有那种失败的感觉；我感觉神灵是在建立能量和积蓄能量、并且一直都跟我们在一起工作，只是很迟缓…，我也没有感觉到是我们选择错了。我只是感觉今天晚上没有象往常那样立马见效，可是我没有失望感。我也没有感觉他们没合作或是怎样的。'

吉米：'没有。'

玛蕊：'不管发生了什么，是好的，不错的了。'

安：'我也有同感。实际上，我感觉有什么正在发生、正在发生的半路上，等待我们揭晓。'

玛蕊：'对，我赞成。'

安：'甚至也许……，我不知道，我就是有一种不该是这样的，还有一点儿什么更多的东西等待我们去揭晓。'

吉欧：'对。'

吉米：'实在令人感到惊喜的是，我们知道了神灵可以使用各种方式，他们知道我们能够明白的任何方式，跟我们想方设法地沟通交流。但是，现在，他们正在使用的哪种方式，我们还没有弄明白。'

玛蕊：'我想我们刚刚尝试的工作不是错误的选择。你认为选择了用声音尝试的办法是激情不够，安，或者是我们跟随了你，进行尝试是错的，这样想都不对。我仍然认为我们选择的尝试是正确的，我有强烈的感觉：就是我们需要有很大的信心和耐心，我们需要有耐心来等待和大家的共同努力，才会有更好的结果。有些什么还没出来，需要耐心等待，才会出现。'

吉欧：'对。我赞成你的意见，玛蕊。我看得出来，好象就要发生什么，因为出现的情况那还不够，还会有更多的什么要出来，但是需要时间和耐心，要多一些耐心。我就是在猜想，他们是否在教育我们要有耐心。'

玛蕊：'我想我们是有点不耐心了。'

小组讨论结束了，我开车回家的路上，心里想着我和玛蕊都异口同声地说出来我们的感觉'*有些什么还没出来*'我们错过了些什么,那种'*那还不够,还会有更多的什么*'我不能解释自己的感觉,也没有合适的答案给大家,我只是知道有些事不太对劲儿。从整体上来想,不该光是我们用肉眼看到的这般情况。我安慰自己说也许耐心就是我们的教训了。如果我等到下周,等到了我们再聚会的时候,就应该有答案了,可是,我不必等得那么久。

到了家里,我就坐在了电脑机前,开始按照录音机里磁带上录下来的全部经过的内容录音,悉心地整理和打印我们小组此次活动的情况。我总是这样,每次小组结束以后,我都会及时整理和打印出来,如果录音机里的东西,我听不很清楚的话,我也能够马上想起来,当时的情景和谈话的内容。这个工作一般要花费我2到3个小时的时间,我常常都是到了家里,把电脑打开,再把录音机打开,即刻就开始打字了。每当我完成整理和打字工作,大概都是第二天的凌晨或者是拂晓时间了。我生来就有雷厉风行的工作习惯,又是个夜猫子 — 我丈夫常说'安起床和上床不是在同一个日子里。'不管怎样,我愿意把工作尽快完成,以免它总在脑海里打转转。

其实,这个工作是很消耗脑力和体力的,因为我要不停地按下录音机的启动和暂停键,打一会儿字,就得停下来听一听录音机里的内容,或者要重复仔细听,再往前或者往后倒着听,然后再继续打字。尽管我是一名很熟练的打字员,可是录音机里说话的速度很快,我有时还是跟不上。我已经完成了第9页的打字内容,正要开始为第10页打字,我想要知道还有多少的页数需要整理出来。忽然间我的脑海里说'*停下打字,听听录音带的内容*。我立刻意识到这是个指令 — 这不是我自己的本意 — 我是要尽快地把这个任务完成,越快越好地完成这个任务,我没想停下来。与此同时,我也有种感觉,有很重要的内容,需要我仔细聆听录音磁带的内容,必须听了以后,才能够明白。我停下打字的手指,身体朝前稍倾,再按下了录音机的开启键。过了一会儿的寂静之后,我听到了录音机里有三个分开的敲击和破裂响声。可是,那会儿我们在房间里的人都没有提到这些响声。很清楚地证明了当时没有人听到这些响声。我的直觉马上就告诉我,这是相当不寻常的现象。我被允许听到了这个响声。我反反复复听了几遍,然后我给自己打印了一个提示标记'*给自己的提示 安 — 要把这盘录音磁带拿到实验室进行检验和做for EVP[5] 分析。上面也许有重要的消息。*'我用了蓝色的提示笔,把这个提示标出了特殊记号,以提醒我自己,同时我继续打字。我知道我已经接近了尾声,打字到了我们小组都一致认为当晚没有发生什么，就要结束小组的活动了。就当我打字到了小组成员讨论什么都没发生的可能原因和借口时，那个想法又再现了，'*停止打字注意倾听— 你会听到些重要的情况*'。我再次从打字键盘上停了下来，身体向前倾斜，按下了录音机的开启键盘。刚才我听到的声响不是非常清楚，我也有问自己，为什么当时房间里的人都没有听到呢，我不要错过什么声响。于是，我就又重新按下了录音机的开启键，再次仔细、用心倾听。

这次听到的声响是非常清晰了，没有任何的质疑了，简直就是令人惊讶。这是一种金属的声响，比以前的声音响亮得多了，而且响声在磁带上又重复了好几次。它可能只会来自於那个铜面的小桌子，或者有人故意在水管上敲打，才有这种撞击金属的响声。我惊喜极了，当时房间里没有任何人听到这种声响，现在，在这个实地录制的录音机磁带上却出现了这个响声。我独自静静地坐在凌晨那种黎明前的黑暗里，被听到的录音机磁带上的声响给震慑住了。

其实，这种有讽刺性的情况，并没能逃出我的注意力，就是正当小组全体人员都沮丧地讨论为什么没有发生任何反应，大家都想要寻找某种理由、借口的时刻，这些重复多次、响亮清脆又悦耳的撞击金属的声响，竟然真实地出现在了我们当时一直开着、录制现场情况的录音磁带上面了。

我兴奋不已，马上就要给我们小组的成员发送电子邮件，想要告诉他们这个意外的惊人喜讯。我发出了'*有人在吗*'，'*有人还没睡吗？有人还在工作吗？*'的邮件信息。我等不了要告诉我的伙伴们，玛蕊和我的分析是对的。确确实实'*有*'重要的现象发生了。我期待着伙伴们的回复，可是没有任何人回复我的邮件。就这样，我怀着兴奋的心情继续打字，记下了我被允许能够听到新的一种现象—不是我们企望的那种响声，但是非常真实地证明了神灵确实给了我们向他们发出要求的答复了，录音磁带上有了这种金属声响作证据。就当我惊诧於这些想法的时候，脑海里又有出现了—'*停止打字，注意倾听*'—这次我在磁带上听到了两次更鲜明的咚咚的声响，尽管我怀疑神灵世界的朋友是用了那个铜面小桌子制造出来这种音响的效果，其实际效果就跟英国电影制片人Rank推出的电影产品，在开始放映前，用棒槌敲打铜锣，所发出来的声音更加相似！

第十八章 天堂来的硬币和进入城堡的钥匙

我们小组下周再去神智社的日子是2006年9月28日，在这个日子之前，我已经收到了小组成员一个接一个打给我的激动人心的电话。因为他们都查收到了我发出的电子邮件，并且知道我在凌晨时刻，曾经惊喜若狂似地想要与他们联系、要告诉他们，在上次小组活动的录音磁带上，我有听到了跟'大铜锣响声'一样响亮的声音。

'响声是怎样的？''你能形容一下吗？'，'你能清楚地听到那个响声吗？'当然还有'我们也可以听到吗？'他们这样一个接着一个地向我提出了好多的问题。当然了，他们肯定是要亲自听到这种声音了—而且，我也是盼望着他们能够早一点儿听到，分享我的激动和喜悦呢。我想要他们也体验和分享到我的惊喜，当我听到了神灵确实为我们的祈求给出了答复而产生的声响时，我的那种发自内心的惊喜—就跟我们请求听到的那样。但是，那不是我们所企望的那种声响。就跟吉米上周说的一模一样'声音，不是我们正常听觉力之范围内可以听到的。'至少是我们都坐在房间里的那会儿—可是，在磁带上，录制到了，那声响是非常清脆悦耳。我告诉了大家，我会把录音机和磁带都带到神智社，让大家一起听听这个录音效果。然后我就把他们的反应记录下来。就是这样，大家也都一样非常激动和兴奋，盼望着在大楼的顶层房间里，我们再次聚会。吉米在我到达以前就来了，我们两个人在等待其他人的到来以前，商量着当天的活动。吉米问我，我们是否可以使用倒扣着的水杯来指示与辨认字母的方式— 奥吉报得的方式 — 因为他有一些问题想要对神灵世界的人发问，想要用这个方式得到答复。我很吃惊地发现我们上次使用这个办法，大家都有过不愉快的经历。可是，这次他仍然还提出使用这个方式。他说，他知道上次发生的不愉快的原因是什么，他不想透露给其他人。因为他不想让其他人知道我们将会使用什么方式，以便没有任何人做这方面的心理准备，那样就不会有人影响尝试这次试验的效果了。他看上去非常迫切地想要这样做，追问我有否把字母（字母卡）带来，我不是非常情愿地同意了他的做法，可我还是把手伸到了我的手袋里，想从手袋底层翻出那个装有字母卡片的信封。就当这会儿，其他的人也陆续到了房间里。我就告诉他们吉米想要使用奥吉报得的方式，询问他想要问的问题。我可以从他们的面目表情上看出来他们的迟疑— 他们是来这里听那个录音磁带的 — 对此，他们跟往常一样，就接受了被通知要做的事情，随即我就从手袋底下把那个信封给翻出来了。我顺手就把信封里的东西散落在桌子上，有几个星期以前做的字母卡片和一些零钱和硬币。这是上次我们一起去酒吧以后剩余的零钱。我正从字母卡中把纸币和硬币分拣出来，一下子我就认出了一个外国的硬币。我开着玩笑对大家说，有人把外币滥竽充数地混合一起给了我，我想知道他们之中是谁要对这枚外币负责。可是，在场的人都笑话我说：没有人会这样做的，有可能是我接收了酒吧给找回的零头，其中就有这外国的硬币。我是银行出身的专职行家，我从一公里以外就能够辨认出哪个是外币来— 辨别外币是我接受的严格培训的项目之一，我不能接受他们的建议；如果一枚外国硬币从我的眼皮底下溜了过去，那可是绝对不太容易的事情，可是，在这种情况下，我也就不得不这样接受了。况且，这不是很重要的事情，今天的晚上，我们还有更有趣的事情等着去做呢。但是，我们大家都为此大笑了一场。我们把字母卡片摆放在铜面小桌子上面，小组的成员又都聚集在一起了，围坐成一个圈儿了。我们跟往常一样静静地坐了一会儿静思冥想，然后吉米就把大家的集中力拉了回来。他给大家解释说，他想要搞清楚上周到底发生了什么，因为我们大家对整个情况都有一点儿发懵。他提到了他星期四晚上一夜没睡好，一直在琢磨我们该怎样才能够得到一些对发生了现象的解释— 所以他就决定使用奥吉报得。

吉米：'我知道我要做的事情大概是与我们计划着想要做的事情不大一样，请各位多多包涵了？'

小组的人员示意同意，尽管我看得出来，他们的心里都心急如焚地迫切希望听听录音磁带。可吉米继续要我们大家把手指都放到了倒扣着的玻璃杯底上—他却没有放上他自己的手指—这样说明他不会从自己的心理角度来影响得到的结果,他就可以放心地向神灵提出问题了。

吉米对神灵:'好,我们都没有意识到,上周在这儿发生的情况,对吗?'(没有回复。)

吉米对小组人员:'你们认为这个问题奇怪还是你们明白这个问题的意思?'

安:'我想这个问题有一点儿太模糊了。'

玛蕊:'你要更明确一些,你是指声响还是……'

吉米:'好。上周我们有意要—我们的目的就是要用声音来与你们沟通,你们意识到我们的目的了吗?你们是否有明白我们想要声音、响声跟你们沟通?'对。

吉米:'好。你们是否制造了那个我们无法听到的响声?'对。

吉米:'谢谢你们。今晚我们想要把录音磁带重新听一遍,那上面有响声吗?'对。

安接着问道:'是你们发出来的声响吗?'对

吉米:'对,是你们故意发出的声响吗?'对。

吉米:'我们全都没有意识到那个声响,是否正确?'对。吉米:'那个声响是怎么出来的?是从我们使用的铜面桌子发出来的声响吗?'对。

吉米:'你们用了放在桌子上的两个东西来发出声响,对吗?'不对。

吉米:'好。所以你们从桌子发出来的声响,不是使用了物质工具发出了声响,对吗?'对。

吉米:'好。我想,到此就这个问题,除非围坐在桌子旁边的其他朋友们要提问,我满意了。我们可以进行到下一个步骤了。你们在座的人,就这个问题还有什么要说的吗?'

我惊讶地发现吉米,先前他是那样的心事重重、一筹莫展,竟然这么快,就全都解决好了。我接着就这个问题想要做进一步的澄清:

安:'上周四,你们为我们制造的声响—你们是使用了我们说话发出的声音之颤动振荡的余波,使之作用在铜面桌子上,使其发生的声响效果,对吗?'对。

我和吉欧在休息时讨论过这个问题,我们认为神灵大概可以使用某种方式,在我们说话时,使用我们发出声音的能量波来制造声响。现在,这也被证实是正确的了。

吉米：'好。谢谢你。还有人需要提出其它问题吗？啊，朋友们，我们可以稍候回到这个问题上来。我一直在考虑另外的一个情况，请把这个问题稍微拖延一点儿？在这个房间里发生的其它事情，我们也没有意识到，也是你们…'对。

吉米：'好。谢谢你们。'

吉米还没有把他想要问的问题讲完，然而，他已经从倒扣的玻璃杯上得到了一个'对'的答复了－记住啊，他可没有把他自己的手指放在那个倒扣着的玻璃杯子上。这一下子可把小组成员都搞糊涂了，他们都望着我－我对吉米的本意也是一无所知－吉米不但把小组的成员，就连我也一样，全都蒙在了鼓里。

吉米：'我想我是知道发生了什么的。我已经就这个问题斟酌好久了。你想我知道这个密码吗？是正确的吗？'对。

吉米：'那个就是我在上周四的晚上做的梦。我在梦中醒来以后，忽然领悟到的，是正确的吗？'对。

吉米：'谢谢你们。我不是故意把它神秘化或者是类似的什么。但是，我似乎知道你们是知道了，我已经知道了发生了什么。如果确实是在这个房间里发生了那件事，也许请你把这件事给我们大家拼出来，是否可能呢？'对。

吉米：'好极了，非常感谢你们。'

玛蕊：'你一定要问他们把这个事情用字母拼出来啊。'

吉米：'好。让我们回到我问的那个问题上。我想房间里还发生了另外的事件，请你试着用字母给我们大家拼出来这个事情，行吗？'对。

吉米：'我还要再问一个问题；你能够用字母把我们知道的发生了的事，给拼读出来吗－我是唯一的一个人知道那个事件的－我想要知道你们是否可以使用字母把这个情况用神灵/灵媒专用术语来给拼出来？你们能做得到吗？'对。

吉米：'好。谢谢你们，朋友。那样就太好了，请允许我跟你们澄清了。在我们的房间里发生了一件事儿，这件事在我们神灵研究界里是用了一个专用的术语来描述的，请你把那个专用名词术语拼出来，可以吗？'玻璃杯开始转动了，并且拼出来：P, H, Y, S, I, C 物理。

吉欧：'对了，心灵感应。'

安：'对。只是拼写出错了。应该是Psychic心灵感应这个字对吧？'对。

当然，现在我整理资料，再回过头来想想看，我们的神灵在最初使用的词应该是完全正确的－就是宇宙物理世界的现象。

吉米：'好吧，朋友，你们还得要更聪明些啊。好，你能说出这里发生了什么，是与一个物体有关，对吗？是在房间里有一个东西，移动了地方，我们根本没有察觉得到？'对。

吉米：'好。那个东西是什么，请你给我们拼出来，行吗？'

玻璃杯开始动了，大家的手指都放在了倒扣着的玻璃杯子上，可是吉米没有这样做。大家都面面相觑互相看着，不明白是怎么回事。

吉欧：'你去哪儿啊？你在找什么呢？'

吉米：'你们大概不懂我的问题，是正确的吗？你们不懂我到底是什么意思吗？'对。

吉欧：'你到底用了什么东西，请你把它拼出来，可以吗？'

玻璃杯子开始动了，拼出：B, O, O, K 书。

吉米：'那不是我的意思。但是，可以暂时放放这个，回头再来谈。'

安：'好了。让我们确认一下吧。上周四，我们在这儿的时候，你们是否用书来制造出声响了呢？'不对。

吉欧：'你们是采用了书中写的内容，对吗？'对。

安：'上周你们有制造出声响来，那是根据书中内容介绍的情况，对吗？'对。

吉欧：'可是，我们当时没有直接听到物质声响呀？'对。

吉欧：'好了，你们跟我们的意见一致了吗？'对。

吉欧：'好了。如果我是正确的话，就是那个声响只能够从我们的录音机上可以听得到，作为证据的了，对吗？'对。

吉欧：'我们能在将来用我们自己的物质耳朵，也能够听到你们方面的声响，可以吗？'对。

吉欧：'好。我盼望着那个时刻呢。上周，我们也有提到了耐心，这与其有关系吗？'对。

吉欧：'好了。谢谢你们。我们都热心想要知道下一步如何进展，你们能帮助我们吗？'对。

吉欧：'这是应该问的正确的问题之一吗？'对。

我意识到吉欧的问题正是吉米想要问的问题的变相说法。故此，我就对着吉米问，是否他还有问题要继续提出来，结果是吉米吞吞吐吐、满腹紧张地继续发问：

吉米：'是，我会试着把问题更清晰、更一目了然地提出来。在我们这个小组里，有过一次无中生有现象的实践体验吗？'对。

玛蕊：'呕呕呕啊！'

满堂的惊喜 — 这根本就是个任何人都没想到的事情啊。

（无中生有现象就是一个东西被神灵悄悄地从一个地方转移到了另外的一个地方，或者是一个物品忽然间出现了，不知道是从哪儿来的。这是一种极为鲜见的事实。但是，如果是灵媒在现场的情况下，是有可能发生的。）

吉米：'是上周发生的吗？'对。

吉米：'与一件金属物品有关？那个无中生有的物件是一件金属物件？'对。

安对吉米：'什么呀？'

吉米：'我知道那是什么。'

安：'那就问他们啊— 是什么呢？'

吉米：'你能够告诉我们是什么吗？'对。

吉米：'请现在就拼给我们，可以吗？'对。

吉米：'第一个字母是……'玻璃杯移动拼出了：C,O,I,N.硬币。

吉欧：'啊，对呀。'

看上去吉欧是我们当中唯一知道原因的人，因为其他人，包括吉米在内，我们都是满面的疑惑不解。

吉米：'那跟我脑海里想的东西不是一样的。'

安：'你们是说上周四，在这儿，有一个无中生有的硬币？'对。

全小组的人都表现出了莫名其妙的表情，然后，我记起了信封中的零钱和外国硬币。

安：'我能问一下吗，是不是今晚我们刚刚开始时，有谈到的那个外国硬币？'对。

玛蕊：'呕，你真聪明—那个百慕大的硬币！'

安：'是从加勒比海来的，就是那个在我们零钱信封中的外国硬币！'

全小组的人都惊呆了，更有人忍不住大笑起来。

吉米：'好了，朋友，得到这个确认的消息我们非常开心，可是那不是我考虑的问题。'

小组人的脸上再次闪过了迷惑不解的表情— 肯定不会是有两个无中生有的物件吧？

吉米：'这个大楼的钥匙上周无中生有地到了我这里，对吗？'对。

吉米：'钥匙是被放在了这个房间门口的外边，是吗？'对。

吉欧对吉米：'是吗？'

吉米：'钥匙被放在了门外的地板上，对吗？'对。

玛蕊和吉欧同时：'啊哈哈呀。'

吉米对小组人员：'你们还记得那个事件吗？'

吉欧：'对。'

玛蕊：'我记得。'

上周吉米用钥匙把我们房间的门打开以后就交给了我。小组结束以后，吉欧和玛蕊打开门，一眼就看到了钥匙在门口的地板上。他们就把钥匙捡起来交给了吉米，吉米再次交给了我。当吉米再次给我钥匙的时候，我根本就没有多思考任何情况。我想吉米大概为什么缘由又把钥匙拿回去了。明显的就是吉米认真思考了这件事，而且还做了一个梦。在吉米的梦里，他被告知这把钥匙被神灵拿走了，放在了房间之外的门口边上了。所有的这些情况都通过奥吉报得的方式，得到了神灵方面的确认。

从某种角度来看这件事，我想你会看到，你大概也能够接受：那个外国硬币，很有可能是从酒吧，找回来的零钱中，如同鱼目混珠一样，到了我这里。请一定记住，当询问奥吉报得的时候，我们每个人都想的就是磁带上的声响的问题，连吉米本人也没有想到那个硬币是无中生有、由神灵安排的。吉米是想到了无中生有现象的实践体验。但是，他也没有想到硬币也是神灵安排好的一环。

接下来，小组的人就对钥匙的问题进行了仔细分析和研讨。我不知道到玛蕊和吉欧出门的时候发现和捡起了钥匙、又给了吉米。当吉米第二次再交给我这把钥匙的时候，我设想是吉米第一次交给我以后，他马上又拿回去用了。只是吉米一个人非常悉心地斟酌、思考了这整个的情况。因为是他，用钥匙打开了这个房间的门。然后吉米就把钥匙交给了我，我顺手把钥匙跟我的外衣一起放在了一个旁边的桌子上。所以，在整个活动期间，钥匙一直是在我们房间里面的。再细想一下，如果是吉米开门的时候，打开了房间的门，但是把钥匙丢在了门口外边，那样的话，我们后来的人进门时，都会发现这把钥匙。还有就是，我们小组里的人，都有轮班去走廊里的洗手间，如果钥匙在门外的话，也会被其中的人发现了。

吉米给出了一个总结：

吉米：'上周四，我从梦里醒来，那大概是午夜1：30分或凌晨2：00的时间。我的梦，实际上很甜美。可是我被迫下楼，要把这钥匙无中生有地出现了的事实给写下来。'

吉米对神灵：'是不是你影响了我，要我下楼去把这些情况写下来的呢？'对。'

吉米："请允许我在这里用上一个法律用语：'这就是我想要说的了。'我简直不敢相信，我们是多么的幸运，能够亲身体验到了这些无中生有现象的实际情况。我就是想问问我的伙伴们，你们之中有没有人，想就这个题目再说点什么吗？这是正确的吧？"对。

安：'我查问一下可以吗？我就是想要请你们帮助澄清一下？你们在上周，给了我们两次无中生有实际现象的体验机会，对吗？'对。

安：'一个是钥匙，一个是硬币？'对。

安：'呕，就是为了更清楚些。硬币是在另外的一个时间里发生的吗？'不对。

安：'不对。是上周两件事同一天发生的。是这样的，因为是几个月以前，我们去的酒吧了。我从酒吧回来就没有打开过那个信封。'

吉欧：'对的。'

全小组的人员把这两件事情，都彻底搞个水落石出以后，大家都为上周有过两次的无中生有的实际体验而满意、高兴。于是就重新又回到了磁带上的声响问题上来了。我把磁带放进了录音机里，同时请吉欧把我打印出来的笔录读出声来，以提示我第一次出现声响在磁带的哪个位置上。磁带播放出第一次出现的'破裂'声响，大家都听到了。由于大家都聚精会神地仔细聆听着磁带，所以第一次的'破裂'声响很容易被听到了。

玛蕊："我不知道那是什么声音发出来的'破裂声响'。我不知道是否是麦克风在卡住了时候也会发出那样的声响。"

我告诉玛蕊如果是麦克风的问题，它的声响就会是跟收音机被干扰以后，发出的那种噪音一样。

'你没有明白，对吧？'她继续说：'那个声响是很强硬的啊。'

我又重新把录音带倒转回来，再次重新播放，让大家仔细再次聆听。然后，把磁带再继续播放，第二次的声响就是有收音机被干扰时发出的那种声响，两种声响有着鲜明的不同。

'听上去好相似管道的管子发出的声响？'玛蕊说，'它敲响了三次……'

玛蕊是引用了一首歌词，大意是这样的：'在屋顶上敲击三次—在管道上敲击两次……'当这首歌曲，在由歌手演唱时，打击乐队会在这个歌词的后面，用铜锣乐器敲击两次，代表着敲击水管管道的意思。这种形容正好是恰到好处地对应了我们录音机里磁带上面的声响。我继续播放磁带里面的内容，下面就是那种相似于用棒槌击打铜锣一样的声响。小组的人都倾过身来，想听个仔细，当播放出那种打击乐似的声响时，大家又都从录音机附近蹦了回去，因为声音太大、太响亮了。大家都紧张地笑了起来，因为不敢相信他们听到的声响这么清楚、响亮。

玛蕊（大笑）：'呕，我的上帝啊，听上去好相似有人端着那个铜盘，然后就……'

（她示意出有人端着铜盘撞到了她硬硬的膝盖上面。）

安：'完全正确，你们都听清楚了吧？对吧？听到所有的声响了吧？'

吉欧：'是，请你再把那一段重新播放一遍，行吗？'

重新倒带、播放。

安："现在，没任何人说：'呕，对不起，那是我。'或者是类似这样的话。因为打个比方说，如果有人没留意，一下子踢到了那个铜盘 — 那会发出同样的响声来— 那样的话，也会影响到我们当时的谈话。如果那是真的发生了情况，你就会希望有人说什么道歉之类的话。"

玛优美：'可是那个声音，可不是一个偶尔地碰撞到桌子，就能够发出来的响声啊。那将是一个很有意的行动，才会发出如此的声响。正如玛蕊说的那样，如果是一个人拿起了一个铜盘，还要重重地对着一个什么很硬的东西有意地撞过去，才会发出来那种'砰'的声响，或者用个榔头敲击铜盘，才会发出那种声响。总之，是需要一定的用力，才会得到这种跟打击乐一样的声响。'

吉米：'完了吗？或者是磁带上还有什么可以继续听听的内容？'

我把磁带快速地向前翻移，重新播放最后的声响那个部分。大家再次听到了无可争议的声响以后，玛蕊和玛优美都大笑了起来。因为，这又是上周四的晚上，我们在房间里，根本就没有听到的声响。

吉欧：'啊呀，我想这实在是惊心动魄、难以置信的现象！'

安："好。这回我高兴了。因为我在打字的时候，听到了这个现象，就开始给你们发出了电子邮件，心想：'呕，没人在啊，没有任何人在线上。'"（小组人全都笑了。）

为了让大家相信这个事实，我们无法制造出这种声响的效果，吉米建议大家一起做一个制造声响的试验 — 同时把录音机打开，录制下我们的试验结果。吉米用拳头敲打铜面桌子，结果桌子发出的声响跟原来录音磁带上的效果完全不一样。小组成员也提出了各种建议，好比说，吉米用脚踢铜面桌子等等方法，得到的还是没有那种效果，结果就是不一样的。缺少那种我们从录音磁带上才能够听到的那响亮的振动余波共鸣作用发出的声响。各种试验的努力都失败了以后，我们认为最接近与录音磁带上的声响效果的是，只有当我们把铜面桌子的铜面立起来，使其一边接触到地面，尽量曾加敲打时的振动余波。（到此我才意识到，我们的试验是为了增加振动的声音－与毛根教授在他的书里面描述的，那种编织钢针掉落在大理石板上的声响效果有很大相似。）当桌面处于这种状态，吉米用他的拳背骨头猛击桌面时，发出的那种声响，近似於磁带上的声响效果。问题是吉米无法用他的拳头连续击打桌面，他的拳骨头受不住、太疼了。

安：'那样好些了，听上去有点儿近似于那个效果了。'
吉欧：'他是用他的手背骨敲击的啊。'
安：'是啊。'
吉米：'我做不了，因为太疼了。'
安：'嗯，我不知道如何才好了。'
吉欧：'当然。我们无法证实，我们当中的任何人可以做出那种声响来。'
吉米：'确实能够证实我们是多么的执着、坚持住我们的观点。'
吉欧：'对，我们真的应该多加注意，仔细观察我们周围发生的一切。'
安：'可是，我们那天晚上什么都没有听到。吉欧，你是绝对正确的，你说是他们运用我们说话的能量振动。就当我们静坐以后，大家开始讨论的时候，没人把手放在桌子上，那当会儿，他们就已经开始行动了。'
吉欧：'对了。我们那会儿都没有把手放在桌子上。'
安：'完全正确。'
玛蕊：'问题是，他们这样做了，除非他们想出个办法来通知我们，否则我们没法知道。'
安：'可是，他们确实有想方设法跟我们联系－一个就是我整理打字的时候，有在脑海里听到了，还有他们给吉米的那个无中生有的钥匙之梦。'
玛蕊：'是呀，今天晚上，我们在这里也得到了证实。问题是，我们要特别留意了，我们也需要有充分的耐心来等待了，我们知道有什么事情正在发生的过程之中；我们知道缺少点儿什么。但是，那会儿，我们不知道缺少的是什么，我们不知道错过了什么，可是我们做出了最大努力了。'
吉欧：'不同的是，我们还是都给弄清楚了。'
安：'而且是，证据确凿的事实。'
吉米：'绝对的正确。'

我说证据确凿是对，因为录音机磁带里的声响，没有任何人在当天的现场听到了任何的声响，大家都是从磁带上听到的。录音机里的声响证明了我们当时在场的人，都没有听到任何声响。如果你听那天晚上的录音磁带，你也会听到我们大家都在大声地抱怨：没有任何反应的发生。同样，吉米也是非常谨慎地没有挑明，他通过梦境收到了神灵信息，神灵给他的提示－我们小组确实经历了无中生有实际现象的体验。他之所以这样，就是要得到（神灵）桌子的确认，用（奥吉报得方式）方法与神灵沟通以得确认。这样，'一石击中了两只鸟'同时得到了两个无中生有实际发生了的现象体验的确认－其中之一，就是外国硬币，那可是吉米都没有任何思想准备的啊。

我那天回到家里，心里总是还在想着晚上发生的一切事情，我的心一直激动不已。原来以为让大家收听上周录制的磁带上的特殊声响－结果是回到家里，带着更激动人心的消息，我们经历了两次无中生有现象的体验。我意识到了神灵在不断使用各种方法，实现他们对我们的培训教育之目的，在小组里给我们激发热情和各种鼓励。这实在是难以置信－那就是无神论者正要想说的话－那些是难以置信的。我需要更进一步的证实。我需要进一步证实这些东西的确是无中生有现象发生了的结果。我需要无中生有的东西不只是日常生活用品的钥匙或外国硬币来作证，我需要的是一种不同的、特殊的什么东西来作证无中生有现象的确实存在，是铁的事实，所以我就请求亚瑟帮忙。

几个星期过后，2006年11月16日这天，我的请求再次实现了－又是在我根本没有想到的那个瞬间里。因为我已经把我的请求全部忘记了。就是那个特殊的晚上，高登从他的家里带来了家具蜡和打蜡布，准备把我们使用的桌子擦亮。由于我们在使用桌子做奥吉报得方法的过程中，发现了桌子上有一种象胶水的粘液，影响我们的玻璃杯转动，致使玻璃杯转动的缓慢或者静止不动。那天的晚上，我把已经串制好了的手镯也带来了。实际上，手镯已经做好了，放在我的手袋里几个星期了，我希望等到大家都到齐了，再一起发给各位。今天的晚上，就是大家都能聚在一起的时辰。

我们围着刚刚抛了光的木质咖啡桌坐成个圈儿，大家开始静思冥想。按照吉欧先前建议的说法，我把的我们镯子放在了桌面的正当中，围着镯子再摆放好了一圈儿点燃了的蜡烛，我们大家静坐在燃烧着的蜡烛圈外，我在静思中祈祷，让石头镯子有最后的充其能量和积累能量的机会。同时还在我们小组人员的圈外，也摆放着点燃了一圈儿的蜡烛。当我们静思期间，小组的人员注意到了周围的空气很冷，人们一个接着一个地咳嗽 — 这可不是一种正常的现象。吉欧小声说：在我们的室内，瞬刻间变得太冷了。那会儿，正好是我把手镯从桌子上拿了起来，站在了小组圈儿的中央：

安：'亲爱的上帝，亲爱的神灵，万物的主宰，请聆听我的话，因为我面前的这些手镯— 正是按照您的旨意，为我们小组全体人员戴上这些手镯而准备好了的，镯子和小组人员，现在都在我的面前。镯子是用青金石串制的— 您指示的那种青金石。金石是来自於威尼斯古城，据说是那个城市附近的一个和尚最早发现了这种石头的，也许是在他们寻求炼金术的过程中发现的。据说这种石头也有治愈的功能。不管有哪些功能，这些石头终于按照您的指示被找到了，被用来串制成我们小组人员的手镯了。这些手镯也带有了特殊标志 — the Caduceus 这又是一个有着典故和其意义的象征。它是有蛇和杖编织在一起的一个符号。这个符号代表着强大的精神力量，有着可以治愈各种疾病的强大威力。传说中是由许多的普众神灵、使者携带着这种标志符号。在近年代里，世界上也有许许多多的医疗、治愈机构也采用了这种标志符号。在此同时，无论您对这些手镯所寄托的希望和功能是怎样的，我们都会按照您的指示将它赋予的作用融汇在一起、凝贯在手镯中，我按照您的指示，把这些手镯放在一起。这些手镯曾经在阳光下和月光下得到净化与聚集能量 — 也是按照您的旨意做到的。这些手镯今天晚上在这里，再次在蜡光圈儿里得到了进一步的净化，这是我们小组成员之一提出来的做法，是一个好的建议，我就采用了。我相信这个使用蜡烛光的办法也是来自您的亲自遵嘱。就当你赋予这些手镯，得到了更进一步的净化。我现在把这些手镯分发给小组的每一个成员，让它代表着我们小组人员之间、与神灵之间的团结一致、我们的共同志愿、我们的慈爱，我们的忠诚与决心。就当手镯分发给每个组员，戴在他们的手上以后，让我们共同拥有来自手镯的强大能量力；让我们共同有被赋予了拥有它的使命感和自豪感；让我们互爱、互助和每个人与人之间 — 还有每个人与我们的整体之间 — 对小组这个整体，都要坚贞不渝。并且这也是代表了我们对你们神灵世界的忠诚和你们赋予给我们的使命的忠贞不渝之标志。当我把手镯分发给组员的时刻，请让戴着手镯的人感觉到你们的力量吧。'

我慢慢地朝着小组人员走了过去，让他们自己选择挑选他们想要的那个手镯，并且佩戴在他们的手脖子上。最后，我用这句话结束了我的手镯发放仪式 —'就实现它的作用吧。'

吉米：'为了你讲的那么多感人肺腑的话，我要说谢谢你，安。我相信大家都了解和珍惜拥有手镯的目的。希望我们大家来此聚会时，都把手镯佩戴在自己的手腕子上，请切切珍惜这些手镯，每当你感觉需要神灵的关爱或者你有特别想要请求神灵帮助的时刻，你会用上它。也请注意，当你触摸到它的时刻，就是神灵跟你在一起的时刻，也是我们小组的每一个人都跟你在一起的时刻。'

然后，吉米请大家从静思中回到现实。大家睁开眼睛，发现桌子上燃烧的蜡烛中有几盏蜡烛已经熄灭了，桌子上散落着短短的棉花线头，大概有一厘米左右长短的旧棉花线头把整个桌子的桌面都给覆盖了，这是大家在静思前根本没有发觉的。

玛优美对安：'这是些什么呢？'（*玛优美手指着桌子面上的棉花线头*）

安：'我不知道啊。'

玛优美：'当我们摆放蜡烛的时候，桌子面上什么也没有啊。'

安：'没有，那会儿，桌子上是没有这些东西的啊。是什么呢？好相似线头。我们摆放蜡烛的时候，桌子面上没有这些线头。我把灯打开，看看是什么吧？'

玛优美：'相似棉花线头，对吗？'

安：'对。相似蜡烛中的蜡烛心儿，可是那不是蜡烛心儿，因为蜡烛心儿要比这些线头粗的多。'

吉米：'安，当你摆放蜡烛时，那个桌子上有东西吗？'

安：'没有。'

高登：'如果是蜡烛心儿的话，应该是黑色的啊—蜡烛都是被使用过的了。'

安：'嗯嗯嗯....有意思。'

吉米：'好相似他们送来了引发我们留意的什么东西了。'

安：'这又是一个什么大的举动吗？我们把点燃了的蜡烛都摆放在桌子上面了，如果他们来这里的话，我们肯定会看到了。因为我们都目不转睛地盯着在桌面中央的手镯—我们能看到他们的任何动静的啊。'

吉欧：'对。你会把那些东西拿开的。'

安：'对。记得吧，高登把桌面抛光打蜡、擦的锃亮了，我们才开始的啊。就是为了录音机能够录制下这些情况，桌面上洒满了好似棉花线头—线头或者是没使用过的蜡烛心儿，我们不知道这些东西从哪儿来的。肯定不会是桌子上的蜡烛心儿，因为跟用过了的蜡烛心儿不一样。'

安：'有谁在静思期间感觉到了什么没有 — 有人感觉到在喉咙里有能量了吗？'

玛优美：'对啊，我就是因为喉咙不舒服才开始咳嗽的啊。'

玛蕊：'是，我也是有这种情况，我也开始咳嗽的。还有吉欧也是这样的。就是那种你要讲话以前得到了一种特殊的感觉。'

安：'啊，正好是我猜着了的 — 今天晚上，每个人都要发言讲话了！'

吉欧：'我能说，就在我们静思祈祷时，我默默请求如果他们能的话……如果可能的话，请在桌子的中央让我们看到些什么，或者是让什么转动，或是给我们看到什么。可是，我不知道我应该期待的是什么，那不该是这个吧。'

安：'没关系的，你实现了你的祈求愿望了。'

我觉得没关系的，我也祈求有个无中生有的现象显示给我们，如果吉欧也有同样的祈求 — 这就是给我们两个人的答复了。

吉欧：'我睁开眼睛看的时候，看到了这个情景。我很惊讶的。'

安：'对，这些线头儿什么的在我们点燃和摆放蜡烛的时候，我没有看到，我们一直都把注意力集中在桌子的中央，大家一直都说，桌子在点燃的蜡烛照耀下，有镯子在中央，气氛好极了。如果桌子上有线头，肯定会被发现的啊。'

玛蕊：'对，这些线头在我们开始以前，没在桌面上。'

玛优美：'我们开始前，没有这些。'

吉米：'从哪儿来的呢？'

高登：'就好像当我们静思的时候，雪花儿从天花板上洒落了下来。'（*他仔细看了看他自己的椅子，宛如也洒落到了他的头上那样。*）'只是在桌子上有，地板上和其它地方都没有 — 够奇怪的了。'

吉米：'能是又一个无中生有的现象吗？'

小组的人员都带着奇怪的疑问面面相觑地笑了。

吉欧：'如果这是又一个无中生有的现象，也应该有一个来处啊 — 从哪儿来的呢？'

玛蕊：'肯定不是从这个房间里来的就是了。这儿没有任何东西能够生产出这类东西来。'

安：'让我们来查查看吧。首先，有没有人穿着的衣服，能是这些线头似的东西之发源地呢？'

高登：'没有。不是。我建议，也是为了录音机录下来做备忘录的目的之用。请大家都把自己的衣服口袋给翻过来看看？就是证明没人故意把这些东西带来，并且放在了桌子上。'（*他说着，就站起身来，把他的牛仔裤兜翻了个底朝上。*）

玛蕊：'除了你和吉米我们都没有裤兜的啊。'（*吉米不很情愿地站起身来，把自己的裤兜也翻了个底朝上，同时找出来一条手帕。*）

高登（也是为了录音机录制现场情况的需要）：'所有的裤兜都没有这种东西。所以，我们再一次经历了无中生有的现象，大家同意吗？'

小组里的全体成员都在录音机里确认了他们的意见，我暗自笑了。我相信：这是亚瑟给我们的又一次教训。这次神灵让我们懂得了不受任何门、墙壁的阻碍，神灵可以随意把东西移放在他们想要放的地方。这个无中生有的现象正是我所请求的，与众不同、不是一般平常的什么东西。确实如此，因为没有人知道，那是些什么东西、又是从哪儿来的东西。我也猜想是否神灵影响了高登，因为高登忽然自作主张带来了家具蜡和抹布 — 还有吉欧建议给大家把点燃的蜡烛摆放成一个圈儿，摆放在桌子上 — 每个行动都呈现出一个事实就是，桌面即干净、又光亮。这种无中生有的现象，不但在敞亮的房间里，而且还在点燃了蜡烛光亮圈儿中发生了。我祈求了一个无中生有的现象，希望得到一个与众不同、争议较小的什么东西。在这里，就这样，我得到了。这种现象是无神论者很难解释的— 尤其是我们自己都无法解释的。

（在超心灵学和有神论中，把一种物体从一个地方转移到另外的一个地方，或者是一个物体无法解释地出现在某个地方，这种现象常常跟灵媒的活动同时出现，*被称作超自然现象。资料来源：维基百科*）。

如果你重温美国著名幻想小说、电影太空星舰里的人物，吉姆斯 克柯 大卫 James Kirk from the Star Ship Enterprise 他的一句不朽的精典台词是：'让我如光射，斯告婍'你就能够想象得出来，无中生有是个什么样子的了。

如果我们回到学校里，重新坐在我们的科学实验课堂上，我提醒你，一切都是由用不同频率振动的能量分子组成的。那么，所谓的理论就是将所选择的物品中的分子，去除物质化身，然后运用到另外的一个位置上，使其重新再现其物质化身。

对某些人来说，这也许是太深奥了，但是，从超心灵学领域的研究上看，已经发现了鬼怪现象，就是鬼魂或者某种形式的非物理能量力，能够移动物体，在某种情况下，还会把物体从一个地方给抛出去，尽管这些物体，也许是很重的东西。有一个发生在威尔士卡迪夫割草机厂家，后来成为家喻户晓的传说故事。其中涉及到了在工作室进行讨论的过程中，有几件东西从空中出现，被无中生有地抛到了工作室里来，有很多的目击者在场都看到了。其中有著名的神学研究社的重要人物，大卫 方坦那教授Professor David Fontana。他认为这个事件是属实的，并且撰写了当时在场有鬼魂操纵、抛出物体的实录文章。他在文章里说：在场的鬼魂'相当聪明'，并愿意跟当时在场的人进行沟通，交流。

还有更多的案例，可以证明这种无中生有的现象。其中之一就是一位名字叫丹尼尔 道格拉斯 合姆Daniel Dunglas Home的人，他是一位永垂不朽的著名通灵媒体人物（我在此书有提到过他的名字 – 请参照第14章节）。有在场的见证人、完全能够证实：他能够操纵他自己的意念，让非常沉重的桌子在房间的天花板下打转转，然后又轻轻地让桌子自动落地，还原到地板上的原来位置上。他还从一个三层楼的窗口里探身钻了出来、自由悬浮、升空，身体沿着楼房悬浮、漂游了一会儿之后，又从该楼房的另外的一个窗口里钻回去，回到了原来的地方。如果他能够做到如此惊人的地步，他不但可以让他自己的身体从一个地方悬浮移到另外的一个地方，用操纵意念来移动物体，应该是非常容易做得到的事情了。他是真实的人—他不是科幻影片里的人物。

第十九章 撞童与潜逃犯

高登上几周没来,他热心想知道缺席期间发生了什么,不甘心落后。尤其是他阅读了笔录内容,跟其他人一样,急着想听听从9月21日那周开始,录制的原声磁带内容。他告诉我把磁带再次带到神智社,以便能够亲自聆听。在2006年10月5日那天,由于其他人都不能前来,我们只有三个人在。我们决定就利用这个时间,帮助高登补习他上两周没来时发生的情况,并且记录一下他的反应和意见—他是小组里唯一没有听到录音磁带的人。

就这样我和吉米、高登三人坐下来,手里拿着笔录稿,收听9月21日那天晚上的磁带录音—就是让高登也听听那天晚上录音机录制到的声响。他先听了那个响亮的破裂声响,然后也听到了我形容为有人敲击管道里的水管或是有人敲击铜桌面的声响。可是,我们听着,听着,发现了每次播放,到了那种声响的时候,那种声响就变得越来越响亮了。他也同意地说那声响非常相似管道里水管的声响,可是大楼的管道系统没铺设在这里,所有的管道都铺设在大楼的后面。他又用手在铜面桌子上敲击了几下,就跟吉米做的那样—那个声音很相似与录音机里的声响。

他推断,尽管没有人能够解释声响是怎么出来的,但是房间里唯一可能发出这种声响的东西,确实只有那张铜面桌子。高登同意我的观点,很明显,当时在场的人,都没有听到这种声响,那天晚上他与其它人一样也没有听到这种声响,他也没有在任何其它的晚上听到如此的声响。我们把磁带上的内容认真分析和商量了好一阵子，直到我们意识到时间已经是晚上8点10分了－我们一般都在9点钟结束－所以我们就决定静思一小会儿，看看能否得到任何收益。吉米说了祷告词，然后就请高登讲话，以提高能量力，同时把我们带进静思的境界。就当高登讲话期间，我们都听到了，在我们房间里接近门的地方有敲击的声响，过了一会儿，在同一个地方，又发出了同样的声响。高登和吉米告诉我：他们也听到了这个响声。我们互相确认了都听到的声响是一种类似于敲击的声音。我询问神灵这声音是否是他们发出来的，如果是他们所为，他们可以重复这种声响。过了一会儿，在相同的地方，真正切切又有了一次敲击的声响。

尽管只有我们三个人，房间里的能量非常强。就好像似神灵使用了我们讲话的能量振动来发出了那种敲击的声响，神灵用的是跟以前一样的办法（敲击声响）。也许是由于神灵听到了我们谈论的内容，从中受到鼓励，想要用同样的办法做出更好的演示效果，让我们感受到比我们预想的效果还要更好。

我们静静地围坐在那里，很快，我就有了感觉，正在受到了神灵深深地影响，我睁开眼睛，想看看周围的情况，我看到了吉米已经进入到了忘我的通灵境界。于是，我就开始跟他搭话了。我多希望那会儿录音机打开着，可是没有。因为9月21日的录音磁带还在录音机里面放着。有一位新的神灵沟通交流者，已经通过吉米跟我们交流上了，他想要给我们布道；从我自身的经验看，我判断这位神灵交流者是一位高头大汉，他留着飘逸的长发和茂密的胡须，我感觉他是一位布道者或者是传教士－吉米认为他的信仰是很离奇的一种宗教，与他自己的观点背道而驰。

高登也确认了他也有意识到了那位神灵人跟吉米在一起。他同时也有感觉到了：那个神灵人很高大，有飘逸的长发，但是他无法确认那个神灵人是留着胡须还是有双下巴颏。他也意识到了那个神灵人的体积高大，有布道者的形象和身份。

正当吉米与这位神灵人沟通的间隙之中，我就有机会问这位神灵人一些问题。我问这位神灵人他是否是某宗教的牧师，他说他认为他自己是牧师。可是，他没有得到正式的授权，没人给他做这份布道的工作。他是在做一种自愿者的传教工作。我把我自己看到的、他布道的情景讲给他听了。我看到的是：他在郊区的田野间，路边的一个木屋里，那是传道士专门用来讲道布道的大厅，他在大厅里正在给人们布道传教。吉米看不到这些情景。我们的神灵人问我，我是否能够看到他戴着一顶帽子。我是这样回答的：'你没在教堂里戴着帽子，可是，在你的脚边上有一个黑色宽边的大帽子'。吉米也同意我的意见。并且猜想他可能是一位犹太教的教士？神灵人开玩笑地说，很逗趣，因为吉米不知道犹太教的教士都是做些什么的。就在这节骨眼上，我忽然意识到了他不是犹太教的教士，是艾米什（一种宗教组织）– 我就这样告诉了他。

这位神灵传教士通过吉米这位做灵媒，给我们讲述了好久有关：人，活在人世间的价值。他的教导实际上是很深刻、很具体、很有实际意义的人生价值，他是用他生前的生活经验与教训，总结给我们。他强调说：他是一位唯心的、精神主义的崇拜者，不是一位固执的抓住某种专一宗教的追随者。他也讲到了各种宗教之间的不同观点，引起的宗教纠纷、乃至战争。然后，我觉察到了神灵方面的人物有了变化，我意识到又有一位新的神灵沟通者，也是通过吉米正在要跟我们交流。这位新的神灵沟通者看上去是来恭贺我们前几周的实际工作，所取得的进步。这第二位通过吉米跟我们沟通的神灵人，还向我们致谢说：他们感谢我们按时来跟他们合作、感谢我们的好学心理、还提到了今天我们在这里交流，只有高登他一直保持缄默不语。高登回复说，最初他意识到了这所大楼的振动与振幅，是通过地板传出来的；同时，有室外的汽车警报器发出了响声。（我们以前都有过这种奇怪的体验和经历；好相似地板在我们的脚下，做自动地升高或下降，给我们的感觉就是地板在做起伏和降落运动。可是，这次我没有感觉到，因为我一直集中精力与神灵人交流，我非常清楚高登说的意思，奇怪的很，跟往常一样，室外又传来了汽车报警器的叫声。）讲话的能量通过地板的振动振幅之效果发挥作用，乃至使敏感的室外汽车警报器，自动尖叫报警，这一切都说明了话音能量确实有振动作用– 就是这种感觉。

高登继续解释给神灵人说，他之所以一直保持缄默，就是由于他全神贯注、仔细观察桌子上的闪烁的蜡烛。当神灵人通过吉米来与我们沟通时，燃烧着的蜡烛的火苗光亮跳跃得非常欢快。高登继续解释说他没有任何不尊敬神灵人的意思，他一直都全神贯注地倾听着神灵人通过吉米跟我们的对话。同时，他也被桌子上闪烁跳跃的蜡烛似乎有自动从桌面上悬浮起来的动作给吸引住了。他还解释说，他看到蜡烛有要悬浮起来的样子，他试图从自己的上衣口袋里找出一张纸，想要把纸放在蜡烛杯子的底下，证明它是悬浮了，可是在他做到之前，杯子又回到了桌子上了，他失去了机会。可惜我没有见到这个现象，所以我不能在这儿引用这个情节。我全神贯注在吉米和与他沟通的神灵人的对话上面，所以吉米也明显地无法确认高登所看到的现象。因为他也是把精力集中在与神灵沟通上面了。我很高兴，虽然高登上两周都错过了机会，现在他有机会能亲眼目睹这种异常现象，独自欣赏了这一难得的奇迹。

吉米慢慢地返回来到了他真实的自己，并且问我在静思过程中有没有得到什么有趣的东西；我这才开始给他们讲述我看到和参与的情景与对话。我告诉他们，在静思期间，我也被神灵深深地影响了，我讲述了自己通过吉米与神灵人的对话，详细地给他们重复叙述了对话的过程。

随即，我意识到我的脑海里有一幅情景是发生在爱丁堡街道上的事故：一个大约10岁的男孩儿被车撞了。我看到了那个男孩儿在斑马线路口上，按下了过马路的红绿灯控制枢纽，当车道上的红色灯亮了、斑马线上的绿灯亮了，指示行人可以过马路时，小男孩步入了斑马线上过马路。但是，那个汽车没停下来，撞倒了男孩。车，没有减速、更是没停下，反而加速跑掉了。我看到了那个男孩：刚刚从路边上的一个小卖店里出来。我还有印象就是那个男孩刚刚从一片绿色草地上走了过来，那片绿色草地是遛狗的人散步、也是孩子们玩踢足球的场地。当那男孩到了马路边上，他站在斑马线的一头，伸手按下了红绿灯控制器的按钮，男孩是在显示灯上出现了 'the green man'[1] '绿色指示安全通过'的情况下，才走进车道上的斑马线 — 说是迟，那时快，男孩儿刚刚跨入斑马线就被一辆飞驰而来的车给撞晕了。况且车没停、驾驶者反而加大了油门跑掉了。我不知道我为什么会看到这些情景，也不知道我为什么会得到了这个消息，这个消息与我们的活动和小组没有任何的联系。就象起初我没重视亚瑟 柯南 道尔在我脑海里出现的情景一样，我告诉了高登和吉米，我的脑海里的这个小男孩被车撞了信息，可能就是一个随便的什么信息，不知为何让我给碰到了。然而是高登说，他从无线电收音机里听到了消息，一个男孩在爱丁堡被车撞了，汽车没停跑掉了。警察采取特殊行动，将肇事车的形状描绘出来，通缉追捕肇事车主。我当时没有听到这个新闻消息，但是高登告诉我以后，我和高登都意识到我脑海里出现的情景有更重要的意义，他要求我更详细地想一想我脑海里出现的情景是在爱丁堡的什么地方。我告诉他：大概是在爱丁堡的帮姆大厅附近的地区（爱丁堡外围郊区）我又给他做了进一步描述说，那条路是从爱丁堡外围进入市区内的必经车道之一。通过电脑大世界（一个专卖电脑设备的著名大商场，就在进入爱丁堡市区Corstorphine考丝道芬路上）朝着赛德山坡小区去的车道

（爱丁堡外围的另外一个郊区）。我看到了那条主街道的终点是居民居住区，接近居民区的街道上，两边都是各种商店，车道上有斑马线，行人通过斑马线穿梭在各个商店之中。附近有一个绿色草地，草地附近有停车场。我想那个男孩就是从这个方向过来，走向斑马线的。这就是我脑海里出现的情景。吉米（他就在Corstorphine考丝道芬路上居住）说当他开车来神智社的时候，他家附近的十字交通路口被警察给封锁了，他绕道过来的。但是，他说我形容的街道情景不是在他家附近。他也没有听说男孩被撞的消息。

我无法得到更多的信息，高登从收音机里听到的报道没说被撞伤的孩子是男孩还是女孩，也不知道在那个街道上；他只知道不是在市中心，是远离城市中心的郊外。然后，我们这次小组聚会就结束了，大家说好下周再会。可是，我借此机会对他们两人说：下周我有其它活动的安排，不能参加小组聚会，请通知其他的小组人员，并且送上我的歉意。

我们的那次小组聚会之后的第二天，也就是2006年10月6日星期五，吉米给我打来电话，告知我说，确实在昨天爱丁堡发生的车祸是一位男孩被车撞后致死，肇事车逃跑，他是第一个人将此消息告诉给我的。他是刚刚从电视上看到了这个新闻，他也问我是否看到了这条新闻消息。我白天很少看电视节目，吉米告诉我注意观看当天晚上的新闻联播。我确实在晚上10点钟看了电视新闻，新闻里也确实特别播放了这个不幸的消息。悲痛的新闻消息介绍的是10岁男孩放学以后，在回家的路上，走斑马线时被车撞致死，就是我脑海里出现的街道、商店和行人与男孩步入斑马线后被撞的情景。警察正在追捕三个在逃嫌疑犯罪人员，他们肇事以后，把肇事车扔掉了，人员在逃。

我从内心发出了对那个男孩和他家人的同情，意识到我脑海里得到的信息是正确。正如与发生在邓迪的车祸事件一样，我深感自己能得到这样的信息不是没有意图的，我有强烈的责任感。面对左右两难的问题，一方面是千方百计地想要给遇难的家属一些安慰；另一方面是非常清楚地知道，不管怎样做，也无法挽回失去了生命。跟上次邓迪车祸事件不同的是，我是在男孩出事以后的当天收到信息的，我来不及给遇难者和他的家属提供任何警告，无法避免这次不幸事故的发生。同时我也由于自己下周无法参加小组的聚会有点点的安慰，因为我需要给自己一个自闭的机会。可想而知，这样的消息，对我来说在我的心理上有非常巨大的冲击，我需要一段时间来慢慢恢复冲击带给我心理上的压抑感。心灵调研人员跟普通大众一样：人道主义者总是想要帮助把事情向着好的方向转，可他们经常是处于无能为力的地位，结果是让他们自己感到非常的悲痛、无奈和内疚。需要有大概一个星期的时间，我才能缓和自己的情绪。

高登下周也无法去小组参加活动，但是吉米、吉欧、玛优美和玛蕊跟往常一样，他们在神智社的大楼里聚会。以下是他们聚会的备忘录：

吉米："我今天晚上意识到了，我想……我觉得有人在我的身边，那个人跟上周被车撞了、离世的男孩有联系……。上周，安没有意识到这次车祸就发生在我们小组聚会前大约两个小时左右—车祸撞击了小男孩—事故发生的时间大概就是那个钟点儿上。因为我开车从斯磊佛路过来，在帮姆楼路街口与扫登北路街口的交叉路口上，也是交通灯自控的路口上。你能够想象出我的位置了吗？我开车通过那里，看到了有几辆警车正停在那儿执行公务。我以为是发生在那里的车祸。所以我就明智地跟安讲，那会儿，我们正在讨论这个车祸的问题，我告诉安'可是，安，那是不对的，因为车祸是在交叉路口，在交通灯交叉的路口上发生的'。可是，安很肯定地说车祸是在行人通过的斑马线上发生的。车道的两旁边上都是商店。实际上，正就是安所描述的地点上，出了车祸。我在下一天的下午6点钟看到了BBC电视新闻联播时间播出了这个消息，我得到了确认，真是与安说的一模一样。我告诉安，让她在晚上10点看BBC新闻重播……相信得到的信息，安说的情况确实发生了，就象她脑海里得到的信息，那个悲剧确实发生了—那个小男孩确实按下了红绿灯控制钮扣，红色的交通控制灯已经指示给两面的交通车辆：在斑马线外停车，那个小男孩起步迈入了车道；那就是安脑海里看到的一切，也是上周安这样告诉我们的情景。然后，我们从广播和电视上也是这样得到了确切如此的新闻直播的消息；肇事者闯了红灯。一切都是确凿无疑，我认为有充分的证据。"

玛优美：'是这样。'

吉欧：'是的。'

从我们小组的其他人员那里,得到了这样的消息，对我是一种安慰，特别是当我不在现场，他们不必要有任何出于礼貌的约束，他们可以各抒己见、自由发表各自想说的评论。我总是想从类似的惨案中，寻找出更重要的内涵，从中吸取教训，来帮助需要得到帮助的人。很奇怪的是神灵总是能够抓住这种信念，尽管我不认识那些需要帮助的人，甚至都没有想到今后会有机会碰到他们。再下周小组聚会的时候，也就是200年10月18日星期四那天（高登不在，他是自聘职业者，只能在有机会的情况下，才能赚取到他的收入。有时候，他无法完成手头上的工作，不能按时参加我们下午6；30分的小组活动。），我们五个人在寂静中静思冥想，然后跟往常一样，吉米要我们给出各自在静思时得到的信息反馈。

安："让我告诉你们，我从脑海里得到的信息，也许没什么意思，可是我知道要说出来，要用录音机录制下来，以便有人也在这方面得到了信息，能够知道它的意思。我知道有人（神灵世界的）要影响我，可他不是真想接近我，我一直看到些珠宝首饰。我们今天一整天都跟珠宝打交道，玛优美和我，我一直看到这些珠宝在我的面前闪来闪去，我尽量想把它赶走，可是总有人在我的旁边。我想让他们接近我，告诉我这是什么意思，我得到的只是'永久的草莓地'，那首六十年代的歌曲和披头四乐队。我想，好吧，六十年代的'草莓地'与什么有关呢？是与'我带你去那里'有关联，还是跟'哪里'有关系？我就盯着问这些问题，可是我没得到什么详细的信息，他们让我看了一张波浪起伏的画，我想，好吧，波浪起伏– 是大海吗？"

这是我们小组常用的合作方式，总是我先从脑海里得到一些信息，一般情况下我都不明白自己得到的信息是什么意思。但是，需要我有绝对的信心相信这个信息是有目的地来到我这里的，我面临的挑战就是要找出整个含义的线索来。我知道利用小组人员的智慧，我们集思广益，共同努力，通常总是会解决问题的。这次是玛蕊先说话了：

玛蕊：'我也在脑海里得到了一个闪念，我没把它当回事儿，直到你提到了六十年代的那首歌曲，我想在我的那个闪念的开始，好象我的着装是...,那个可不是真的我自己啊。我看到的是：我穿着紫色鹅绒，有银色钮扣的大衣外套，就跟John Lennon约翰 兰农的封面照片差不多一样的，我可以再说一遍，我确实在脑海里看到了，而且看得很清楚，可是，没有什么后继，我对自己说：我最好记住这些信息，万一有人也有同样的信息，也许可以拼出个什么图样来。可是，我也收到了草莓地的信息，那是披头四乐队演唱的节目，在那以后，我就没有得到任何其它的信息了。我一直都被银色的钮扣给吸引着。因为它相似珠宝，外套大衣上的那排银色的钮扣非常抢眼。'

吉欧：'草莓地，不是那个孤儿院吗？或者，就是他在那里长大成人的地方？'（她指的是披头四乐队的歌手John Lennon约翰兰农）。

安：'那是利物浦的一条街道的名字。'

吉欧：'或者是，他从那里长大的，或者是那儿有一个孤儿院。'

安：'当我得到草莓地的信息时，我想，好吧，带我到那儿去吧。如果你们想要我知道多点、要我多了解点什么情况。然后，我脑海里就看到了海上的巨浪情景，所以不明白这些都是些什么意思，又怎样能够连接到一起的？'

吉欧：'至少现在这些信息都录制下来在磁带上了……，也许今后的哪天会能揭晓。'

吉欧不知今后的哪天会发生什么。其实，也没有任何人知道，但是我们都把接受这种莫名其妙的信息当成了家常便饭，虽然当时没人能够理解、无法解释这些信息，可是等过了一段时间以后，就会有谜底被揭晓了，结果也就跟着出来了。就是为了这个揭晓谜底的目的，我们认为用录音机录制下这些零散的信息，尽管是那些微不足道的、随便的什么信息，将来，等到了谜底揭晓的时刻，就会成为非常有用的实际证据。至此，我们继续往下接着来。

玛优美：'我能给一个与你们谈论的问题完全不相干的建议吗？我在脑海里一直有一个画面在不停地徘徊。你记得当你在开车的时候，车道上有一个紧急停车区域，我脑海里的是一个小的方型的紧急停车区。可是那儿只有一辆车，那是一辆比较小的、深颜色的车，或是黑色的或是深蓝色的车，也许是旧车。一个小车、有小方盒那样类型的小车、还是旧型号的车；大概是Fiat意大利产的那种车，我脑海里看到了在车上，有三个人，我能够清楚地辨别出其中一人是穿着黑白相间或者是海军条纹衫的上装，下身是牛仔裤子，他的头发很短、人看上去很粗莽。我判断他是在20岁左右的年轻人。还有另外一个人，他是在车的前面——，另外的一个是在边上，这位是在前面的—我能够看到他的面孔，他有一点短矬胖的样子，长着一头硬邦邦的黑发。另外的那个人已经下车了，跑到了田野里，我在脑海里看到了他正在朝着田野里走去。'

安：'你认为这个情况跟那个被撞的小男孩，有牵连吗？他们把车丢在了扫挡街监狱的外边，对吧？他们把车停放在那儿的停车场里？'

自从那个小男孩被车撞了以后，已经有两个星期过去了，这段时间里，警察一直在到处抓捕在逃犯罪、肇事凶手。嫌疑犯仍然在逃。警察已经向社会公众提出了呼吁，要求目击者提供任何线索，协助警方破案。众所周知的就是：有三个人肇事以后，他们就近把车丢在了一所监狱的附近，然后，人就逃跑得无阴影无踪了。警方已经把这三人的外貌形象登载在了报纸头条上，那时警方不知道他们逃去到了哪里，也不知道他在哪儿藏身。

安对玛优美：'他们为什么去那里？在那儿干什么？'

玛优美：'你知道当你从西部路线开车过来（她是指爱丁堡郊外的一条小路），那里的路边上有一个紧急停车区域？有时大客车会在那里停下一会儿，就象是那个地方。只是比较小的地方，因为只有能停放一辆小汽车的空间。在车道的对面，我脑海里看到的是矮树丛，到处是树木、杂草丛生的野生植物和树木丛。我就有这些了。那儿不是繁忙的车道。'

安：'所以，不是从西部去爱丁堡的那条大道？'

玛优美：'不，不是。跟那条大道很相像。我觉得就是城外的一条路。'

吉米：'吉欧，你呢？你有什么可说的吗？'

玛蕊：'冷起来了。'

吉米：'是啊，冷气飕飕传到了膝盖的部位了，我意识到了这里有几位神灵在我们的旁边。可是，我决定不了他们都是谁。'

吉欧：'有一个字进入到了我的脑海里，是个'集思解疑'的意思，你们能明白是什么意思吗？'

玛蕊：'我想我有听到了在这个房间里有人小声地说话，但是，实在难以听清楚说的是什么。'

吉欧：'我也听到了。'

玛优美：'我也听到了。'

玛蕊：'听上去好相似一个女人的说话声音，她好象只说了一个很长的句子，很低的声音，我刚好能听到，但是听不清楚她的句子是什么意思。因为我听到了房间内的回音，好像那个声音的回音在房间里宛转回荡着。'

吉欧：'我也有这种同感......'

吉米：'有没有人可以给咱们提出来，咱们应该做些什么？'

安：'我有一个想法，我就是在想，我们是否可以全都集中精力，仔细思考玛优美刚刚说的这个情况，看看能否得到更多的详细信息。我猜想，如果那是与小男孩被撞案件相关，警方正在追捕的那三个人—告诉我，如果不是这种情况的话，我会马上就停下来—但是如果玛优美已经与 the Universal Consciousness[2]宇宙感知系统连接上了，他们正要告诉我们，肇事者有第二辆车，他们正在车上......，我现在感觉真、真的相似在冰窖里一般的冷了起来。'

我不得不停下话来，因为房间里即刻变得象雪柜、冰窖一样的冰冷了。其他人也都同意我说的，温度骤然下降了。宛如我们步入到了冰窖里一样（这是典型暗示神灵已经出现在附近了。）与此同时，室外的一辆汽车报警器自动尖叫起来，报警器尖叫的即刻，恰恰正是我说：在逃犯的'第二辆汽车"的话音落地之时。报警器的尖叫声听上去很近、若是在房间里一样刺耳。从最近的体验，我们已经学到了：这是在我们的房间里有什么事情发生了，需要我们密切的留神、注意、发现它。

安：'我想咱们大家都集中精力、拧成一股绳，争取获得现在警方正在追踪之案件的信息。可是……（安意识到全小组的人都已经开始进入到了沉思境界了。）……只是建议，可不是指令啊。'

吉米：'好，好的。我们一起努力。'

玛蕊：'对了，我忽然觉得，这儿，怎么寒气这般地逼人呢。'

吉米：'如果有人感觉到，发生了任何事情，获得了任何信息，请一定说出来啊。'

全小组的人员都在寂静中冥想了几分钟。

以下是我们的备忘录摘记，可以看得出来，我们是如何齐心协力与神灵合作，揭示出每个人得到的信息提示：

安：'我看到一辆旧车，很破旧，车内可能有东西在后排座位上，或者是在座椅的后部上方，就像个 a cushion cover[3] 座垫套之类的东西，棉布上面是浅色的底，也有彩色的印花。

吉欧：'我脑海里闪过的是我上周五，坐火车去格拉斯哥，从火车上的窗口里朝外看到的情景。我看到了：有旅游车在野地里支起了帐篷。我的印象是跟玛优美描述的人物一样，他们的外形和面孔都差不多相似，他们很像几个流浪者在宿营。'

安：'那个人有戴着耳环吗？玛优美？'

玛优美：'我看不到那个。我看到的是一辆老式汽车，车内驾驶员边上的座椅显得特别的破旧，不是皮革面的，是乙烯塑料面……车内的装饰，也是很老式、很旧的。'

安：'我的印象不是车内的装饰，而是他们丢在车里的东西。'

吉欧：'是一张毛毯吗？'

安：'好相似毛毯，也许是毛毯，或者是个很轻薄的什么，也许是坐椅垫的罩子……'

玛优美：'是米色的吗？'

安：'你能看清楚汽车停放的路面的状况吗？玛优美，实际上是沥青还是混凝土的路面。有一块儿是混凝土？还是混凝土的路面？'

玛优美：'我想是。那儿不像是马路，路面非常的粗糙不平。'
安：'还有，那是比较浅的颜色吗？。'
玛优美：'对了。'
吉欧：'是在那种凸起不平坦的路上。'
安：'我感觉附近还有一个火车站，有个铁路的路堤就在那儿的附近。'
吉欧："这就是人们说的'隐蔽之地'。"
安：'我还觉得其中一人，跟一辆大卡车司机搭话，要了个捎脚的机会。'
玛优美：'也许就是从他们藏车的地方。'
安：'对。好象他们分头走了。其中一人从过往的卡车上，要求搭车，他得到了捎脚的机会。'
玛蕊：'你这样说，让我想起了我看到在A71号公路（A71是郊区车道，是从西部路线的卡玛克到爱丁堡的公路，穿过A74号公路，就能连上那条去南方的主线公路了。）'
安：'可以了。好，我也在脑海里有这条路线了。'
吉欧：'是A71号公路吗？'
玛蕊：'A71号公路是去卡玛克的路线。卡玛克是朝着莱温顿和西部的罗森方向的路线。奇怪的是，我脑海里有斯达温这个地名，就在A71号线上。'
安：'你也得到了A71号路线，我就想说这个路线号。可是，我的脑海里说，离得太远了点儿。'
玛蕊：'你可以从A71号路线上，开车插入到A74号线路上去的。'
安：'消防站。我脑海里出现了一个消防站的画面。'
吉米：'是在赛德由区的吗？'
玛蕊：'那是在从A71号路线开出城外的路上。'
玛优美：'我想他们三人分手以后，去了不同的地方。'
安：'有一个人是搭乘了大卡车去了南方了，我想是在A74号的路线上。'
吉欧：'好，其中一人去的更远了。我脑海里出现了利物浦的画面，你可以从利物浦直接去爱尔兰的，对吧？'
玛蕊：'对。'
安：'奇怪，我有看到'绿色'的，是往西边去的，我想是格拉斯哥，跟Celtic.足球队有关。（Celtic.是格拉斯哥市两个足球队之一，绿色指天主教。）'

玛蕊："是足球队，那是一首有宗教色彩的足球队歌曲，'我们去绿色的爱尔兰'。足球队的球迷们唱的是共和党的歌曲。'

安：'啊，是这样吗？好。我脑海里刚好看到了有人丢了一个钮扣或什么的，他们在匆匆离开汽车的时候，有一个钮扣从外衣或衬衫上脱落了下来。我想如果能找到他们使用的第二辆汽车的话，就会发现在后排座椅上有一个人的钮扣丢在了汽车上了。'

玛蕊：'这可是一个客观的问题。因为我们不太了解情况，他们也许是在抢劫以后正在逃避什么的？'

安：'警察正在追捕他们，不是当男孩被撞的那个时间里，是在出车祸以后。可是警察没追上他们。有可能他们在哪里隐瞒着身份，打着临时工。'

玛蕊：'我感觉到他们正在急于销毁什么证据，但是做不到，是因为……'

吉欧：'我一直在想着，当我在火车上的时候，从车窗口向外望去，看到的那个宿营地，我心里觉得很奇怪，因为附近没有狗狗，很不正常的感觉。'

玛优美：'我在脑海里出现了他们之中的另外一个人的面孔。我想是那个上了年纪的人，之前，我脑海里没有看到过这个人。我看到的两个人，都是比较年轻的，应该是相当年轻的人。我问神灵另外的那个人是什么样子的，被告知他戴着一只耳环，长得很像比吉斯流行乐队Bee Gees最年轻的那个戴着眼睛的人。'

吉欧：'莫里斯 吉布Maurice Gibb？跟璐璐结婚的那位？'

玛优美：'最年轻的那位。他们的面孔有相象之处。'

吉欧：'干瘦，干瘦的？'

玛优美：'他看上去很粗莽……瘦瘦的面孔，只有一只耳朵戴着耳环。'

吉欧：'吉米，你要说些什么，对吧？'

吉米：'我没有什么可说的，我没有得到任何信息。'

玛蕊："我这里有句歌词，可以形容那些到处流浪的人，是这样的：'从我出生那天起，我就是一个流浪汉'，这句歌词恰好跟到处流浪的人接洽上了。'

安：'你们感觉到他们想要把第二辆车给销毁掉吗？我感觉是他们在商量把第二辆车给毁掉。'

玛蕊：'我想他们商量这样做，但是，他们还没有来得及这样做。'

安：'你说对了，玛蕊。'

玛蕊：'我想他们要逃脱或转移到另外一个地方去，所以没时间来销毁第二辆车。'

安：'你说的完全正确，玛蕊。他们也想：如果烧毁车，就会引起人们对他们的更多的注意与怀疑。所以他们只是说说而已，没那样做。第二辆车在什么地方停着，等着被找到。'

玛蕊："我先前有一种感觉，这会儿又来了，就是有一位上年纪的女人，她知道这些人的情况，但是她不肯讲，她要袒护这些人。那个上年纪的女人大概是有70岁左右吧，她总在说：'不管怎样也无法再救活那个男孩了。'"

安：'她是个德国人。'

玛蕊：'她是一个德国人。但是，我觉得她正在跟她自己的良心作斗争。这个德国女人对她自己的家人有相当地保护意识，她也是相当狠心的女人，她努力想说服她自己的良心，可是她的良心不得让她安宁，因为她明知道是不对的。她口中在说：如果就是把他们投进了监牢，也无法再救活了那个男孩，都是没有什么好处的。'安：'我努力集中精力，想要得到那辆汽车，被他们放在了什么地方。因为在车上有证据可追踪到这些人是谁。'

吉欧：'在停放那辆车的左手边上，是一个路基。'

安：'附近有一个铁路的路基，但是，车停在了离那里比较远的地方。'

玛蕊：'我脑海里有个地方的名字是啊什郡这个地方。我不知道是否对，我的逻辑思维里是 章斯登 柯文宁。'

安：'实际上，我脑海里也获得了这个章斯登的地名。'

玛蕊：'这个周末我就坐火车去这个地方，火车会路过那里的许多地方。我会特别注意，仔细看看。'

安：'实际上是你说了同比 托马斯或类似的名字，我才能够一下就想起来是章斯登。'

玛蕊：'我脑海里已经有这个章斯登的地名很久了，就是不知道为什么。因为我不知道那是个人名呢，还是个地名呢？因为我认为那个地方不是常常被人们用来做抛弃旧汽车的地方。他们会想到，把一辆破旧的汽车扔掉在那里，没人想把别人扔掉的旧汽车给捡回去。我不是说那里有其它的被丢掉的破旧的汽车，就是那个地方不是一个常常被人注意的地方。'

安：'艾斯欧这个地名也出现在了我的脑海里了。'

玛蕊：'A71号路线也是要通过艾斯欧这个地方吗'

安：'在那个路的终点转弯处，正好就连接上了这个号的路线。'

玛蕊：'在A71的另外终点就是章斯登这个地方。'

吉欧：'玛优美，你懂使用导向仪，你能用导向仪/吊绳摆锤指示标导出个地图吗？'

玛优美：'我试过了，可是不知道是否好用。'

吉欧：'好冷啊.。'

玛蕊：'是啊，我也要冻死了。'

安：'他们决意要我们做这项工作，对吧？'

玛蕊：'事前，我有一种感觉，就是那两个逃跑了的年轻男子中之一的在神灵世界里的亲属，一定想要找出个答案来。我不太清楚那个在神灵世界里的人是他的祖父……'

安：'呕 呕 呕 啪。（一个冷颤如过电一般穿过全身。）我相信你说的是对的。'

玛蕊：'那就问问他啊，第二辆汽车藏在哪里了？'

玛蕊：'狐狸棒这个地方就在啊什郡。很久以前，我听说过这个地方。我得要查查看，那个地方跟凯布梅很近。德椎—就是在章斯登附近，实际上，就在去章斯登的途中。在凯布梅和章斯登之间的地方。我已经有30年没听说狐狸棒这个地名了。'

安：'请让我告诉今天晚上跟我们在一起的神灵朋友们：如果你们要给我们足够的信息，而且是非常清楚、非常准确的信息，我们就能相信这些信息。如果你们要我们去报警，我们就去报警。我们请尽最大的努力协助警方。请你们给我们最准确的信息，我们会与你们合作。（*我们都意识到了：又有一股冷气骤然穿过了房间里。*）'

吉欧：'我的感觉是到达了一个目的地、或者是他们走过的地方。'安：'我在路上，还没达到目的地呢。'

玛优美：'我们努力获得车牌照的号码信息吧？'

安：'我感觉那辆汽车是灰色的。你说是黑色或蓝色的。'玛蕊：'我脑海里看到的汽车是那种灰色的，或者是蓝色的。'

安：'对了。那就是我脑海里出现的情景。他们中间有一个人病了，那个人病的还很重。'

玛蕊：'好了，他们可以拿到DNA了'

玛优美：'好怪啊，玛蕊提到了DNA。我收到了信息告诉我说：虽然警方现在还没有他们的DNA记录，几年以后，他们做了什么事儿，警方查对出了他们的DNA。'

吉欧：'他们中间最年轻的那个人，要去爱尔兰。他正在去爱尔兰的路上。我感觉是上了年纪的那个人可以自理，年轻的那个人需要他的家人照顾。'

安：'就是那个得病了的人。'

玛蕊：'我感觉他在爱尔兰有家。'

吉欧：'是的。他会与他的家人相聚一起。我感觉到就好象是电视剧里的人物迪够那样（*在此指的是一个描写大家族一起生活的流行电视剧*）'。

玛蕊：'我有了，就是纺纱赚钱维持生活。'

吉欧：'那个老头儿，他是有前科的人。警方有他的犯案备忘录，对他是有记载。'

安：'吉欧，请你帮我一下，请你过来站在这儿，站在我的背后。因为我知道你非常精通接连到神灵，我知道他就在这儿，他是真的、真的有非常强烈的愿望要接通我们，可是我无法得到他发出的信息，你能帮吧？'

（吉欧走了过来站在了安的背后。）

吉欧：'我加到了你的能量之中，开始吧。'

'安：'啊，对。他上了一条船。你能够感觉到他的行踪吗，吉欧？'

吉欧：'我能感觉他在这儿，可是我感觉不到信息。'

吉欧：'他离的很近很近。'

安：'我知道，他在这儿有一会儿了。'

吉欧：'他让你看的是什么— 是一条路吗？'

安：'对，你的也是一条路吗？'

吉欧：'对。'

安：'请仔细描绘出来，是个什么样子的啊？'

吉欧：'可是，我的方向感很差。'

安对神灵说：'快点告诉我们，车在哪儿呢？我想玛优美是对了，是那种意大利Fiat.生产的灰色汽车，一台灰色的Fiat.车。'

吉欧：'你知道吧，他们把车推下了大坝。车已经不在紧急停车区域内，被推下去了，在那个乡村郊区的小道上。啊，快点儿啊。就是那个与从爱丁堡开出来斜插过去、成斜对角线的那条路，是郊外的荒野地区。'

安：'可那是A$_7$1号公路线。'

吉米：'是阿冰邓。'

安：'就在A$_7$1号路线的途中。'

玛优美：'返回来就是阿冰邓了。然后就是币格这个地方了。'安：'我想我把他给跟丢了。'

吉欧：'好一个，最后......若丝威尔。'

吉米对吉欧：'是通往陪尼库克、若丝琳方向的，博尼瑞格。'

吉欧：'是在A$_7$1号路线上吗？'

安：'不对。我看到了许多的海扎花，附近有许许多多的海扎花树丛。'

吉欧：'对。我也能在脑海里看到许多的海扎花。你知道他们让我看到了：这三个人使用他们的手机电话，做了很周密、谨慎的联系和安排。有人开车接应他们。然后他们三个人才分手的。一个人被接应以后向左面走了，一个人向右面走了，最后的人向南面去了。对吧？'

安：'对。完全正确。'

吉欧：'他们是在那儿最后汇合的，然后分头逃跑的。因为他们用手机全都安排好了，他们知道各自的去向……就象内线网络，又象一个蜘蛛网，全部都安排妥当了。正如玛蕊说的那样，有一个家族的族长，她参与了那三个人逃跑计划的安排。'

玛蕊：'我知道她给那三个人仔细安排了所有的逃跑计划。'

吉欧：'对。她知道每个人藏在什么地方。我告诉你一件事儿，她不太在意那个老头子被抓住，只要那个最年轻的宝贝儿不被抓住就行。'

玛蕊：'又冷起来了。'

安：'最后，我们还应该付出努力做点儿什么，帮助警方侦破这个案件－有人还要说些什么吗？我们可以用导向仪来确定汽车牌照上的号码和单词。'

吉欧和玛优美：'对。我们可以这样做。'

安对玛优美：'你有把导向用的吊绳摆锤指示标带在身边了吗？你是导向师。'

玛优美：'高登是导向师。'（*玛优美从自己的手袋里把吊绳摆锤指示标取出来；安从她的手袋里取出了纸张和笔，准备记录。*）

安：'他们还在这儿，你能感觉得到，他们还在呢，对吧？'

玛优美：'对，有神灵还在呢。'吉欧对玛优美：'有神灵正在引导着我们的工作，这样很好的。'

玛蕊：'我们可是被冷得快要冻死了。'

当我们的小组快要结束的时候，我们把用导向仪/吊绳摆锤指示标协助得到的地理位置等详细情况整理好，我把一系列的问题记在了纸上，准备交给高登。高登也是导向师，他会按照列出的问题，再次使用导向仪来再次确认地理位置，以便与玛优美得到的结论做比较。我是用电子邮件的形式，在2006年的10月22日星期天给高登发去了邮件。他在第二天，23号就给我回复了邮件。可是，在那个星期四，10月26号，第一个在逃的犯罪人，已经被警方给捕获到了，并且被法庭判处有罪。所以，如果有一个背后的家族女族长，她最担心的那个年轻的'小宝贝儿'— 也就是这个最年轻的小宝贝儿，他是第一个被警方抓获的。他是在格拉斯哥附近被警察抓到的，与我们小组得到的信息完全一致。我们的信息也建议了他们是哥兄弟两个 — 证明也是完全属实。我们还得到了消息：是他们到处游荡，他们是两个年轻人 — 很年轻的，才19岁。所以我们得到的信息几乎都是正确的，他们参与了一起抢劫犯罪案（他们以打零工的身份到处流浪、打工。）这就是玛蕊说的他们想要销毁什么，那就是他们打劫、抢来的罪证，我怀疑是珠宝首饰。

就在我写下这些记录的时候，我不知道他们是否有第二辆汽车。如果有第二辆汽车的话，我不知道是否被找到了还是仍然停在哪个地方。从警方发出的消息，我们分析得出以下：这次车祸案件，有三个男人参与；案发之后，他们三个人就分头逃跑了。正如神灵世界里的朋友告诉我们的那样。我们得到了详细的描述：这三个人长相特征的信息也是正确的，其中一人是'矮矬胖'；另外的一个有瘦瘦的脸，佩戴着一只耳环。我们还得到了信息，警方没有那两个青年人的DNA样本，只有那个老头儿的犯罪备案记录，这也是正确的。一位手机/移动电话的专家，在法庭上证明了：他们是在哪个地方使用了手机，安排和组织了他们分头逃跑的周密计划 — 跟我们从神灵那里得到的信息恰恰也是一致的。我无法确定他们逃跑的详细途径和交通工具，或者是他们确实有第二辆汽车。我们知道属实无疑的就是那个肇事的主谋，他从我们得到的信息路线上，就是A71和A74公路上，从爱丁堡一直向南，逃跑到了利物浦。法庭有他们驾驶的汽车，肇事前后的详细行驶路线的书面资料记载。他们确实是从我们得到的那信息的路线上开车过来的，通过了考丝道芬大街上的电脑商场。他们开车转向考丝道芬主街道，然后朝着索登北路开去，就在那里的帮姆厅胡同口，撞上了小男孩 — 正是我当天晚上在脑海里出现的地点和情景。最后的那个犯罪在逃犯，奇怪的很，他是自己去了警署自首了。他逃跑到了利物浦，在利物浦和爱尔兰的纽瑞镇之间来往居住、躲避警方的搜寻抓捕 — 跟我们神灵世界里的朋友给发出的信息一模一样。就是爱尔兰的那首歌曲，帮助了我们得到了这个信息 — '我们去爱尔兰，那里有绿色的草地'。可是，我们在用心灵交流与神灵沟通做侦探破案的时候，我们没有意识到，神灵世界的朋友在我们还没有要求得到答案之前，他们已经把答案给了我们：草莓地 — 让我带你到那里去 — 哪里？利物浦，然后展示出来的是一片大海，那个主谋罪犯，就是从利物浦乘坐海船过了大海，去了爱尔兰，他的身上还带着抢劫来的珠宝首饰！

后记：有一种古老的理论，就是人的思维是宇宙的一部分，不是人本身物质的大脑。这种理论导出每个独立的个体可以从整体宇宙感知中心或宇宙大脑里'下载'下来知识、信息、情报。那里是所有的信息和知识之源泉所在。这个概念的作用，就跟个人的电脑笔记本要连接上网，或者连接到云层储藏室，是一个道理。在这种比喻中，人的大脑代表了个人使用的笔记本电脑，该笔记本电脑从网上或/和云储存室连接上，并下载各种所需要的信息。这表明了，只要我们可以连接到所有的信息，我们就可以使用所有的信息。如果我们遵循阿其若侬教授关于即将要发生的悲剧或灾难的预警信号的理论来推断，那么在此种情况下，该信号似乎是该悲剧刚刚发生了。但是，如果像他所说的那样，有某些特别敏感的人，是可以得到这种信号的。我愿意这样认为：我们小组的人员出于正当的原由和目的可以得到这样的信息，并且正确的使用这些信息来协助警方侦破特殊案子。（确实如此，几年后，我们的确有机会帮助警方破获了一起残酷的案件—谋杀案）。亚瑟柯南道尔不仅创作了著名的侦探集小说，塑造了小说里的主要人物（福尔摩斯）；他本人就是一名成熟、老练出色的侦探。他曾经多次都协助英国警方，为几个不公平的法庭定罪案翻案平反，让真正的凶手落网入狱。其中之一就是谋杀案。他是公平正义的使者、不妥协的正义坚持人。毫不奇怪，他这样引领着我们到犯罪的现场，跟我的团队人员一起解开谜团，破解案件。

此次车祸案的最终结果是，那个主要车祸的肇事者，在逃亡了5个月以后，亲自给遇难的男孩父母写了赎罪书，并且承认说他自己的良心不肯让他再继续潜逃下去，他没有良心上的安宁与安静，再继续生活下去。我不知道，这是否是由于神灵引导了他，他才这样做的！

第二十章 我们死了会发生什么呢？

我引用在前面提到过的情况，就是当你得知有人死了的消息，会有情感的悲伤－也许不认识那个人是谁。如果那个人是暴死、或者是没有准备的过世、尤其遇难者是幼、童，对自己情感的创击就更加剧烈。我借用上一章节里的情况，当我意识到在10月5日得到的信息，就是那个小男孩在我们小组聚会静思前的两个小时左右，被车祸夺走了生命的时候，我的情感受到了强大的冲击。

几个星期以后，我回到了我们小组圈儿里的聚会上，不但亚瑟回复了我暗自从心底里发出的祈祷，帮助遇难小男孩的家属，找到了肇事潜逃罪犯的线索，他也给了我许多的安慰。我坚信是我的责任：让更多的人了解，人过世以后的情况和死后会是怎样的。这也是亚瑟 柯南 道尔的毕生使命－传递信息给人们－给人予希望、安慰，让人们知道还会与过世的亲人、爱友再相聚会。

我坚信他至今、现在仍然使用各种方法、手段，用尽所有的解数，坚持不懈地继续努力，做着这项工作－包括与我的沟通和鼓励、敦促与指引我写这部书。

以下是通过灵媒，首先是通过吉米、然后是通过玛蕊与神灵世界朋友的沟通，获得到的哲理。我用玛蕊对神灵世界朋友提出来的问题做为叙述的开端。

玛蕊：'上周我在斯坦丝代德（玛蕊参加了在伦敦的斯坦丝代德区，亚瑟 芬利学院的灵媒晋升培训班，）学习的主要内容，是导师引导我们进行讨论：人死了以后，人的性格、特征发生了什么？我非常感兴趣听听你们要说些什么。从这个培训班回来以后，我就一直在想：人的性格、特征只有在神灵世界里尚存，只有人死以后，来神灵世界里寻找这些他们知道的人的性格和特征的神灵人的时候才会需要，那些特殊的性格和特征才会有用。我感觉是一旦我们进入到了神灵世界，我们晋升一步的话……，我是想说人的性格特征真的是在人世间生活的时候才拥有，当死了以后，到了神灵世界里，剩下的只是足够被认出来的那些特殊本质的特征了。你能对此解释一下吗？'

吉米（做为灵媒同意神灵交流）：'好，我可以在你们讨论的基础上，尽量再加上一些内容。你大概理解起来会感到很吃力的（因为我知道这位灵媒肯定会感到吃力的给你复述），就是如何用词语表达；他满意你们共同承认和接受的理论就是：人死后仍然有意识、感知生命的存在，但是他不满意的是怎样来讲解。他们说人死后的生命没有被证实。但是，人知道有绝对的证据证明了人死后，感知的生命是继续的。一旦人的躯体死了以后，那个人的意识、感知继续尚存。我们确信无疑这种意识、感知在躯体和人脑死后的尚存和延续，这能够证实死后有生命的存在吗？我想不是。它证明了的是：思维的延续。对你所问的问题的真正答复，我猜想是这样的：如果一个有性格、特征的人去世了，那个有特性和特征的思想带着原有的知识会回到同一个在人间生活的家庭里来，告诉家人'我死了以后，我知道你们这里发生的这个和那个事情，那些都是在我死后发生的一切'。这样的话，我建议确切地证实了死后有感知生命的延续。但是，你要预备好，你肯定听说过了，因为我的灵媒已经听说过许许多多次了，有人说'没有人（从阴间）回来告诉我们'。可是，我的朋友，我会百分之一百地不同意这个说法，因为我知道死后思维存在的事实，有许许多多的机会都证明了。

很有讽刺意味的就是：在基督教和该教会葬礼仪式上，基督教牧师说'人死以后，感知的生命会延续不止。'他是这样说的，对吧？然后他竟然胆敢说'可是，你们永远都不要谈论这个问题'。生活的基础本质就是：'要肯定和坚信生命中的感知是延续的，你将能够与你爱的人们再相聚会'— 他们是这样说的，不是吗？— 可是，他们否认这个事实会发生。他们会告诉你：你不该与死人联系。实在是大废话。我的朋友，如果是过世的人想要跟你联系，那不就是非常好的经验吗，死者的亲人能够明白，我热爱的人已经过世了，随着时间的流逝，我也会加入到他们的行列？还有一个问题，我愿意把我灵媒的想法与你一起共同分享，他大概以前曾经谈论过的，这就是他说的，坚信死后有感知生命的延续。可是，你知道他想的是什么吗，万一他先死了，或者更重要的是，他的妻子在他死去之前先死了；她有可能不会在神灵世界（阴间）等他了。因为她有可能 — 她的性格、特征，来到人间的时候 — 也许有特殊的目的与任务，一旦她完成了那个特殊的任务，圆满完成了她的工作，返回到了神灵世界里，她也许不等她的丈夫了 — 那不是一个想法吗？他希望不会是这样的。可是又怎样呢，他来（人间）的目的是什么呢？他可是没想到他自己来人间的目的是为什么，他非常清楚其他的每一个人，来到世间上的目的是什么。有些人很快就认识到了自己来人世间的目的是什么了，而且一旦达到了这个目的，就很快返回到了神灵世界 — 他们回家了。他们是幸运的，高度进化的神灵类 — 有些是被称为天使的。他们无需在这个物质的人间世界里逗留得太久，只想给予的更多，尽管他们在人间停留的时间很是短暂，却常常是放射出了最耀眼的光芒。恰似快艇过后，在水面上留下翻卷的波浪一样，浪花翻腾奔驰，是留给后人最美好的希望。他们是先驱者为后人开辟更美好的生活道路。他们还会在神灵世界里等着接应那些，他们曾经在人间遇到过的、也是被其感动过的那些人。今天，跟你们交流让我很高兴。也许这就是你们小组时常的功能所在之目的，在这种情况下，小组中的任何人都可以充当灵媒，你们每个人在出生之前，就已经被神灵选中、你们和神灵有协议在先。你们要履行与神灵签署的协议中的诺言，完成你们答应了的、也是神灵赋予给你们各位的工作，发挥你们各自的功能。因此，我的朋友们，一切都不是偶然的巧合。你们每个人都有自己的一块田地，需要你们努力辛勤地去耕种，你们要确保选用饱满的好种子，浸透在沃土里，那样才会有好的收成。这是我的渴望，至此我跟我的朋友们说再见了，感谢你们的聆听，并祝愿你们的上帝与你们在一起。'

现在，是玛蕊与一位神灵世界里的女士交流，这位神灵世界里的女士，生前是一位虔诚的宗教信徒，她终年是80岁。

玛蕊（灵媒）：'我正在得到你在神灵世界里的情况，你刚刚参加了你自己的葬礼仪式，由于情感悲恸，所以出现的画面让人很是迷惑不解，尽管你在神灵世界（阴间），你知道你周围的人都非常高兴......，可是，还是对你留在身后、人间里的人有着强烈的眷恋感和记忆，还有对......很多很多的记忆（*玛蕊止住在悲痛情感下，情不自禁、不能自主，而流出来的眼泪*）...不是不愉快的，只是非常强烈的……，对身后人的记忆、自己脑海里的记忆和对故土的记忆。因为，这个教堂在你的记忆中有着深刻的烙印。在你的一生记忆中，教堂有着重要的位置，你有参加过无数次的宗教洗礼仪式和葬礼仪式的记忆。你是看着那些被牧师洗礼过的儿童，在教堂里愉快地长大成人；你是和那里的教友们一起，常年互相陪伴，渡过了你的多半人生。当你目睹了你自己的葬礼时，你宛如在两个世界中：你的理性感知生命已经回到了安全和稳定的新环境里，可是部分的你的理性感知生命仍然眷恋着这个教堂。当你身后的人间朋友们缅怀旧日就要离开你，让你的理性感知生命独自在这座教堂里重温和回首往事之际，你是那样的依依不舍。那些都是记忆了，我知道我已经80岁了。可是，这个教堂，一下子就把我带回到我美好的往事、童年的洗礼和快乐的少年时光。我不但想要与你们这个小组建立情感上的联系，更重要的是想为你们刚刚讨论的问题，就是人的性格、特征感知生命在精神世界里是怎样延续的，怎样过度的、我的体验是怎样的、以及如何连接到自己的记忆和与自己留在人世间里的友人们沟通，我希望为你们的研究与学习做出一点儿贡献。'

　　吉米：'你意识到了你参加的是你自己的葬礼仪式吗？'

　　玛蕊：'是的。'（*玛蕊很难止住自己的情感，泪水情不自禁，情绪非常激动。*）'不是不开心的泪水－这是人死之时，过度的一个部分。除了人的难舍难离的情感外，即刻加上的就是你灵魂已经连接到了的－精神上的连接，是灵魂与灵魂的接通，也是有一种截然不同，却极为强大的力量。情感以一种更加敏锐的方式变动着，而且是非常非常强烈，特别是如果我们多年以来，所接受的教育、还有自我养成了不表达自己情感的习惯，这种情感就更难被自己掌控好，继而就是很难避免的感情冲动。

　　吉米：'你回家的兴奋，能超过了你离开了人间的亲人、朋友们所带给你的悲痛吗？'

　　玛蕊：'对，对。'

　　吉米：'回家，是你曾经期待的吗－跟你想的是一样吗？'

　　玛蕊：'很难表示。因为我想要笑的程度大于我的面孔所能够要表现出来的。可情感的冲动，又是那样的浓重…，随之而来的静谧，使得控制情感的兴奋稍微容易了一点儿。处理好别、离和变换角色，是因为你已经不在人间、不再在地上生活了，你要交出你曾经负的责任、你不再影响其他人了，你要让他们自己处理他们自己的生活，相信他们会做出正确的决定，能够处理好他们自

己的生活。这是你退出来以后，让其他人，在没有你的情况下，继续他们正常生活的过程。'

吉欧：'你正在回到精神世界里，你一定经历一种能量振波的变化，那是很难处理好、掌握住的，是吧？也许我不对？'

玛蕊：'对我来说－因为我有很强的宗教意识，信仰对我来说非常重要。当我在人间时，我的一生中很多的时间，都是在祈祷和静思中渡过的。在沉静中与上帝沟通－回家，进入到神灵世界里，跟神灵融汇在一起的感觉和振幅基本上是跟我在人间，做祈祷时是一样的，非常平静，非常深沉，连接的非常紧密。'

吉欧：'那是你跟你真正的上帝交流，对吗？'

玛蕊：'对。还有，天使和圣人。'

吉欧：'对。'

玛蕊：'还有，在我之前已经回到这里的老朋友们。'

吉米：'还有所有那些你曾希望在那里等着接应你的人，他们是否有跟你见面？'

玛蕊：'他们都在这里跟我见面了。我没有任何失望，就是一个皆大欢喜的欢聚会。'

吉米：'你能理解，你身后留下的人之悲哀吗？'

玛蕊：'能。可是，对我来说离别他们，比他们让我走更难。因为，让一个久病缠身的人走了，要容易些。生活就是这样构成的，只有这样，做决定才不会太难。没人想抓住那个准备好要走、生命垂危就要终结了的人不放手。其实，在你的身后把门关上要更难。走过去是容易的，可是，回头再看到你身后的门已经关上了，实在太难了。'

吉欧：'是啊，一定是这样的。你能随着时间的流逝，从感知中得到力量，如果你要的话，你能够与他们联系上，看到他们，观察他们的生活情况。对吗？'

玛蕊：'对。那样，对我来说是很简单的了，但是，对他们来说就不一样了。因为，他们不像你们这样有这种信仰。他们的信仰不跟你们的信仰一样。他们的信仰允许我跟他们在一定程度上，有某种的交流，不会是象这样的。我正在体验的这种交流，在这儿跟你们直接的意念交流。'

吉米：'你有愿望、或者的确已经拜访了你心里珍爱着的人、你的直系亲属。你到过他们的身边吗，或是，你想要这样做？'

玛蕊：'他们总在我的思念之中。我发现思念能把你带到他们那里。思念起了不同的作用，过程很快，思念会即刻就把你带到他们那里。爱的思念，在两个世界都是一个样子的，能够把你一下

子就带到了他们的身边，不管在哪儿。'

吉米：'如果你来到了他们的身边，他们不晓得你在，对你没知觉，会是非常令你急躁、不知所措的，对吧？'

玛蕊：'不对。因为你可以通过意识感知来沟通。会有一些感觉起作用的。但是，不像我们正在做的这样明显，他们能够……我想他们能够在梦里见到了我。'

吉米：'是在你离开了人间以后？'

玛蕊：'对。我想他们有感知到了我在思念他们。如果我试着解释什么，我不知道我是否使用了正确的字眼儿，这有些复杂。好相似两个事情，在同一个时间上发生。你试着在没有物质身躯的情况下出现在他们面前，可实际上，你主要是通过思维来与他们沟通的。所以，你会花费很多的精力尝试着将你的想法放入到他们的脑海里，为此，你要非常专注地发送你的想法，这几乎就像你在玩游戏一样，你要用心地在那个人的脑海里猜测出一个单词，就是这种感觉。在同时，我是神灵类，在我接近了我要沟通的人时，我首先接近了包围着这个人的气场，我对此人的碰撞，会产生一种振动，这种振动会直接传给其本人，体现出来的就是那个人在忽然间有了发热、或者是发冷、或者是打颤的感觉反应。有时，有人也能够察觉到，或是在眼角边儿上看到。可实际上跟眼睛没关系，是跟能量有关系的。所以，当你想要沟通时的过程，就象连接上了他们，让两边的想法连上了，几乎是瞬间就知道了，随即尽快地把想法放进到了他们的脑海里，以便他们能够明白。因为你能够看到他们的想法，基本上是很清楚的看到了他们想的是什么，可是，让他们明白你的意思就难的多了。'

吉米：'如果留在人间的、你的直系最亲爱的人，能够有跟玛蕊一样的理解能力，是否能让你与他们的沟通，更容易些，或者是你能够给他们些安慰呢。因为那样的话，他们就知道了你的意向了？' 玛蕊：'我想，在我的这种情况下，不会有什么两样。因为，他们的理解是从不同的角度出发的，他们有着他们自己的信仰，跟你们的信仰不同，所以他们理解的含义和体验的质量也就不同了。当他们在教堂里祈祷的时候，跟神灵沟通的过程是相似的。好比说，他们去教堂参加礼拜，他们会非常敏感地感知，我与他们同在，因为我会跟他们在一起，他们能够觉察得到，还有，我们之间是连着的。'

吉欧：'因为他们坚信你跟上帝在一起，你被上帝呵护着，他们为你祈祷。那样对你和对他们都是非常大的安慰，如果他们坚定不疑地相信自己，那样的话，他们就会感知到了你就在他们的身

边，与他们在一起。'

玛蕊：'啊，对啊。他们是这样的。年轻人供奉着他们自己的信仰，他们有自己的崇拜方式，他们相信他们自己的理论和习俗，他们不跟我一样，从小受到严肃的教会教育，拥有坚定不移的信仰，可是，从另外的角度上看，他们热爱他们自己的上帝。'

吉米：'知道在各个宗教之间是没有区别的，是一件好事。'

玛蕊：'从神灵世界角度上来说，因为，都是以爱为最基本的理念。就是由于爱，把人拉到了一起来了。不管是在人的世界里，还是在神灵的世界里，两个世界之间用爱连接了起来—神学家可以聚在一起，谈论圣经和上帝的话，或者是圣诗，那并没有真正的含义，所有的一切，最重要的就是爱了，我们的爱，是一切的基础，爱是永恒的。'

吉欧：'不管你曾经崇拜过什么，你的宗教信仰是什么……只要坚信爱的力量，爱是永久不灭的光芒，爱就是力量的源泉。仁爱能够弥补任何宗教之间的各抒己见之不足。'

玛蕊：'对的。我同情那些由于打着宗教的旗号，被误导而误入歧途、导致犯罪的人。他们来到精神世界之后，需要面对其所为引发的各种后果、经历认真悔过自新的过程……'

吉米：'噢，是误导？'

玛蕊：'他们曾被误导……实际上该多简单。可是我相信上帝会原谅他们的。'

吉欧：'但愿他们能够原谅他们自己的所作所为。'

玛蕊：'那就是不同的了。他们从生活的实际教训中逐步领悟和吸取教训吧。'

吉欧：'我意识到现在能量有了变化，你在离开以前，最后想要说些什么，然后继续你的新旅程？'

玛蕊：'没有了。谢谢你们允许我出现在你们这里。这是非常有意思的生活……'

吉欧：'对。我们也感谢你，在我们面前的出现，让我们知道你的存在。多保重，晚安还有上帝祝福你。'

玛蕊：'上帝也祝福你们。'

吉米（*致结束祷告词*）：我们感谢伟大的神灵给了我们今天晚上在这里得到的一切。我们今天晚上，在此又获得了不同的体验和知识。我们总是欣赏坐在这里聆听神灵到此与我们沟通。我们向今天晚上与我们在一起工作的各位神灵致敬。我们衷心感谢你们努力连接到了我们，传来信息给我们，或是转给其他人的信息，请接受我们给你们的爱。并希望你们能够有机会再次前来跟我们一起工作。敬致那刚刚离开人世间不久的神灵，能够有一个愉快的回家旅程，也祝愿他们爱着的不管在哪里的亲人们能够感知到这种安慰和支持；再祝愿今天晚上有疾病缠身的人们，尤其是我们的亲人，希望他们能够意识到我们总是发去给他们治愈的思念，伟大的神灵和我们的爱与安慰送至到他们的身边，也送给到每一个人。阿门。

  备忘录结束。

第二十一章 突如其来的现象

2006年11月到12月初的六次小组聚会期间，我们连续体验到了调研专家称之为突如其来的现象。在11月8日，小组人员正准备进入到静思冥想境界之际，我们听到了敲门声。

吉米：'有人敲门。'

玛优美：'是女管理员来收费了。'（玛优美是我们的出纳员，她向我们每个人收款，然后交付我们的场地租用金。我们每次需要交付8周的租金，每两个月一次，我们把租金交给她。）'我去吧，我这儿有钱。'

玛优美朝着门口走了过去。可是她打开了门，可是，门外面没有人。小组里的人都惊奇地笑了，玛优美走进走道里查看，再朝着旋转的楼梯道里低头查望还是没人—一个人影也没有。当天晚上，静思以后大家反馈的时候，我们注意到了有一种奇怪的声响，那是我们从来还没有听到过的怪声。我们一个接着一个地把注意力都集中到了发出怪声响的方向，原来是我们放在小组圈儿内桌子中央的Dictaphone[1]手控录音机，正在象长了腿儿一样，从桌子的这个角蹦到另外的一个角上。

'看那个手控录音机，它自己在跑了。'吉欧大声说道。望着她正在指点的方向，我马上低头看了看桌子腿儿，查看有没有人把手或脚碰到了桌子腿。高登的腿离桌子腿儿最近，因为他的腿最长，可是他的腿没有接触到桌子腿。

'他们大概又在使用我们交谈说话的振波。所以我们就继续交谈，看看是怎样个情况。'听到吉欧的指示，我们小组人员就继续讲说着各自的静思反馈内容，手控录音机仍在桌子上面跳跃着。'它来回不停地跳，你会担心它要从桌子上掉下来吗？。'可是，没掉下来，一直等到有人建议我们把手放在桌子上，来体验一下桌子的振波能量，我们就这样做了。我们感觉到能量出乎意外的很好，当我们把手放在桌子上后，手控录音机就不再跳动了。当天晚上，玛优美向大家宣布神灵世界要给我们开一个门户口。以前，她就从神灵那里得到了这个消息，也被录音机给录制下来了。这次她再重申说直到我们有了自己的新地址，我们才会有自己的门户口。

同时，在那之后的两个星期里，当我在自己的家里静思时，我的电视机忽然间又吵又闹地自动开启了，给我吓了一大跳。第一次出现这个现象的时候，我到处找电视机的遥控器，还以为是由于我自己没注意，不小心坐在了遥控器上。可是，我看到了遥控器就在电视机上，正如我摆放在那里的一个样子。当第三次出现这种现象的时候，我意识到了，一定是神灵想要提醒我注意什么了。小组再聚会的时候，我们使用了奥吉报得，我问神灵是否在我的家里做了什么，想要引起我的注意力─我问那是什么（我把手从玻璃杯上撤回来了，以免影响答案）。神灵给出的答案是'电视机'。我告诉小组的其他人员，这个答案是正确的。还有一次，我在家里，我的打印机自动开启并且自动打印出没字的白纸，这是在我的手提电脑和台式电脑都没有被打开的情况下发生的。

2006年11月23日，我们小组人员遇到了新的声响现象。这次不光是有很多蜡烛放在了房间的各个角落里，还有一个蜡烛放在了玻璃杯子里。当吉欧点燃蜡烛的时候，她先点燃了玻璃杯里的蜡烛，然而她不经意地把火柴棒掉进了玻璃杯子里，她没拿出来，想必它会自灭。谁料想，就当我们小组的人员都进入到静思冥想的境界以后，忽然来了一个爆炸声响。我没睁开眼睛查看，但是，我的脑海里出现了是那个玻璃杯子被剩余的火柴棒燃烧过热，引发玻璃杯爆裂发出的大响声。我心里想，火柴头在玻璃杯里引炸会让玻璃碎片洒落满地，我们大概需要清扫干净那些玻璃碎片，以免有人被刮伤。当我们从静思冥想中返回了现实，睁开眼睛看到玻璃杯中的蜡烛仍然在欢快地燃烧跳跃着，玻璃杯没有任何爆裂的痕迹。我们大家都找不到是从哪里、什么缘由发出的那种爆炸的声响。那天晚上，我经历了从来没有过的极冷症状─就像我步入冰窖一样的冰冷 ─ 我一时控制不住地哆嗦、打颤。吉米，一名有特殊培训出身的专业护士，见到此情景说相似'rigor'[2] '酷冷症'。同时，我们又听到了那种敲门声和其它的噪音，我也再次经历了地板振动余波的浮动。后来，在我整理备忘录的时候，又一种奇怪的现象出现了，我意识到当晚录音机录里制的内容所占用的时间，在长短上与上一周完全一样，就是录音机磁带录制的时间上的小时、分钟和秒数与上周的长短完全一模一样。

12月14日，这天高登的法国朋友山姆来他家拜访，高登问我们是否可以带朋友山姆一起来小组里参加聚会。我们大家没人反对就这样一次性的来访。我们又询问了神灵世界里的朋友们，得知只要山姆能够保守发生在小组里的秘密，他们也是没有反对意见。就这样，两边都同意了。山姆晚上参加了我们的活动。他的在场，证明了对我们的工作很有帮助。由于我们使用奥吉报得的方式来示范和测试我们与神灵沟通的准确性。我们请山姆提出一些小组人员都不知道答案的问题。当我们请山姆用他的母语、法语提出问题时，这种测试更为加深了一步，因为事先我们已经肯定了，小组里没人明白或能够讲法语 — 特别是当讲法语是母语的人，操着一口快速流利的法语。当我们跟山姆核对，神灵给他的问题的答案是否正确，山姆确认了所以答案都是正确的。最后的测试问题是山姆用法语提问，神灵的回答也是用法语。神灵世界的朋友，用法语把一个词一个词地拼了出来，花费了一定的时间，使用奥吉报得方式— 这种方式大概就是从法国开始的。神灵给出了答案以后，我们再次跟山姆核对，山姆确认完全正确，真是太神奇。

再下一周，就是12月的21日，山姆返回了巴黎我们小组的全体人员都去了爱丁堡的一家中餐馆，大家一起来庆祝平安夜。我们大家讨论一年来发生的各种情况和我们获得的精彩体验。吉米总结说他从来想都没有想到，他有生以来能够亲身体验到如此神奇莫测的现象 — 只在一年的时光里，就收获这么大。他非常感激能够被邀请到小组里来，成为小组的成员之一。大家一致同意我们在上一年中取得的成绩，也盼望在新的一年里百尺竿头更进一步。我们也都注意到了，在过去的一年里，亚瑟和他的神灵团队的朋友们，一直都提醒我们要搬家，我们也一直在寻找新地址。最近又有一次在使用奥吉报得方式沟通的时候，被一位临时沟通者渗入，我们不得不迅速关闭掉沟通渠道。我们认为这些都是神灵给我们的证据，要我们尽早迁移到一个属于我们自己的空间，在那里我们能够有安全感和安静的环境，不再担心会有不速之客没经允许，就闯入到了我们自己的空间。当我们问神灵世界里的朋友，是哪种活动不能在我们目前这个暂时租用的场地里学习，我们被告知是'物化'活动。物化活动是神灵类、实际上，是用物化的形式来显现到某种程度时，在场的人员都可以亲眼看到神灵降临和现身。这种物化活动可以让神灵显现真是到就象你和我一样的确实存在，也可以处于完整的各个阶段。因此，有时看上去是抽象或半透明的。不管将来神灵选择了怎样的物化活动，我们都热切地盼望着它的实现。可是，我们不知道它来的比我们期待的还要早，也不是我们所期待的那个样子的情况。

第二十二章 新年

2007年1月18日是在新的一年里，我们第一次返回到神智社聚会。吉米向大家致了欢迎词，欢迎大家重新返回到小组里来，参加新年里的第一次活动。我们重温了在2006年里所取得的可喜成绩，也说到了由于使用桌子和玻璃杯以及字母卡的办法，给不速之客钻了空子、插入进来的机会，大家都对此不很满意。当神灵朋友第一次建议使用奥吉报得方式沟通的时候，大家都为潜在的危险而担心，现在看来当时的那种谨小慎微的态度，被我们从实际操作中获得的大量体验和经验之激动和喜悦给淹没了。我们决定将来再使用这种方式时，一定要更加谨慎。我们知道的是神灵要带给我们新的测试，那要比我们设想的情况来得还快。同时，神灵要我在新年的第一次小组会议上给一个确切的答复，吉米因为我们还没有地方可以迁移，神灵还没能就下一步给出明确的方案，感到失望，他问我是否从亚瑟 柯南 道尔那里得到了任何启示。

安：'我仍然感觉到了有神灵在指引着，我也有信心。我知道神灵为什要把我们组建起来，缘由就是为了我们的共同发展。我感觉到他们的计划是允许我们体验到比我们目前已经得到了的经验更伟大的物理现象。但是，在我们没有找到合适的场地之前，现在的这个场地只能随着神灵的意愿，做神灵可以安排做的事情。我相信以亚瑟 柯南 道尔为首的神灵团队明白我们这个情况，他们不会把我们放弃。我们将使用我们熟悉了的、也是以往使用过的工具，在这儿暂时做下去。但是，他们是有局限性的，只能做在此条件下，允许他们能够做到的事情。神灵朋友在去年的年底，确实想进一步推动我们的学习体验。当他们开始使用手控录音机做试验的时候，我感觉他们会把这个试验继续下去 — 可能有实际声音和Direct Voice[1],现场声音出现。可是，这个项目大概需要在新的场地来，才能实现 — 我们一旦有了新场地的话。'

这个话题引起了大家一连串的讨论。先是对几个可能性场地的讨论；接着就是对现在的这个场地，为什么不合适的讨论。当大家讨论得特别热烈的时候，我的脑海里有一个声音说'那是个学校'。这个信息，在当时来说给大家带来了更大的迷惑。因为我们大家讨论到的各种场地，没有一个是学校。我们决定把这个信息放入档案，以备后用。目前来说，没有任何意义 — 可是又实现了，那是在过了几年的时间以后，这个预言才兑现成为我们自己的家 —同时也被发现了，做为我们新家的大楼，原来就是被用做学校的。

同时，我们坚持我们的小组宗旨，继续体验各种不同的现象。接下来的一周就是1月的25日，我们都进入到静思冥想状态之中。我和玛优美都得到了一个爆炸现场的画面。玛优美说她看到了一个令人不安的景象，那是儿童的腿被倒塌的水泥墙壁压在了下面的可怕情景。她还说觉得她的左肩膀头有承受剧烈疼痛的感觉，疼痛是从肩膀头上垂直往下成90度，直穿过她的双肩。我能够理解她的话。我觉得跟我在一起的是一位被炸弹击中了的受害者的神灵。他是一位亚裔人，大概是印度人。我感觉事件刚刚发生了不久— 好像是就发生在今天或今晚......或者是明天就要发生。当吉米问是在哪里时，我说我想是在'黎巴嫩的贝鲁特或是科威特'。在事发现场，我可以看到白色/黄色/淡颜色的轿车被炸得所有车门都飞上空中，跟我沟通的人，其衣服被炸破了，他只穿着一件背心站在那里。我感觉到我的耳朵底子里面，发出了剧烈的疼痛。我明白了那个人被炸弹爆炸炸中时，所发出的震耳欲聋的响声，把他的耳膜振破了。他正经历着耳底剧痛并且什么也听不到了 — 他身边的一切对他来说都是无声、缓慢地转动。我觉得这个人在爆炸时已经被炸死了，但是，他现在还没有意识到这点。他担心他的太太和孩子，因为她们不知道他在哪里。他是一名出租车司机，家住在一所高层的居民楼上，当炸弹爆炸时，他正在路上开车。我觉得这个神灵不知道他已经死了，他正在无知觉地游荡着，他决意不见他的家人就不离开人间。我看到了在现场有一辆公交车 — 单层的公交车也被炸毁了 — 爆炸的炸弹有可能就是在这辆公交车上。那是一个繁忙市内公路的交叉口或十字路口。我也感觉到我的左肩膀头上，有很剧烈的疼痛，就跟玛优美说的一样，也是那个神灵人遭遇的不幸引发的，还有那个被爆塌方的水泥墙壁，坍塌后压在儿童的腿上。我猜想跟玛优美得到的信息是差不多一样的。

那天晚上，吉米给我打来电话，他问我有否看到电视上的新闻节目。我说没看。吉米告诉我说新闻上讲在黎巴嫩的贝鲁特发生了一次剧烈爆炸事件，死伤很多人。在下次的小组聚会上，我们就此进行了讨论。讨论的主要题目就是为什么我又收到这种惨案前的预兆信息，或几乎是在新闻发布的同时，收到了这种的信息。有先前的例子，就是那个小男孩在爱丁堡被开快车的人给撞中了；然后就是最近我脑海里得到了信息和画面：一具女尸被警方从河里打捞了上来－这项新闻在随后不久就有了连续报道。警方追捕一个系列谋杀案的凶手，他接连杀害多个妓女，最早遭遇杀害的两名妓女的尸体都被扔到了同一条河里，由警方发现后，开始追捕作案人。

我能想通的就是：我可以把自己的思维象调收音机波段/调收音机台那样，把自己的思维调到一定维度的波段，致使我能够得到实际正在发生或刚刚发生的惨案之信息。我不知道为什么会是这样的，可是跟阿其若侬教授说的恰恰相符合，阿其若侬教授在十年前曾经告诉我说：惨案发生以前总是有预警信号提早被发出来的，如果你是非常敏感的人，你就会得到这样的信息，或是得到部分的信息。这次，玛优美也有看到了爆炸现场的画面。现在，我们两个人，都有同样的思维波长。

这种波长或是早期警告信号变换了的一个模式出现在2007年2月8日。在我们小组的反馈时间里，玛优美说她听到自己身后的墙角上，发出了一种滴答滴答的闹音响声。随后，她就说她看到了我们都长着翅膀－我们都象天使那样长着翅膀。高登上升/升高－只有他自己一个人－从这个视觉里，她看到了高登在慢慢升高，她猜想是否高登那会儿，也正在享受着一种体外游魂的经历。

高登说他有感觉到了能量非常充足，能量很好。很强。他进入到了非常深沉的静思冥想的境界。他觉得他自己走得很远很远了，没有什么可以反馈的内容可说。他感觉到了身体好象被猛然推了一把似的，接着就感到阵冷、阵热、和冒虚汗。顺刻间，各种感觉都一起涌上了他的周身－就跟得了猩红热那样。高登还加上（*好象他又重新醒悟过来了。*）他记得他在高空上面朝下看，他看到了一个人。他好象在大自然之中，可是，他不知道所有这些都是什么意思。

玛优美说也许这跟她看到的情景有关系，因为她看到了高登升空到了一个较高的位置上，这就是为什么他能觉得从空中往下看时，有看到了那个人。

小组人员都为此跟高登开玩笑说'你这么快，就要离开我们远走高飞了？'我们小组全部人员中，高登大概是最健康的人。他是一名马拉松运动员、一名登山（3000米以上的山峦）远足爱好者，也是一名治疗师。作为治疗师，他非常了解自己的身体健康的重要性和身体的需求，他会知道怎样照顾好自己的健康和自己身体所需要的营养。吉米开玩笑说：他自己才是小组中年龄最大的一个人。如果走的话，他应该是先走。我们一致同意如果小组里有任何一个人，先升天的话，也不可能是高登。

我现在写这本书的时候，高登是我们星期四小组里唯一的一位死去了的人。两年以后，就象玛优美事先得到预警信号说的那样，高登被诊断出癌症。至今，高登继续在神灵世界里，跟我们小组一起工作。

回顾2007年，我们在导师亚瑟和他的神灵团队的指引下，继续加速学习和进步，就象他们许下的偌言那样，我们体验到了更多的非凡现象。我们也非常喜欢他们给我们展示的那些杰出的理性灵媒演示案例 — 这些案例主要是由灵媒与神灵世界的人沟通，给出所有证据，让人间接收的人，亲自来辨认和识别神灵世界沟通者，的确是确凿无疑。总的来说，这种情况都是私下进行的。可是，有时也是在公共场合举行这样的示范演绎，灵媒在众目睽睽之下，给在座的人简短的对话机会，不是深入讲到详细的内容之中，这是为了保护个人隐私、信息的目的。

在我们与神灵沟通的情况下，我们是坐在一个小组圈儿里，那是2007年2月22日，玛优美说她意识到有一位神灵世界里的男士跟她在一起 — 一位相当高大、着装是维多利亚时代的绅士。她问为什么他要来找到这里，他给玛优美看到了他其中的一个儿子；玛优美也有得到这个'84'的数字，她设想这个数字就是代表着1884年的意思。她也得到了这个人曾经是住在爱丁堡。他的名字是James Cunningham吉姆斯 卡宁汉，他死于传染病 — 也许是那个著名的黑死病。玛优美问他的太太在哪儿，他说太太死于难产 — 为生产他的儿子。玛优美又问他，为什么他要来这里，他告诉玛优美说，他听说了有关另外的世界（人间物质世界）以及两个世界沟通的情况，所以他就来了，想亲自看看和了解这是否是真的事实。

在我们下次的小组聚会上，就是3月1日这天，玛优美带来了她从网站上查找、下载和打印出来的有关爱丁堡吉姆斯·卡宁汉的情况介绍。吉姆斯·卡宁汉是一位植物园员工，曾经在伦敦附近的皇家植物园工作。1837年他负责了为英国女王在苏格兰种植鲜花的工作。有趣的是，他出生于1784年，所有这些都跟玛优美在上周的静思冥想联系上了。当然，只是她把世纪搞错了，他出生的是1784年。她设想的他给的是1884年，这是一个错误的—可是，如果她认真琢磨一下，就会意识到：他是指1784年的意思，因为他不可能在1884年死于黑死病的。

在2007年5月10日这天，我再次做了灵媒的示范演绎。我是为玛蕊做灵媒的。我得到的第一个图像是非常奇怪的—一个大型飞机场里，在机场的行李传送带上面放着一台很大的移动放音机，传送带载着放音机旋转不停。玛蕊说这唤起了她去美国旅行的记忆，由于暴风雨的缘故，她的班机误点了，这就意味着她不得不与自己的托运行李分开了。她托运的行李被送上了跟她本人不同的一个班机。她记得很清楚，当她到了目的地提取行李的时候，她看到的在她的行李旁边有一个很大的放音机。她自己的行李与那个大放音机一起在行李传送带上，来回打着圈圈儿转。她记得那是个非常奇怪的画面。（*这个画面只是用来让我找到那个确切的接收信息者—有时神灵故意使用这个方法做为寻找最恰当的那个人的一种工具—没有其它的意思。*）能量一点点升高了，我问玛蕊一个叫考伦的人的名字跟她有关系吗？她说有关系，她知道。我也能看到一只有黑白花的小狗，跟玛蕊也有联系—玛蕊再次说她能忆出这只狗来。我也看到了开往苏格兰西部地区的火车；这就带着我想到了苏格兰西部高地的火车线路，我认真地跟踪这条沿着苏格兰西海岸的路线，找出了玛蕊出生的故地—再次证明是正确的。我也知道玛蕊在她儿童时代的记忆中，有一位年轻的教会牧师，他常到玛蕊家里拜访。我也得到了一个人的名字叫莎乐，还有一个当地的教堂，另外的名字是里查德。还有一个人的名字叫如波特—如波特·布莱尔。还得到了消息是：有一个人的左臂、或者是左胳膊有问题；我还看到了在海边的沙滩上有一个用木板制造的轮子。我不知道这是个什么东西，猜想是一种在沙滩上赛跑的跑车；不管怎样，我认为是在沙滩山使用的一种带轮子的工具。

然后，我看到了玛蕊把一只小兔子从它的笼子里拿出来，捧在手里。还有其它的名字在我的脑海里出现了：艾莎、提米、富劳斯、他们都在一个动物的农场里。这有两个意义：不仅仅是因为玛蕊在儿童时代读了有关小动物的书籍 — 也许在她上学的年代里 — 而且是有一个地方，那里有许多的小动物自由玩耍，好像是个马戏团。我感觉到，在玛蕊成长过程中，有一位当地的人对她影响较大，她是一位上年纪的老太婆。她称呼这个老太婆 — 至少被孩子们这样称呼她 — 麦奶奶。我推测这个称呼可能意味着她的真实姓，就是麦格威或者是麦当劳，或者是类似的这样姓氏。可是，当地人都叫她麦奶奶。我还有看到了她家的附近有一个火车站，从歌曲'带我准时去教堂'我得知了这个情况。我的感觉是这个歌曲跟其内容不太一样，不是婚礼的关系，而是与玛蕊想要准时参加教堂的礼拜活动有关系，她不想迟到。我也注意到了汤姆大叔，他又高又瘦，玛蕊跟他关系很融洽，他是很会打趣逗乐的人。所有这些信息都是神灵世界里的朋友发送过来，同时伴随着各种画面。神灵朋友希望这些信息能够说服玛蕊，让玛蕊记起这些神灵人在她幼年时代的情景和记忆。我最后说的是他们有面条，我意识到了不对劲儿，我猜想也许是面条，或许面条这个字眼儿有什么重要的意义。

玛蕊：'所有的这些信息都是准确的。只是一个或两个地方需要修补。莎乐那会儿是我最亲密的好友之一，参加她在教堂的葬礼时，我差点迟到。因为他们把她的尸体在头天的晚上就抬到了教堂里。我父亲最好的朋友之一，他的名字就是叫里查德；我的婆婆名字是艾莎；我妈妈的堂妹叫音娜，跟那个名字很相似。我几乎忘记了在那个年代里，我还有一个好朋友，她的名字叫 菲欧娜麦克格，我和菲欧娜常常跟一位太太在一起玩，而且她们玩的时间很久，也习惯地叫她"麦克太太"。富劳斯 实际上是富劳批， 我想汤姆是我们现在的朋友米凯在天堂里的小狗的名字，我们最近还谈论到了它。汤姆大叔不是又高又瘦，但是，他确实是很会逗趣的人；我常常接近的另外两位大叔，他们两位可都是又高又瘦的人。其它的情况就完全跟你说的一模一样了。'

我们小组结束以后，玛蕊又进一步跟我谈了我给她的信息：'安，你给出的信息是准确的。'富劳批是一个用稻草扎制的可爱的玩具。她记得她的妈妈从她手里夺过来，扔进了垃圾桶里。因为这个玩具是稻草做的，久经玩耍，稻草已经开始破碎，到处掉下稻草渣子，她妈妈把这个稻草玩具给扔掉以后，玛蕊非常不开心，藏在衣柜里哭了四天。后来，玛蕊想起来了，在那会儿，有一个在商店里工作的女人，在她的记忆中是一个很友好的人。可是，她记不得那个女人的名字了，也许是麦奶奶或者什么的，她要查对一下。可是她确实认识那个胳膊有问题的人。音娜是她母亲的堂妹；还有就是那位年轻的教会牧师，在谁家里有人去世时，他准定会去拜访。他们去当地的教堂，也去其它的教堂。她能够把所有提到的人的名字，都对上号。可是如波特 布莱尔实际上是如波特 比尔 — 又是一个心爱的玩具的名字。那个在海边沙滩上的木板轮是她小时候，跟小伙伴们玩沙子城堡时，用上的玩具。她对小兔兔和其它小动物、动物牧场都有清晰的记忆，不光是有童年时代的儿童读物、书籍，也有一个特殊的动物牧场的地方，那里有各种不同的小动物，孩子们可以去那里跟小动物玩，拍拍小动物。

最后我觉得看到了玛蕊母亲的葬礼。就在前面我提到过的那个教堂里。我看到了教堂里的风琴和金黄色的风琴管，我也看到了在教堂的门外、跟教堂斜对面的马路边上，是壳牌加油站的黄色标志。玛蕊确认这些全部都是真实的。我感觉到这最后的信息都是玛蕊的母亲直接告诉给我的，她要玛蕊忘记过去，也原谅她，充分地享受现在的生活。

另外一个典型的灵媒案例发生于2007年4月12日。这次我是信息接收人，信息来自planchette[2]. 占卜板。我们小组购置了一个占卜板，并且发现高登和玛优美特别精通使用它。可是，我们也发现了我们也能用导向仪得到答案。简单地说，就是在纸上写上'对'或是'不对'，然后就让占卜板朝着答案移动。这样就不必每次都要用手来写答案了。那天晚上，在使用占卜板以前，我已经在脑海里有了一个'M'的字母了，而且这个单词是用美丽的书法手体写出来的。它好相似有人故意用美丽的书法技巧，把这个字母写了出来。我凝视着这个字母，我能够感觉到书写人流畅贯通的书写特征与性格。当我们使用占卜板的时候，我们问了以下的问题：

高登：'你总在这儿吗？'可能吧。

吉米：'玛丽在吗？'对。

吉米指的是玛丽 达芬，她是神灵团队的一员。

玛蕊：'请沟通的人，把她名字的第一个字母拼写出来，好吗？'M。

高登：'这个'M'字母先前已经有发到了我们小组里的一个人，那会儿，我们都正在静思冥想。'对。

高登：'请你指向那个收到了这个字母的人，好吗？'对。

那个占卜板转到桌子的另外一边儿，指向了安坐着的方向。（应该指出来的是，此时安的手指已经离开了占卜板，为了记录和不影响占卜板给出的答案。）

吉米：'是你吗，玛丽？'

占卜板在给出答案以前，犹豫了一会儿，然后才转动，指示出'也许是吧。'

吉米：'你找过安了，对吗？'*也许吧。*

在此刻，高登意识到了，所获得到的答案为什么会是如此模糊的缘由了，所以就一针见血地问：

'那里不只有一位玛丽，对吧？'

占卜板马上也是很急促地就给出了回复。'对。'

我忽然间情绪激动起来，即刻我就泪如泉涌。因为我意识到了是谁正在跟我交流。吉米想要继续提问，可是神灵已经直接跟我建立起一对一的联系与沟通了。吉米问我是否可以把这个问题接过去。

安问：'是你吗，奶奶？'*对。*

吉米建议说如果这是私人的事情，也许我可以在脑海里问我奶奶一些问题，然后占卜板会示出答案。这也是对占卜板的一种尝试，让它按照问题来回答。

占卜板继而指出了'坚信'和一些无法破译的字样。

安："是你给出的'坚信'字样吗，奶奶？"*对。*

安：'我们无法明白第二个字句，你能再写一遍吗？'*你自己。*

吉米又问我是否我能够肯定是我的奶奶在跟我交流。我感觉到了激动的情绪，也意识到了就是这个缘由，才让我泪流满面不能自控，所以，我能够肯定，神灵人就是我的奶奶。我能确定她就是我的奶奶在神灵世界里，正在与我沟通。可是我明白吉米需要核对证据，这是我们事先讲好，大家都要这样做的。所以我就假装着提出了些问题来：

安：'奶奶，星期天我开车出去玩，我是去了光特大厦了吗？'*不对。*

安：'高丝波大厅？'*对。*

安：'高科绍？'*不对。*

吉米：'安的生日是几月？请你把安生日的月份写出来？'

占卜板 写出 数字 9'。

吉米问安这是对的吗？安回答是对的。

占卜板又开始转动，可是没有目的地转动。'这是什么意思？'我问。吉米建议说，很简单，这是你奶奶想要给你一个紧紧的拥抱。我还没来得及回复吉米的建议，占卜板已经回复了一个'对'的字样了。

吉米：'你想要给她一个深深的亲吻，对吗？'

占卜板又开始转动，大家都目不转睛地盯着，看它会写出什么字样来。占卜板写出来了'XXX（亲吻、亲吻、亲吻）'

我奶奶的书法非常俊秀，她写一手好字，她旋转着笔尖签名的第一个字母，总是非常有性格特色。她也习惯用她的嘴巴做动作——此前，高登已经得到了这种印象了；她有假牙，有时她会让假牙在嘴里打转转儿，高登已经形容过她这样做的样子了。

上周末，也是这次小组聚会前，我想要去高丝波大厅看看。这是一个在英格兰与苏格兰的边界线上，距离Jedburgh很近的庄园。这个庄园主是我父亲的堂兄（我的重堂兄）。我们到那里去拜访，看到了当天出生的小绵羊羔、牛犊、牛群和羊群。这是我小的时候，我的祖父和祖母常常在春天里，带领着我们去玩的地方，他们带着我们一起喂养小绵羊和小牛犊。

以下引用'奴役者'（请参照以下内容）介绍我祖母生活故事的书，书的名称是The Bondagers[3]《奴役者》，该书的第一章就是为专门介绍祖母的记忆而写的，并且用了她的名字'金玛丽'Mary King"来命名的这个章节。

由于个人隐私的缘故，我在这里没有介绍我跟我祖母沟通的详细内容。但是，从这些尝试与练习中，证明了我们的新设备占卜板是很有用的。然而，正如我们被警告的那样，我们就要得到一种前期预示，要我们在使用这类设备时，一定要额外加小心。在我们下一次的小组聚会里，就真的出现了问题，那是我们再次使用占卜板提出问题：

高登：'请允许我们知道，我们正在跟谁沟通？'

占卜板开始拼写出来这样的字样'高登'。

吉米：'是那个高登 海格森吗？'对。

然后又写出来'玛丽'。

吉米：'那是玛丽 达菲吗？'不对。

吉米：'安的祖母？'对。

吉米说了欢迎安的祖母的话，然后，就问是否她也是在今晚特意从神灵世界里来帮助我们这个小组的？对。

吉米：'你在人间生活时，是否对灵媒沟通方面有兴趣？'对。

高登：'你来有什么特殊的目的吗？'不对。

吉米：'我对《奴役者》这本书有了解。我听安，给我们介绍了她所知道的这些情况。书上的内容很有意思，祖母也是一位奴役者吗？'对。

到此，我不相信这位神灵沟通人是我的祖母。上周，我是完全相信的，因为我感觉到了那种能量力。可是这次，有些情况就是不对劲儿。我开始提出问题，想要建立起我的信心。

安：'在《奴役者》这本书中，你在其中的一个章节里。是哪个章节呢？是第一章节吗？'*不对。*

'第二章节？'*不对。*

'第三章节？'*不对。*

'第四章节？'*对。*

这个答案是错误的。

吉米接着问：'在第四章里面，是写你的故事还是被引用了你的故事呢？'*对。*

安：'这本书里有个章节是专门为你写的，那是哪个章节呢？'

占卜板把所有的数字过了一遍，然后给出了是第三章节的答案。

答案又错了。

吉米：'第三章是专门写给所有的奴役者的吗？'*对。*

我拿不准，所以吉米让我按照那本书里的内容核对一下，然后告诉他。我还是不相信，所以就接着问：

安：'你有几个孩子？'

又是把所有的数字都过了一遍之后，给出答案是6个孩子。这个答案又是错误的。吉米认为上周我们得到的个人信息都是非常令人口服心服的准确，他想也许是算上了怀孕流产了的孩儿总数，那是我们不知道的。所以我就接着再问：

'你长大成人了的孩子有几位？'

回来的答案是'四个'又错了。

吉米立即接着问：'你流产了两次吗？'*对。*

所有的答案都错了，我感觉这肯定不是我的奶奶在跟我们沟通了。为此，我坚持要立即结束这次沟通 – 我们就是这样做的。

当你意识到，你是在跟神灵世界里的自己的亲人正在沟通时，你是能够有心理上的证据来证明你自己的感觉。因为你会本能地感觉到一种由衷的巨大幸福感。当你意识到有另外的某种精灵也在使用同样的方式，显然在使用冒名顶替的身份正在与你沟通时，一种奇怪和令人不安的感觉也会油然而生。

后记：假设这是我们在神灵世界里的导师们给我们出的练习与测试的机会，让我们学会识别滥竽充数者的随时入侵，如果真是这样的话，他们一定是为我们准备了更大更重要的学习内容，转过街角就能看到了。

第二十三章 令人毛骨悚然的克劳利

去年，我们在使用奥吉报得方式与神灵沟通的时候，有过几次与不速之客沟通上了的经历。最近，在使用占卜板的时候，又出现了冒名顶替我祖母的现象。今年，我们决意要特别加小心，尤其是在使用这些工具与神灵沟通时，不要头脑发热太过于冲动了。另外一个方面是亚瑟和他的神灵团队的朋友已经告诉了我们，这个大楼内部的情况不适合我们进一步的发展所需要的环境，尽管我们小组目前可以暂时在这里继续我们圈儿内的活动，他们许诺一旦我们有了自己的新场地，会给我们更令人鼓舞的体验—确实如此，给我们的许诺是生成物质现象（神灵降临显现）。我们根本不知道这两件事竟然在我们现在的这所大楼里同时发生了。

2007年的2月15日，当我到达了神智社的大楼，就要参加我们小组活动的时候，我注意到这座大楼里非常忙乱，有很多人在大楼里和楼梯走道上闲逛。就在我爬到一楼的楼梯磴上时，迎面碰到了我的苏格兰心灵学调研会的同事，他也是调研会的副会长，名字是阿其 罗锐。自从我把精力从对异常现象的调研方面，转移到了对我自己的灵媒能力的发展与提高方面以来，一直还没有跟他见过面。'你在这儿做什么呢？'我问道。

'我们想大张旗鼓地宣传，以便在爱丁堡得到更多人的支持，所以我们租用了这里的大厅，做一个鼓动性讲座。'阿其 解释说。

阿其是一名出色的演讲人物，很会鼓动人心，也很受大众欢迎。如果任何人能做宣传鼓动的工作，阿其也能做到。'我不知道你会来这儿，阿其。我们本应事先约好一下。可是，今晚我要参加我自己的小组活动，我们6：30分开始，我怕只有改日再约了。'我就这样跟阿其说了再见，然后就继续爬楼梯了。他是在一楼的讲演大厅里，我们是在顶楼的小房间里。等到吉米到了以后，他也告诉我说，他在楼下时碰到了阿其，跟阿其友好地打了招呼。

我们小组人员到齐以后，就照常开始进入到静思冥想境界之中。刚刚有几分钟过后，我就意识到在我们的房间里有神灵出现了。这并不是异常现象 — 我们已经经历了很多类似的情况了；可是这次不太一样，这次出现的这个神灵让我感觉不舒服，好象他心怀恶意地看着我们。现在，我无法准确地解释出来，可是有当代科学实验的证实，当你被别人注意看的时候，你会感觉得到有人在注意看的。做这种科学实验的科学家是Rupert Sheldrake[1]如波特 沙瑞克和Bernard Carr[2] 波纳德 卡尔。他们给出示范例证，证实了当人们被别人盯住看的时候，被看的人能够有意识感觉得到这个情况。不管怎样，这儿的情况比那种情况还要严重、糟糕。你自己会有哪种感觉，当你意识到有人怀着憎恨的眼神，在凝视着看你？就是这种感觉。尽管我仍然闭着眼睛跟小组的人员一起在寂静中坐着。这种感觉越来越强烈了，就好像似有人在很近的距离内，盯着看我的脸、迫使我睁开眼睛看到那种愤怒的目光。当我实在无法继续忍耐下去的时刻，我慢慢地睁开了眼睛，发现我朝着地板望去。就当我慢慢地将眼神移动到吉欧，她就坐在我的对面，我们的眼神碰到一起了，她已经睁大了眼睛、她的眼神是那么令我吃惊。我立即意识到了她也有得到了我获得的同样的感觉。然后，她用眼神示意我朝着房间的角落看过去。那会儿，我看见了他，他在墙的角落里，一个显现出部分原型的男鬼，从他的存在中渗透出无疑的邪恶。他是个高大的个子，有个天生的典型大鼻子，他正在那里嘲笑、阴险地嘲笑着 — 我真不喜欢他。我觉得他是这个楼房的一部分（神智社大楼）也许玩过哪种魔术 — 黑魔术、坐术 — 会变戏法 — 恶意的戏法。我觉得如果他可能的话，他会对我们所做的一切都感兴趣，也乐意参与到我们的试验中来，他也乐意跟我们一起玩魔术、做把戏、愚弄我们。他戴着一顶很奇怪的药盒形状的帽子；穿着一件类似于烟雾缭绕一般的夹克上衣。他让我想起了喜剧魔术师演员Tommy Cooper[3] i汤姆 库博的面孔 — 只是他戴着一顶黑色毡帽，而汤姆戴着的则是一顶红色毡帽。他是个很邪恶、甚至是无恶不赦的人。

他意识到了我和吉欧都看到了他的显现,但是他不慌不忙,不急着走开。他明白我们都很反感他的存在,也欣赏我们发自内心对他的厌恶,本能在呼唤我们应该尽快地大声疾呼警告给小组其他人员,可是由于小组人员都在静思冥想的安静之中,我们应该尊敬小组人员的现状。吉欧自发地轻声对小组人员说(通常情况下是吉米做的工作),请大家结束冥想回到现实中来。就当吉欧说这些话的时候,男鬼宛如一缕薄雾,飘然消失了。

大家都从冥想回到现实以后,吉欧说'那可是个什么呀?'

'我不知道。'我说。'可是,他是一个纯粹的邪恶的灵魂。'

其他人也开始问发生了什么事情。我和吉欧开始给大家解释我们刚刚目击的一切。

'也许就是这个原因,我们必须得搬家。'高登建议说'也许就是这个原因,我们有过那么多的不速之客装出不同的身份来想要跟我们沟通?'

'你说的对,高登。'我说。'现在,我们能够开始醒悟了。如果我们的神灵团队已经意识到这种情况,明白这个人要跟咱们要花招,不怪他们要咱们尽快搬家呢。'

吉欧说:'我们的神灵团队肯定一直都在努力工作,把他拦截在港口里,不允许他出来。同时又兼顾对我们发展提高给予教育 — 不奇怪,我们的神灵团队在这所大楼里只能够做到如此的地步了。如果有这类情况就在此附近,谁还愿意敞开思想或者进入到更深入的冥想通灵境界呢?'

我同意吉欧的意见,因为我也能够从这个黑色的灵魂上感觉到这些。我们两人都因为出现了这样的事件感到震惊,所以决定我们小组尽快结束了活动 — 那天晚上,我们巴不得尽早离开那个房间。那天晚上,我回到了家里,我回想着小组现在的状况,我们到哪儿了呢?。对了,我们被通知了,我们应该找一个可以代替这个房间的地方一起聚会。那是在我们小组刚建立不久的时候,就被神灵团队告知我们需要搬家。从那会儿起,我们还没有找到合适的地方,神灵团队也告诉我们,可以暂时在这个大楼里继续活动,直到我们找到了自己的合适地方 — 现在谁还愿意回到那个大楼里去呢?就当我琢磨这个问题的时候,又一个想法在我的脑海里出现了 — 我要给阿其打个电话告诉他,在我们的房间里发生了的情况,那会儿阿其还在楼下忙活着什么。我告诉阿其我们与一个最邪恶的神灵类邂逅了。我详细地描述了那个情况和他不寻常的打扮,阿其马上就说:'我知道他是谁。'

'他是谁?'我问道。

'他是阿莱斯特 克劳利。'

'谁？'

'阿莱斯特 克劳利 – 你没听说过他吗？'阿其问我说。

'没有，我没听说过他。'

'我给你发送一些资料吧，我正在写的下一部书里就有关于他的情况。我会把阿莱斯特 克劳利的那个章节给你发送过去。我知道你会保守秘密的。'

'当然我会保守秘密，阿其。'阿其是一位多产的作家，他曾经把手稿发送给我，让我给他做出评论或添加意见或校对什么的，所以他很乐意让我阅读他还没有发表的资料。

我问：'我可以跟我的小组里的伙伴们，一起分享这些资料吗，阿其？因为他们也有这类似的经验，我保证他们也一定会保守秘密的。'阿其同意了。他发送给我的以下内容是摘自阿其 罗锐的《心灵学研究者案例集》第3卷第四章'镜子中的幻影'（第142页—149页）

苏格兰心灵学调研协会的总部，是在苏格兰西部的格拉斯哥，在爱丁堡有一个较小的分会……到了1990年的后期，由于会员不多，爱丁堡的分会被关闭了。到2004年情况好转，有更多人很热心并且非常感兴趣这个方面的研究工作，调研会的管理委员会认为时机成熟，应该重启爱丁堡分会。为了激发更多的爱丁堡市民对心灵学研究的兴趣，调研会在爱丁堡的神智社租用了讲演大厅，在11月的一个下午，组织了一个有几位著名灵媒到现场，做讲演和示范的活动。我是当天的组织人之一。我的心灵学灵媒朋友芳西丝卡，她有许多的朋友都对异常现象的研究感兴趣，她邀请了她的许多朋友们在这天的下午来神智社大厅参加这次讲演活动。有她和她的那么多的朋友们都来参加活动，至少可以让大厅显得人多、繁忙。

大厅本身实际上是跟大楼里的其它房间互通着的，这就意味着我们可以按照当天来参加活动的人数多少，选择大、小最合适的房间来组织、安排这次的活动。我们预定了一个L形状的大厅，讲演人站在L的拐角的正中间，这样两个组，坐在两个方面的观众台上，两面的观众都可以非常清楚地听到和看到讲演人；与此同时，两边的观众却无法互视。我当时跟一组观众坐在了L的底边上；芳西丝卡和她的朋友们跟另外的一组观众选择了对面的位置，也是面向讲演人的位置，我们都入座了。事实上你会发现，对讲演人来说，这一点很重要，因为在他讲台的对面的墙上，是一个很大的反光镜面，在暗光下，它看起来好像是一面黑色的镜子，可实际上是一大幅深色的印度教题材的绘画：很难明白绘画里面的细节描绘的是什么内容。在第一部分的讲演过程中，画面的反射光线直接射入讲演人芳西丝卡的眼睛里，我没有意识到，直到讲演休息期间，我们在喝咖啡的时候碰到了一起，她告诉了我。

"很高兴你能来，也感谢你把你的朋友们都给拉来了"我很热情地说。知道芳西丝卡能用她心灵和直觉'扫射'象神智社这样的大楼，因为这样的老房子里，都有鬼魂幽灵尚存。她有用直觉扫射整个楼舍的习惯，我把我的嘴巴凑近了她的耳朵说：

"你从这座老楼里感觉到了什么？"

"你会吃惊的！"这个女士回答了我。"可是我现在不能告诉你，我们结束以后见面再谈。"

我又把一块儿巧克力饼干塞进了我的嘴里，一边咀嚼一边想着芳西丝卡神秘的话，然后就走上了'讲演台'。因为下一个就轮到我上台了。我迫不及待地等着，想要尽早听到芳西丝卡的解释，我们在一起有过非常奇异的体验，我能看出来这位天才的通灵媒体被她遇到的情况给刺激得很激动，甚至很不安。

讲演结束以后，人群慢慢地下了楼，出了大门，可是芳西丝卡把我拉到楼梯口的一边。

"我看到了你能想象得出来、最邪恶的人，阿其，几乎就在第一个讲演开始的那会儿......"

"你的意思是，一个神灵人？"

我打断了她的话，因为我不明白我们谈论的是什么。

"对。他显现出来以后，就跟你现在一样实实在在的存在。他让我从我身边上的那个镜子中间看到了他的样子，就是在刚才我们讲演的大厅里。"女士停了一下，几乎是非常的惊恐与不安。

"就是那个邪恶的人让我惊恐不安。他肯定辐射出的就是邪恶。恶意从他的眼睛里，不停地迸发出来，并且象一缕黑色的烟气、迷雾，围绕着他的头部旋绕......，实在难以形容、解释。我还从来没有碰到过象这样的情况。我只知道这个人已经真正陷入了严重的恶魔一般的罪恶、他有恶意的神秘活动。"

芳西丝卡接着说"我完全有把握地说这个人在世时，曾经决意要跟恶魔来往或者至少亲自跟恶魔直接沟通。我还敢肯定他是属于二十世纪的人。他的目的：不是跟其他的唯心主义者那样，在那个年代里，来研究和了解神灵的世界，而是要利用神灵世界，来到达他的个人目的......，得到权利和势力，他能要利用各种方式操纵其他人。那就是他的主要目的，他有使用各种各样的巫术来控制和'操纵别人的能力'！"

我承认自己在听了她的话以后，感到非常震惊……，也感到很困惑。我记得前几年遇到过一个哲学系的学生，他就有这种强烈和令人不愉快的性格和本性，以至于他的心灵记忆，通过某种方式渗入并凝固到了他曾经住宿过的建筑结构之中。

"他让你好好的看到了他的脸没有呢？"我问。（我问这个问题，是因为有时持邪意的神灵类，尽量采取措施来避免被象芳西丝卡这样的人看到他们。）

"啊，当然！他根本就没有回避我的意思。实际上，我肯定他知道我在注视着他，我很愤怒，他也就很愤怒了……，还挺惊讶的，我想……，我们都在用逻辑推理和正义来讨论神灵世界的问题。

他是挺高的个子、健壮的身材。除了他的眼睛放射出邪恶、狠毒的目光以外，他还有两个显著的特征。一个就是他留着墨西哥式的胡子，再一个就是戴着一顶特殊显眼的帽子 — 就象一个黑色的花盆倒着扣在了他的头上！"

我忍不住笑了，因为她形容的很逼真也很逗。

"真是这样的啊！"芳西丝卡强调说。"他还穿着一种缠绕在身上的衣服，不像是斗篷……，更像似毛巾浴衣袍。如果他不是有这样的权势和令人害怕与厌恶的形象特征，他几乎就会被当成了舞台上的某种魔术师了。"

我着迷地听着，我们一起走出了大楼，步入到阳光中来，同时我在猜想谁在暗中的神灵世界里，偷偷地窥视着我们。我跟芳西丝卡和她的朋友们说了再见，朝着相反的方向走去了。偶然发现，走在我前面的两位也是我们调研会里的会员，他们也刚刚在讲演活动结束以后，从同一所大楼里出来。我能听到他们两位在前面也是在谈论着阿莱斯特 克劳利的情况。 实际上，他曾经在爱丁堡住过一段时间。那会儿，我还没有意识到，他们谈论的主要内容，就是这个恶魔崇拜者实际上就是住在爱丁堡我们刚刚离开的这个大楼里……，神智社大楼！我回到家里以后，打了几个电话，才挖掘出了这个真相，况且一切都真相大白了。到了那会儿，我才了解到了这个人，在他住所的顶楼房间里玩弄和实施巫术，由于这个明显的缘故，那个房间一直都被上了锁，无人使用，直到最近才重新启用。（阿莱斯特 克劳利是二十世纪初期著名……甚至是臭名昭著的……恶魔学术家和巫术实用者。他生活在英国和欧洲的不同的几个地方。他通过崇拜恶魔和玩弄巫术，用邪恶权力操作和控制别人，在当时被认为他是'时髦'的人群所追从、崇拜。他死于1947年，他让许许多多的人在精神上和财产上皆为崩溃、破产。还有其它关于他一生的文学资料可以阅读。）

有了阿莱斯特 克劳利曾经在这个大楼里住过的知识做后盾，我毫无疑问地相信芳西丝卡看到的灵魂就是这个恶魔的本人之灵魂，他恶魔的力量震惊了芳西丝卡就说明了这一切。他的形象出现在他曾经住过的房间下面的那个房间的镜子里，让我想到了他也许是这个大楼的主人或是租住了整个的大楼。 不幸的是描述他的形象为墨西哥式的胡须和黑色倒扣着的'花盆'与我见到过的阿莱斯特 克劳利的照片都不一样。所以，我就决定把这个情况传给我的对研究异常现象有兴趣的朋友们，看看他们谁还记得见到过阿莱斯特 克劳利戴着这种黑色帽子的照片。

最终我不见黄河不罢休的信念得到了回应，我的同事David Melrose大卫 梅尔罗斯 给了我想要看到的照片。大卫，他就是在那天讲演结束以后，在我前面走的两个人中的一位。他对听到阿莱斯特 克劳利再现的这些情况非常感兴趣，所以他就努力查找有关阿莱斯特 克劳利的一切资料。就是在他努力查找各种关于阿莱斯特 克劳利的资料的时候，他发现了这张我想要看到的照片。这张照片显示出典型的阿莱斯特 克劳利横行跋扈和不可一世的邪恶本性之所在。这张照片，毫无疑问是为了给他的崇拜者们做了示范的样板。那一定是在他晚年的时光岁月里拍照的，因为在他戴着的那顶大黑帽子的底边下面，露出了他秃头顶的样子。我还注意到了，在那顶帽子上没有传统常用的金色缎穗，我也忍不住看了那让芳西丝卡厌恶的墨西哥式的胡须。我再也没有看到阿莱斯特 克劳利的任何其它的照片上，有如此这般的墨西哥式胡须和这种帽子的形象。那一定是在阿莱斯特 克劳利晚年，当他住在爱丁堡的时候，他为自己塑造的形象。

我没再做、也没再说什么，直到2005年的2月27日苏格兰心灵学调研会再次租用了神智社的大楼，再次做进一步的宣传工作，我和芳西丝卡也再次来到了这座大楼里。我们决定要看看是否能够激怒这位克劳利先生，看看他是否也来参加我们这种进一步的讲演会......

那天下午讲演的人只有一位，就是著名的教授阿其若侬。他将讲述的主题是'占有、不肯放弃的精神财富'的各种后果。我坐下来静听我的调研会同事、教授开讲的过程里，我的眼神不停地越过听众投向芳西丝卡，我琢磨着迟早克劳利会露面。尤其这次主讲的内容主题就是'占有......这个内容克劳利他本人也一定是很有研究的了。

　　我没失望，因为讲演刚刚进入到才有15分钟的时候，我就看到了芳西丝卡的眼睛变大了。她瞪着双眼直视讲演人的左侧。然后，她转向我，默默地点头示意：我一下子就明白了阿莱斯特 克劳利又在我们这儿出现了！'

　　......实际上，直到休息的时候，我才有机会就克劳利的再次出现，跟芳西丝卡沟通。因为周围的人比较多，他们不方便多说，芳西丝卡只是告诉我这个愤怒的灵魂再次跟我们同在一个场地，只是他这次的表现比上次还要坏、更愤怒......

　　"今天，他可是一个真的愤怒了的人，"芳西丝卡轻声对我耳语，"他憎恨用任何逻辑和科学的方式解释心灵学、与学术界的研究。他愤怒地叫嚣一切都是'迷信'他一直围着若侬教授打转转。"

　　......*讲演会在正常的'提问和解答'之后结束了，我们都随大溜出了大楼......* 一般情况下芳西丝卡就近，走回她家了，因为她的家就在附近，可是那天，我们有一个调研工作，我们要一起去办理，我们就一起走......

　　很自然，在我们开车的路上，又谈起了阿莱斯特 克劳利。芳西丝卡告诉我这次他没戴那顶奇怪的帽子。可是，在他天生就特别大的鼻子底下，仍然留着那个墨西哥式的胡须，他的双眼依旧迸射出憎恨。他穿着'长丝绸烟雾缭绕图案的上衣夹克......'

　　我渴望着我们下次再跟这个最不寻常的神灵人会面。

　　阿其用了他渴望再次与克劳利会面，做为他的这个章节的结束语－我肯定不会这样做的。我也怀疑芳西丝卡会有这种渴望。从她那里，我们得到了对这个人之描述的确认和证据，一样恶毒的本性和一样的贪婪控制别人以到达他自己的罪恶目的。这种人，不管是他在人间还是在神灵世界里，都不该与其有接触－可是，我们在这里，就坐在了他的房间内－那个属于神智社、几年都一直被上了锁的房间里－直到他们租赁给我们使用。

　　附注：以上使用的的摘录内容，得到了作者阿其 罗锐的允许。实际上是他尚未发表的作品的部分摘录，日期是2007年2月22日－这个日期是他发送给我的日期。也就是我收到他的以上内容的日期。后来，在他的书在2007年5月得到了出版（上面有提到了）但是，在该书出版时，阿其又增加了一个附录（如下）：

　　附录：2007年2月，我了解到在最近的两年里，这个大楼里有两次变动。第一个是顶楼的房间，曾经总是被上了锁的那个房间，现在被打开了，并且出租给公众使用，第二个变动是在讲演大厅内的大型印度教绘画，那个如镜子一般有反射功能的绘画，已经被移走了。

　　本文在送去出版社这会儿，使用顶楼房间的小组人员有'感得被迫'不得不找其它地方来租赁的感觉。因为这个房间内有'奇怪的影响'让他们不得安宁。那个小组的人员，有向我保证，他们不知道阿莱斯特 克劳利可能会出现在这个房间里。他们之中的大部分人，也从来都还没有听说过他。

　　我应该想象到这个大楼的房主，没有采取任何神灵、心灵措施，要把我们的克劳利先生请出这座楼。可是，如果房主有这种意向，想要这样做，我能想象，按照这个人的恶毒本性，也会是完全徒劳！一位永不改悔的自然本性就是邪恶之魂灵，他可是非常难得会进步的（摘自心灵学研究案例集，第三卷的第149页，作者：阿其 罗锐）。

　　就象我想到了的那样，阿其在给我发送这个资料的时候，要我和我的伙伴们为他那会儿还没有发表的文章保守秘密。我们小组的活动也是保守秘密的。就跟神灵世界里的朋友告诉我们的那样。您能够看到，在那个时间段上，我们在那个大楼的顶层房间里，所经历和做的事情，他也给我们保守了秘密，谢谢你了，阿其。

　　后记：我认为自从1947年阿莱斯特 克劳利去世以来，他的魂灵就在神智社大楼里做怪吗？不。除了其它的地方，他曾经到过世界各地，他到处都游荡过了，他并没有死于神智社的大楼里。他的一生都是在玩弄巫术。在性的方面，他玩弄了无数的女性；同时，他也是同性恋、他本身是虐待狂的同时他也欣赏做受虐狂。他尝试过多种幻想毒药，饮用过各种毒品，致使他的幻觉能够到达刺激的极高程度 — 在他的情况下，罪恶深渊之境地。

　　可是，我确实也认为他有'激发'的因素所在，来帮助神灵接触—就是如此，克劳利通过实验体验了各种巫术和民间秘方、魔法、迷幻仪式等等。恰巧他也是对炼金术也一样有过兴趣的。历史上有过很多人，跟他一样，在这个方面做了样板，他们把自己推到极端的程度上，相信有天使或什么奇特的人物会从天而降来挽救他们。这个情况也许正中了阿其 若依教授的话'提前的警告信号'反转了的结果。我坚信如果我们发出了一个信念，是能够被接收得到的。所以在这种状况下，如果我们，星期四小组，开始使用奥吉报得的沟通方式和占卜板，静坐在，整个世界这么大，偏偏坐在了他的房间里 — 这实在对我们的克劳利先生来说是一个让他痒痒的、无法自控的邀请函 — 他想要从另外的世界里来跟着我们一起玩玩，有一个快乐的实践机会。就跟我相信他与阿其玩耍的游戏一样。

后记：Francesca芳西丝卡的别名是Frances Ryan芳西丝 阮安。她是被选来参加PRISM心灵试验调研练习活动的灵媒之一，对PRISM介绍，请参见本书的第五章节。

第二十四章 无独有偶

阿莱斯特 克劳利的出现让我们小组人员都觉得精神紧张，特别是我们得知了他曾经酷爱玩弄巫术和魔法。至少可说，他在我们的活动室里现原型了。可是，我们也重新组织了团队。我们大家商量，一致肯定了在过去一年里发生的情况和实际受益，对我们的神灵团队能够引领、保护我们坚信不疑。他们已经告诉了我们是可以继续使用这个房间，也知道我们需要找到一个合适的地方，然后就搬迁，我们要照着他们指引的去做。我们现在才明白神灵朋友们为了什么原因才特别强调我们必须找一个其它的地方，也明白了在这个房间里为什么某些活动，是无法操作实施的原因了，就是因为有这个特殊的神灵人物在此。我们坚信亚瑟和他的神灵团队一直在努力工作保护着我们，让我们的活动不受到类似的干扰，我们也特别提高了警觉、格外加小心注意了，尤其是知道了我们实际上是占用了*他*的地盘。

我们还得暂时在这里继续下去。我们的解决办事是避免使用这种很容易地就被他们顺手拈来、钻空子和控制我们的工具。奇怪的很，我们现在体验的正就是我从刚刚开始的时候，就警告过小组人员的情况。可是，我自己却没有特别注意到我自己发出去的警告。我已经意识到了这种形式的沟通，能够吸引低级趣味的灵魂借此机会混入来到我们的活动里来。我们也通过占卜板，学会了某些神灵能够渗入，甚至能够出现冒名顶替、假冒别人身份的现象。当我回头审视小组最近所获得的经历时，我意识到了我对我祖母的辨认不是从她给出的证据做判断的，而是从我本人的直观感觉来判断的 — 只是从一个字母'M'上面，我就能感觉到了她是我的祖母，确实是人间之外、其它维度来的祖母在跟我交流。同样的，也是使用了我的直观感觉，我能决定第二次跟我们交流的不是我的祖母 — 尽管吉米在某种程度上，让我们的交流者有了优势可以利用。然而，如果我们想要驱除克劳利先生和他的这类同僚们，不提供给他们耍弄把戏的机会，我们使用自己的直观感觉和心灵媒体的技巧，那将比使用奥吉报得和占卜板要更明智得多。

我们既然这样决定了，我们的2007年活动，也就如此这般地继续下来了。很快，我们发现原来在房间里听到的声响又回来了，新的声响也不断增加到了我们每次活动的当中来了。同时还有那种在一年前曾经听到过的相似于爆裂一样的声响。我们现在能够听到的有滴滴哒哒的声音；偶尔有砰砰的声音；还有一种相似于水管管道被敲击发出的声音；再有一种声音就好相似有谁在弹奏打击乐、使之发出一种有音乐感的节奏音符来 — 很像'一种难以琢磨的编织针在工作'（请见第十七章）。还有一次（2007年8月9日）我们听到了一种好相似谁在碾碎纸张、像那种'white noise'[1]白色噪音的声响，声音是从房间的墙壁里传出来的，再沿着墙壁串着走，不一会儿，房间的门又自动地大敞四开了。我们就当房间里的门，没有被关好，奇怪的是，我们在这里很久了，以前这种事可从来没有发生过。我们意识到了，房间里的能量力的振幅（象地板自动起伏和降落，等等），通常很快就会跟着发生室外的汽车报警器自动鸣笛 — 我们几乎可以用定时钟或秒表来监视这种现象的发生。可是在8月9日的晚上，当我们房间的门再次自动大敞四开了以后（我们认真查看了门外没有任何人，再次小心翼翼地把门关好）这次是神智社大楼的报警器自动鸣启叫了起来。

我们仔细回顾、思考一年来在我们发展、进步的过程中其它方面的变化。几乎就是我们的神灵团队能够理解的、我们可以做的实习工作被环境所限制，也只能是做冥想和理性灵媒的练习。所以他们也是非常努力地让我们的实际体验更有收益。我们还发现：当小组人员进入到静思冥想状态时，有很多次小组的许多人都很快就陷入到了的深沉的'如睡眠一般'的状态，并感觉到头昏眼花，在一年中这种情况发生过多次，小组人员几乎每个人都有体验也都注意到了这些情况，并且多次报告给我们。

2007年6月14日，我们欢迎另外的一位客人，参加我们小组活动，来体验和会聚我们的能量。我们欢迎Eiric Campbell艾瑞柯 甘布，这是她首次参加我们的活动。艾瑞柯与小组里的几位成员都很熟悉，她本人也是灵媒。但是，由于她身患口腔癌，身体不佳。小组聚会时，我们曾经多次给她发出远程治疗，其功效传送到了艾瑞柯的身上，现在她稍有好转就亲自前来参加我们小组的现场治疗实践，希望获得仅有的这一次性现场治疗的第一手体验。吉米代表小组对她表示了热烈欢迎。

艾瑞柯感谢了大家对她的欢迎，她说实际上她在医院接受治疗的时候，她有看到了这个房间。那是在我们小组的人员集体发送给她远程治疗能量的时刻，这就让她觉得她曾经到过这个房间里。小组的人员重新组编了小组座位圈儿，让艾瑞柯坐在了圈的正中央，以便接受治疗。而后，艾瑞柯给了我们对她发功治疗的反馈如下：

艾瑞柯：'太好了，实在是太奇妙了。当我就座以后，我首先感觉到的是我身后的椅子陷了下去了，随后它又返上来了。'*这有可能是由于地板弹射出的振动和余波之作用，我们大家都习以为常、熟视无睹了，可是对艾瑞柯来说，这是她的第一次体验。*

艾瑞柯："吉米说了什么（其实，吉米什么也没说）可是，我没能听到。然后，我的头就支持不住了，我的头就摇摆了起来。这是我的病态反应。可是，刚开始，我并没有象通常那样的感觉。继后，我好相似就成了游魂、离开了自己的身躯，俯视下看，看到了周围的情况。我的头部向前倾斜，然后就感觉到好象安和玛优美正在聊天（其实，她们也没聊天）。可是，我不知道她们说了些什么。有疾病被驱除了、解脱了的感觉。当我'控制不住'（她被能量征服了，开始激动得哭泣）我变得明白了，知道是一种深沉的感觉、一种真实强大、无法言喻的能量，从外部涌入、渗透到了我的周身、骨子之中了，让我感到豁然轻松愉快'喔噢'— 这是魔术！也许是我本能地升到了空中，是我自己或者是什么。我开始意识到了，我从心底里和灵魂深处发出了感激。于是，我就忍不住哭泣起来了。因为，我已经很久没有这种美好的感觉了。现在，我不用坐火车回家了（住在格拉斯哥），我可以自己步行，沿着高速公路走回家去！！！"

这是很有水平的赞誉，因为她懂得能量治愈的力量，她有多年的与许多其它小组静思冥想的经验，她是最有发言权。她用实际体验来评价各个小组之间的能量和功效，她也把各个小组之间的功效进行比较，给出她本人最合理的评论。她对我们小组圈儿中能量强度的评价，证明了我们所做的一切和经历的一切都是有价值的。吉米也给了他的评论：

吉米：'刚刚发功治疗时，我们小组圈儿里有着巨大的能量力。我不得不睁开双眼，就象玛优美说的那样；我也觉得被强大的能量力和反射力给抛出去了，（玛优美说了她无法保持着自己的平衡力度，因为能量力的振幅太强）。当我把你的手，拿到我的手中时，艾瑞柯，我能感觉得到正在发生着翻天覆地一般的变化。我真为我们小组能够做到这些而高兴。'

艾瑞柯：'我能够感觉得到在你们的小组里有纯正的仁爱、有真正的团结一致。我到过许多类似的小组圈儿。可是，从来没感觉到有象在你们小组里体验到的这种如此强烈的能量力。'

吉米：'我只想说，艾瑞柯，这是一个私下的小组圈儿。没有很多人知道我们这样做。我们都坚守着秘密。'

艾瑞柯：'对。我明白的。'

我想艾瑞柯感觉得到的'团结一致'是建立在我们小组人员之间的互相信任、互相支持、拧成一股绳，一起发功用力的效果。我想，这也是由于我们有共同的敌人出现了 — 没有比大家齐心协力、同仇敌忾、共同对敌更能让我们团结一致，亲密无间的了 — 就是克劳利的出现，让我们有了共同的敌人。在我们之间，现在，有更密切的团结、有更多的安全感和保护感，我们之间团结得就像一个人那样了。

感觉困倦和头昏眼花的现象，还在小组成员中继续，根据小组人员报告说以前在小组里活动中才出现的这种困倦和头晕的感觉，在小组活动圈儿外也有出现了。我自己也已经体验到了：我家里的电视机忽然间自己开始播放节目、打印机也自动开启、吐出没有字迹的白纸；玛蕊报告给我们说，她家里洗手间的门忽然间自动大敞四开，就跟有人走进去了那样；高登说奇怪的光亮出现在他家里的客厅的墙壁上；我和吉欧也都有过自己的首饰忽然间不见了，然后又自动出现在原来应该在的位置上；玛蕊也有同感，她的一个毛绒玩具放在椅子上了 — 忽然间没了，到处找也找不到，直到她下班以后，又在同一把椅子上看到了。玛优美说她在家里忽然听到一个声响，好相似一个什么又大又重的东西从墙上掉到了地板上，可是她找不到是什么缘由引发了这种响声。高登也告诉大家说，他也听到了好相似有什么东西从墙上掉到了地板上，他的室友也听到了这个响声，还跟他谈论了这个问题。作为旁观者，我可以解释的就是：这些人都是有着丰富的心灵经验和灵媒经验的工作者 — 他们能够预感到有异常的现象、或情况发生。以7月12日的情况为例，我和玛优美都通知了小组，我们两人当天的上午都有奇怪的头晕眼花，好相似睡不醒那个样子。我们互相通了电话，并将出现的不适状况，及时报告作出备案。换句话说，我们两个人都有体验到奇怪的状况，也都互相惦记着对方，所以才互相通了电话。对我来说，我只能描述自己好相似由于饮酒过量、或者是服用了某种药物，所引起的身体不适的反应现象—可那全都不是。因为我没有服用任何药物也没有饮酒 — 可是，就在我自己的家里，我好象有某种失去意识的经历。就是这个原因，我给玛优美打了电话。因为我意识到这不是一种物理现象的身体不适，而是一种心理现象引起的身体不适。她告诉我，她正经历着完全一样、发生在她身上的情况。我们把这种情况及时反映给我们小组成员，提醒大家要注意。在7月12日我们小组的另外一名成员，也经历了完全一样的情况。吉米说几天以前，他在睡觉时，有过非常奇怪的情感冲击，他不得不在半夜里起来 — 就象经历着天旋地转那样的感觉，就象有旋涡一样的能量冲击了周身。

讲到这里，吉米问大家这周希望做些什么，听着吉米的讲述，引起了大家一片沉静，每个人都在静静地坐着，能量好相似特别浓、特别强，非常好，以致于每个人都好像要睡着了。这种静谧又延续了大概有15分钟的时间，吉米又问大家是否有任何想法，可以分享给小组讨论，大家开始讲诉自己的个人经历。

这种经历是每个人都差不多一样，大家好象似被一种看不到、摸不着、无形的物质给迷惑或陶醉了一样。可是大家勉强支撑着，让自己的感知系统恢复正常工作以回答吉米的问题。由于近期我们购置了一个小号，我们想试一试这个小号。（在过去，小号是传统上用来与神灵沟通的工具。它不是一个真的小号，只是具有小号的喇叭形状，是用轻金属片制作的）。

大家一致同意，围着那个小方桌子静坐，把小号放在桌子上面站着，大家看它是否能移动。过了一会儿，能量慢慢地建立起来了，可以感觉到桌子上的能量也开始增加了，直到桌子开始有明显地振幅，继而，小号开始移动了。当小号移动的时候，它发出了一种奇怪的声音，同时伴有蹦蹦、跳跳的动作，逐渐地小号从桌子边上掉到了地上。神灵世界方面的团队是通过了安、玛优美和吉欧确认了今晚这儿的能量力，几乎跟做现场的动性灵媒体验，所需要的条件差不多了，所以大家都非常安静。这种能量的改变是神灵世界团队有意提供制造出来的。神灵世界团队的人员在几个星期前就开始为我们提供了准备活动，这就是为什么我们几次小组聚会，大家都有感到困倦、昏晕的缘故。

我们收到了神灵团队进一步的信息，甚至是禁止我们再继续这样使用小号。神灵团队让我们看到了使用小号的目的,就是为了学习物理现象。如:观察小号的移动,因为小号在传统神灵沟通方面是用来为了放大神灵发出的声音的。换句话说,如果神灵想要直接跟我们交流,如:跟我们直接说话,不必是通过砰砰或咚咚敲击墙壁的声响,由于我们提供了一个工具,可以放大他们的声音,那样也许我们就可以听到他们说话了。神灵指引着我们把小号放在地板上 — 倒放在地板上 — 站立在地板上是无法放大声音的 — 我们就是这样放的,因为我们的目的是要看到它移动,我们没有想到神灵的目的。这就是神灵在给我们上课,给我们教训!

2007年有过一些奇特的无独有偶、同步进行的现象发生。看上去都是以我为中心才发生的,我不知道这是对我个人呢还是对我们整个小组的成员,所以在这种情况下,我都是把发生的情况记下来,写在本子上,在小组里有备案,万一小组里的其他人员得到了相同信息,就可以添加上,可以弄清楚整个意图。

我住在爱丁堡南部的郊区。一次我注意到了有一辆红色的大面包车在我所居住的街道上停放了两个多星期没动地方。我猜想这辆车是否出了问题或者为什么一直没有开走。现在,我应该提到的是,我在一般的情况下不是一个很留意观察周围情况的人。我不会轻易注意到这些的问题,可是莫名其妙地,我被这辆红色的面包车给吸引过去了 — 看上去很怪。我就决定要调查一下了。我发现面包车没有任何故障,只是车上有两个地址名字。这两个地址是写在了车身的两侧,每个地址都是我曾经住过的地方。一个是在发富郡的Auchtertool,奥彻特图,另外一个是在爱丁堡的Grange Terrace格云志 胡同。现在,这辆车居然停放在了我居住的街道上,就是我当今居住的地方 — 我觉得这实在是个不可思议的巧合。然而,我把这个发现记录了下来、标记在'奇怪但确实如此'的档案中,这种情况变得更让我觉得奇怪。因为,第二天又有一辆面包车出现在我住的街上,这次是个白色的大型面包车,上面写着Humbie 湖姆贝 — 又是我在搬来爱丁堡以前住过的地方。尽管我能接受这是偶然现象,可是爱丁堡是一个很大的城市,要看到在这个大城市里,有一辆标记着从前住过的城镇名字的汽车,也许不是一件新鲜事儿,可是两个都是我曾经住过的地方的名字,尤其是那个很小的乡村地名 — 在发富郡的Auchtertool,奥彻特图,与爱丁堡隔着Firth of Forth河流相望;而Humbie 洪姆贝是爱丁堡郊外的East Lothian东罗西恩区的镇子上一个小村庄。三个都是我曾经居住过的地方的名字,同时出现在我当今居住的地址上 — 是有人提示要我引起注意了。

小组聚会之际，我把这个情况报告给小组里，大家一样感到惊讶，可是没人能够给出任何解释。我们就又开始了静思冥想，我的脑海里又出现了一只大白兔（*我曾经看到过，可是根本就没有多想—我一般是在重复看到了三次，才开始引起自己的留意。*）这次，我的脑海里出现的是爱丽丝在精彩世界里同时指示说：'跟着这只白兔'走。大白兔跑进了一个地洞！

玛优美："安，我知道你为什么有那个图像。'什么呀'，的下一句就是'在兔子的地洞里！'"*注意：这是一个光碟，解释无独有偶的规律和神圣奇妙的几何学是怎样影响我们的日常生活的道理。*

所以这里就是—无独有偶同步发生—信号是：打起精神来注意：你应该意识到正在发生的事情—我希望这是我的这本书能够带给你的知识，这是给我们大家的提示信息。

我是信息接收的聚焦点，这种现象还是在继续着，还是集中在我的身上。我总是坚信我们小组走到一起来，就是为了体验神灵现象的各个方面，这样大家就可以从中学习、并且在当神灵召唤的时候，大家都可以到更广泛的人群中去宣传。我总是认为这一要点应该是全小组人员的分内责任，不光是落在个别人的身上。尽管事实上我们小组里的人员都在期待着，想要看到，将会是谁，来做物理性灵媒体验的实际工作实践。我总是认为这个现象应该是全小组来体验的，不是某一个人—我就是这样说的。可是到了2007年的下半年，能量力看上去就是以我为中心了。通过一系列的同步发生的无独有偶的事件，前面我已经提到过一些，还有是通过能量来表现的，就是发生在我身上莫名其妙的颤抖、不能自控的颤抖，对此，我无法解释。我给一个例子，在2007年的7月19日，我们小组字静思完毕以后，我开始对神灵说，请神灵利用我们小组的能量力做他们安排我们应该做的事情。我重复了这句话好几次，我和玛优美都意识到了有一种轻轻的滴滴声音出现了—就像钟表走动发出的声音，可是我们房间里没有钟表。这种现象出现过三次，每次都是开始了，停下来，再开始。吉欧和吉米离着这个声音的发源地最近，可是他们却都没听到任何声音。随后我就意识到有很强的能量力让我冷得全身发抖。我以为我会生病了。我颤抖的非常厉害，让我无法控制住。我记得吉欧告诉我说：你放松些，安。可是我做不到。玛优美起身过来想帮助我放松，她站在了我的身后，给我的两个肩部、胳膊按摩，我的胳膊开始暖和起来。我自己也开始用力的给我自己的两条腿按摩，希望能够暖和起来，吉欧告诉我要做深呼吸运动，逐渐地我的颤抖才慢慢消失、我才恢复了正常。还有一次是8月的9日，由于我们不知道为什么我们的能量力有这么样的强壮，我们想使用桌子来问神灵，对这个问题有个澄清的答案 – 这是可以做的：

桌子又是变得很兴奋，跳跃着绕过了我们小组人的圈儿，然后就跳到了小号的前面停下来。

吉米：'我们今晚使用小号吗？' *不对。*

桌子很不高兴地打着圈圈儿。

安：'我们今晚要学习些新的内容吗？' *对。*

安：'是悬浮吗？' *对。*

我不知道自己为何有这个结论 – 我一定是从感觉中得到的。

高登：'让小号悬浮吗？' *不对。*

高登：'让桌子悬浮吗？' *不对。*

吉米：'让一个人悬浮？' *对。*

安对小组人员：'啊，那就是你了，玛优美，因为你的体重最轻了！' *全小组的人都乐了，桌子也更兴奋了。*

吉米：'去到那个你想要之悬浮的人跟前。'

桌子移动到了安的跟前，并且倒放在她的大腿上。

安（惊讶地）：'你真的要我吗？' *对。*

组的人员们轻声讨论了这个令人吃惊的进展情况 – 大家也问了些问题，从而也得到了回答，大家也知道了，是安和她正坐着的椅子一起会被升高悬浮。安和她的座椅要被放置在小组人员组成的圈儿的中央位置上，桌子自动让开了位置，让安和她的椅子移到了小组圈儿的中间。吉米让他自己坐在了安的左边，高登坐在了安的右边，玛优美坐在了安的前面，就在安的双脚附近。然后，大家就开始静坐。很快，吉米问道：是否可以牵着安的手。安告诉吉米说：你就按照你想的、应该是对的办法来做吧，因为我们都不知道怎么做。吉米跟玛优美交换了座位的位置，他来到了安的前面。这个情况持续了有半个小时，能量力特别强，大家都感受到了强大能量力的振幅。事后，大家一起讨论，吉米问安为什么她把自己的双手和双臂举高在空中，那一定很不舒服。安说是因为他在拉她的双手，她确实感到不得不站起来，因为他正在把她的手拉的那么高。吉米说他根本就没有做什么，是她自己那样做的。安说她能够感觉到，她的双手被手拉着升高 – 她也有感觉到有人用手抚摸她的头发和周身，她又问小组里的人，谁这样抚摸过她，结果没有人这样做。高登也说他感觉到了一种'模模糊糊'的能量。安说她感觉到了一种很奇怪又很强烈的能量传遍了她的周身。她意识到神灵要让她上升悬浮并且与地面平行，让她向后仰、把腿平放，可是由于她是坐在椅子上，所以办不到。

在最后那会儿，她有象似触电了一样的感觉传遍了周身，让她感到肌肉在痉挛抽搐。大家这样讨论着，高登建议说下次，他会把他的治疗床也带来。

2007年8月16日：

安：'我感觉在沉睡之中 — 跟上周的感觉差不多，我觉得又被向后拉着，这次是有了准备的，被向后拖拉。我不想回来，废了好大劲才回来。'

吉米：'喔噢，我告诉你要为此做好准备。'

安：'我是做了准备的。'

小组人员围着桌子坐下来，通过桌子问神灵世界的朋友们今晚要做什么。（高登按照要求，很好意地把他的治疗床也带来了）。通过提问，我们弄明白了，今晚的学习课程是治疗/康复练习。可是我们要给治疗/康复的是这个房间。主要是将能量力集中在对这个房间的清理上面，保证房间里没有负能量的存在，以备下一步的学习。为下一步练习积攒和准备能量 — 悬浮升空。这次，神灵团队同意由高登来领头这个练习，全小组的人员坐成一个圈儿，大家一致集中精力，把注意力全部灌注到房间的中心位置。很明显，我们这样做的目的是用正能量清理房间和建立房间里的正能量力在房间内的不断巡环。过了一会儿，有人建议让安坐在圈儿的中央，让大家的能量力再次集中在安的身上 — 大家就这样做了。在这之后，安告诉大家她觉得很奇怪，可是跟上周还不一样。这次她感觉到非常、非常的沉重 — 她自己的身体就跟金属铅一样沉重地被拉了下来。然后又变了，她变得轻了，她再次感觉到自己的头被往后托拉，可是她没有得到自己在座椅上一起被悬浮升高的感觉。

玛蕊感觉是我们做得对，神灵团队很高兴我们这样做，她还建议说，安有的那种深沉的感觉，是由于神灵团队正在为安做现场灵媒做好了准备工作。这是小组人员下一步学习的内容。玛优美说当静思之际，她集中精力想要用心把安的小手指头给提升起来，她一直关注安是否把她的手抬起来，可是，没有。安的手指一直没有动，一直都是玛优美看到的同一种状态。如：向上伸出手臂。吉米也说，他也有试着想让安的手指提升，可是，同样，没能办到。

10月18日：

安（做理性灵媒）：我觉得有一位男士在我身边，我意识到是在一所医院里，看到了用来治疗/康复护理脖颈的用具，是老式牛皮做成的 — 在后面有扣子。这个男人就跟一般正常人那样的身高

— 肯定不是矮个子，实际上是很健壮的男人，我可以说他很胖。他穿的衣服相似圣诞老人，我想他是在当地的村上或教堂里扮演成了圣诞老人。我想他摔倒了或者是滑倒了、或者是怎么样的，现在他戴着护脖医用具在医院里。通过对医院的情景和来医院里访问的人员着装上判断，我想那是1960年左右的时间。我是在 Strathclyde 斯德丝克莱德 — Lanarkshire 兰纳卡郡 — Larkhall 拉克大厅。我那里有太太和孩子。我是一名邮递员，我能看到邮件从屋顶上掉了下来 — 是给我们这个小组的。我能听到木工师傅的歌声。'邮递员先生又找又看'。我知道这也是给我们小组的。我现在看到了一个用棕色牛皮纸包着、用绳捆着的邮包 — 我现在想要说的是，这些字是来自'音乐之声'里的歌词 — '这是我喜欢的东西 — 用绳捆着'。这也是给我们小组的 — 一个'非常令人高兴的'包裹。

当吉欧问安这个人跟我们小组有什么联系时，安说她知道这个人是被神灵团队用来给小组送消息的 — 告诉我们这些信息是从神灵那里来的。就当安这样说的时刻，她开始改变了，刚刚跟她在一起的那个神灵被另外的一个神灵所代替，同时，安告诉大家她感觉到周身寒冷，就象一大盆冰块儿，从头洒遍全身一直串到了脚后跟底下。冰冷的感觉传遍了她的全身 — 她觉得象在冰柜里一般冷，她冷得打颤。她说她的这些感觉都是对的，她继续说：'我觉得我是跟神灵团队的人员在一起，我不知道是谁。但是，他是一个长老，是很重要的一位成员，他又高又瘦，往后梳理着的灰色头发，一位绅士，他告诉我，他能够确认这个信息确实是从他们那里发给我们的。我觉得这次，他们是要事先通知给我们了，这个礼物是他们送给我们的 — 通常是我们要经历各种现象，然后我们要问他们，是否是从他们那里来的。我有了一种感觉，就是这次是他们在事发以前要通知给我们的信息。'

11月22日：

吉欧注意到了安在跟踪着她。吉欧要安说话：

安：'我意识到有一个人非常明显地出现了，我知道他要跟我说话，我得要大声说出这些话来，可是，我觉得不好意思说出来。'吉欧让安继续说：安（用深沉、高声调、男子的语气）：'我是领导。我是亚瑟。我通过你们的领导来跟你说话。'（然后对安说）：'我写了那些书。你写这本书。你离开了一段时间。你离开，我也就离开了。你又回来了。

这个小组需要你一起工作。你现在回来了。'实际上，这件事指的是我处理个人问题，我确实花费了一段时间专门去处理我的个人事物。我意识到了在那段时间里，我的主要精力没有集中在小组里，而是花在其它个人琐事方面。我现在才明白了，如果你现实生活中有问题，不稳定，就无法跟神灵世界里的朋友沟通。如果你本人的感情和内心的心态都不能保持平衡，就你无法指望跟神灵一起工作。

在这点上，全小组的人员都赞成亚瑟的评论，并要求吉欧继续与安的对话。安进入到了更深一层的静思冥想境界之中，吉欧问安她看到了什么：

安：'蓝色的，我看到了蓝色的斗篷。好漂亮。斗篷的边上都是老样式的。可是，斗篷的中心在移动，上面有绿松石的颜色，上面还有白色和闪闪发光的各种彩色，并且与能量融合在一起，形成一个能量旋转的旋涡，不停地在转动。首先，它代表着保护，同时也代表了康复—这是对我们小组而言的。神灵团队围着我们小组的所有人，正在不停地旋转。它有多重目的 — 既让我们得到保护，又使我们得到康复 — 不是物理上的康复，而是一股可以聚集在一起的能量力。它将帮助我们，也帮助那些跟我们有接触的所有的人。这可能对其他人构成了挑战。这对小组人员来说，我们是一个整体。我们小组的每个人的身上都会散发出这种光芒，但作为一个团体，散发出的光芒力量就更大。'

就当这个神灵人消失而去以后，我就意识到了另外的一个神灵人很快就跟我在一起了，吉欧看到了这种能量的变换。我感觉到了一种能量：这是能量的较量 — 善良与邪恶的较量。我感觉到是这种能量进入到了我的身心，带给我的是非常沉重和非常强的要操控我的力量，与前面的神灵带来的那种正能量截然不同。这是克劳利！他得空就钻、浸入进来，可是没有长久，很快就被正能量的神灵团队给取代掉了。因此，这就是善良与邪恶给我的感觉。正能量的神灵很快就恢复回到了我的身上，可是没有象先前那样有力度了，它变得轻巧和个性化、并且更淡漠了 — 好相似这次与神灵团队的沟通就这样到此结束了。我觉得这是一次非常好的演示，表现出了神灵团队是要怎样做和能够做到些什么，来达到保护我们的目的。也让我知道了起初，与正能量神灵沟通，他们的能量是很强烈的，可是由于他们不得不撤回，因为要与其它负能量的神灵斡旋。这样就损失了部分正能量力的继续。我认为这是一个很好的例子，证明了我们神灵团队在与我们沟通的过程中，他们的能量由于被其它神灵打扰，就会被分散或被消减。我现在对克劳利也不再那样担心了，我有了他'近距离和亲自出马'的体验。同时，我也体验到了我们自己神灵团队正能量要比邪恶的能量更强大。然后，我听到了有人叫吉米的名字 — 他们赞许了吉米的努力而出色的工作。

'玛蕊，他们想要对你的一切支持表示感谢。实际上，他们关注到了我们小组里的每一个人的努力工作。同时，我有一种无法言喻的仁爱感。他们提到了小组里的每个人员，强调了每个人都是非常有价值的成员，每个人的努力和优秀奉献，带给小组的就是无价宝。一个整体团队比一个个单一的个人要强大得多。我们的头顶上有星星也有天使。这是有关再生、生命轮回，他们等着欢迎我们回家。'

12月6日，

吉欧对安的评论：'安，静思得很深沉，神灵离她很近。她的磁场很集中。好相似神灵要把她带入到不同的维度。现在，你已经超出了理性灵媒的层面。他们要你多做些，可是你需要在半路上跟他们接通。就让它自然发生吧— 不管是用什么样的形式带着你走—你就是需要悠着点。我知道你不是这种性格的人。但是你要努力，别事先预备了，将所有的事都准备齐全，再走上讲台 — 忘记这些吧，把你写好的草稿扔掉吧 — 用不上的，回到用你的自发本能上去吧。人算不如天安排，凭借你的本能来跟随神灵的安排吧。'

所以，2007年又是一个充满了机遇的年份。我们有过多种不同现象的体验，但是，跟去年还是不一样。我们有面对了邪恶，可是我认为这是亚瑟让我们学习的一个机会，我们意识到了我们的神灵团队更强大有力。就是这种强有力的正能量，也被邪恶神灵的负能量的出现，给冲淡了。我们小组里所有的人员都有得到允许在他们自己的家中，自己继续练习，他们都有过不同的物理现象体验。他们所做的一切都得到了神灵团队的感谢和承认。我们也找到了一个新的地方做为我们小组聚会的场地。这次是我们在神智社的最后一次聚会了，让人心惊胆战的克劳利，从这往后就可以重新收回他的地盘了。

后记：精神主义者/唯心主义者 通常不相信邪恶或'坏的神灵'。他们都有一种所有的神灵都是充满了'爱与光芒'的趋向 — 总是这样说的 — 当真正开始在这个环境中操作起来的时候，就会发现与此截然不符的各种不同的情况，肯定都会有发生。所以，他们的体验是最真实、最有说服力的。

我有机会跟精神主义领导人聊聊，许多都是身居高位，有些人是久经闻名的传统宗教领袖 — 他们都相信负能量的神灵也确实存在，而且扮演着各种各样的角色。正如：哪里有光明，哪里就有黑暗。我没心要故意吓唬人 — 那将跟我的使命相逆 — 可是，逻辑就是这样的，每个作用都有一个反作用，科学证实了这个道理。但是，对我来说，更好的例子就是来自于《易经》里的阴阳哲学论。这种哲学是很古老的，在基督以前就使用了，它阐明了宇宙中的一切都是相对元素组成的 — 有光明就有黑暗；有太阳就有月亮；有男就有女；有善就有恶。所有的元素都有相反的一面对应着的元素 — 他们互相依赖着共存。当阴强壮时，阳就会相应地淡弱下来，反过来也是一样的道理。这就总结出了我的想法，我认为比任何其它的宗教都准确，也适用於我在本书描述克劳利的章节里讲的内容，就是这样：他肯定是属于阴面百科大全里的内容之一，他一向是自私、自我、黑暗、和有负能量和负作用（他终生呕心沥血做的就是向着这个方面发展的事业），我和我的神灵团队是阳面的、外向的、明智的、光明的、是肯定的正能量。亚瑟和我与神灵团队的其他人员，坚守着我们最强大的能量力与克劳利的负能量展开较量、迫使他后退 — 可是，这次交锋也让我们付出了不必要的能量消耗。同样，他也把他的负面能量留在了我们的记忆中。我们有他出现的记忆，有体验到他的能量和他的负面作用 — 我们在这个地方变得更有见识和不再胆怯 — 无稽之谈。另一方面，我愿意把这次与邪恶的邂逅作为认识神灵世界里的黑暗面，增长了知识，这也是我的使命之一。作为对超自然现象的研究调查员，我能利用负面超常现象的出现，来举出例子来，详细解释，在哪种情况下发生了这种现象的。因为当人们被身边的困难给吓倒或本身持有负面意识时，就会吸引到负面的现象发生。我知道如果让有负面思想负担的人得到解脱，实在是一件很困难的事情。因为这些人的周围，已经被阴气环绕，被负面思想给严密地控制住了。是我们的责任 — 我的意思是我们大家，所有人 — 伸出双手来帮助在黑暗中挣扎的人，给这些人带来一点阳气，帮助这些人重新平衡他们自身的能量力，让他们有解除痛苦的力量，让他们自己能够走出负面的影响 — 不管使用哪种方式。不管怎样，我们都是相通的、互相关联的— 这也是来自《易经》里的古老哲学，也是精神主义者/唯心主义者所赞同的 — 我们给予他人什么，我们就也会从他人那里得到什么。

完成这个章节、走上我的宣讲台之前，我想引用一句由许多生活导师和名人常说的一句话'*此处上演的不是彩排 — 是真戏*'，它的意思是：做，你要做的事情，成为你要做的人，享受你自己的生活 — 你只活一次。我愿意反驳与其辩论这种讲法。这是*在彩排，真正的人生大戏还没到来* — 你本身怎样演你现在的角色，将要决定了，你来世派去要做的角色。我不是不同意这些名人的说法，确实如此，我强烈地同意说你要'做到最好的自己'不要被阴气给吓倒。可是，如果更多的人意识到了他们的行为不但影响了当今的他人的生活，还会影响到他们自己本身、来世的命运的话，希望这个世界会变得更和平。

第二十五章 从租用活动室到拥有宏伟的活动中心

2008年和2009年，我们渡过了漫无边际的动荡时期，不再象以往那样顺利发展。2007年底我们离开了神智社，可是在10月份的时候，我的好朋友玛优美就离开苏格兰了，她举家移民去了加拿大。她去加拿大是我们小组的不幸，更是让我也很失落。我在本书前面提到过玛优美是一位非常虔诚的精神主义者。我从来没有遇到过任何人，像她那样敏感、关爱和有目共睹的谦卑。她的精神放射出耀眼的光芒，你大概也会留意到，在本书中，我对她没有过多的评价，因为她总是寡言少语。可是，她在我们小组里的能量力却是巨大的。所以当她离开以后，大家都觉得在我们小组圈儿里，少了一个环节，我们都想念她。

在2008年初，我们小组搬到了坐落在爱丁堡毛若森街上的爱丁堡精神主义者协会的大楼里。这是一所精神主义者的教堂所在地，我当时在那里兼任协会的秘书，我得知有一个小组取消了他们在星期四的活动以后，我就申请了使用这个活动室的位置，就这样我们小组就搬迁了—我们有了新的场地。这个地方不是我们跟神灵团队商量好的，也不是我们自己用导向仪导出来的，只是因为我们都知道了为什么我们必须要离开神智社，这个地方是我们在第一时间里发现了，而且是可以租赁、使用的场地，就是这样我们搬进来了。由于是教堂，是用来做祈祷活动的，所以这里的气场和能量都很好，没有任何象在神智社那样的负能量影响的危机，所以，我们小组很快就适应了新场地。玛优美离开以后，我们想找一位人员填补她的空白，现在已经有新的成员加入进来了。我们最关心的是新人员的能量会对我们有什么样的影响，我们一直本着宁少毋杂、宁愿少一位人员，也不要找错了人。我们也跟新来的人员说好了有3个月的试验期，让大家共同静坐体验，集体来决定新人员的能量情况是否适应于我们小组的情况。同等条件，新来的人员也认真考虑，是否适应我们小组的情况，是否喜欢成为我们小组的一部分，还是她愿意放弃。只需要我们原来的小组成员之一，有反对或者有不适应的感觉，我们就不再请该新成员在我们中间工作。在这种情况下，特蕊莎加入了我们的小组。

几年前，我在吉欧任教的培训班上遇到过特蕊莎。现在，是吉欧介绍她来我们小组的 — 我们先请她来试验一段时间，然后再邀请她入组 — 这样我们的小组就还是六位成员了。特蕊莎是一位退休了的社会工作者，也是一位咨询员。她是一位很健谈又很活泼的人，她几乎全靠她自己的努力把她的孩子们带大成人，在她做社会工作者期间，她接触和处理了最棘手的生活贫困状况的案例。就跟我们大家一样，她时常觉得自己与神灵沟通起来很吃力。现在，她想要找到一个安全港，在这里可以安心地发展和探求自身的能量力提升，就是这个缘由，她入组了。

正如以往，我们总是把我们小组里的活动保守秘密，可是，没几个月，这个教堂管委会要求我们小组与另外的一个也要在星期四做活动的小组合群，共同使用一个教堂的活动大厅。因此，我们决定最好还是再次搬家。高登认识一个地方，他常常租用那里的房间做康复治疗。这是爱丁堡市内一家新年代水晶石专卖店，前店后所，后面就是治疗所。高登问了是否可以在星期四闭店以后，我们租用店后面的康复所场地，店主同意了。这个地方不如教堂那样对我们的活动有优势，可是我们能够对付过去就可以了。我们有自己的小天地，很安静也很保密，就是拥挤了一点儿 — 我们六个人都紧缩着挤在一间康复治疗室里，可是我们做的很好。我清楚地记得有一天晚上，当我们结束了以后，就要准备回家了，高登把钥匙插入门锁里，可是门锁失灵 — 门锁坏掉了，我们出不去了。我们最后没有办法，只有推开信件投递口，大声对着过路的陌生人喊求救。我们把钥匙从邮件投递口，传递给路上的陌生人，希望他从外面试一试能否把门锁打开，解救我们出去，他花了好一段时间，才把门锁从外面打开，我们获得了帮助，大家才能出来以后回家。过了几个月之后，我们又搬回了那个教堂。他们想我们了，或者是特别想要得到我们的租金了。因为另外的那个小组也不再租用他们的地方了。现在，他们欢迎我们回去，而且这次，他们会小心翼翼地尊敬我们的隐私权。教堂的场地，总是要比水晶石店那儿好的多，至少我们不会再被锁在里面。

这是我们到处漂流租用活动场地的年代，我们艰难地继续向前发展，主要是以理性灵媒的沟通为主，我们好奇地发现了不同的场地会给我们小组能量带来不同的影响。我们有过场地内部的正能量和负能量的影响以后，才意识到了，很多小组和实践圈儿对场地并没有做认真考虑。现在我们知道了神灵团队之所以让我们有各种机会体验到不同的场地，就是让我们自己尝试和明白场地对能量的影响也是至关重要的一个环节。在整个的过程里，我们始终都收到亚瑟和神灵团队的提示。我们被告知这个地方只是我们自己使用，不可能用来做其它的用途。这是一个安静、秘密和神圣的地方，能量力会逐步加强，对我们的进一步发展有推动作用 – 他们许诺会给我们物理现象的体验。可是新家在哪 – 没人知道。每周我们都有跟神灵商量对我们新家的几个可能性选择地址给予考虑，可是每次都因为这个或那个缘由被拒绝了。我们变得有些失望了。

就象开始的时候。亚瑟 柯南 道尔对我揭示组建我们小组的情况一样，他又开始给我们提供了一些线索– 这次是神灵世界为我们选择的新家位置的情况。那是我们大家都在水晶石店康复室里冥思之际，吉欧把她的反馈告诉给大家说'我看到了在爱丁堡新城区的一所大楼。那是一所城市别墅，跟你有关系的，安？'那会儿，吉欧只是把她在冥想中得到的有关我的信息，反馈给我，来自神灵给我个人的信息。

吉欧：'安，你肯定要去爱丁堡新城的一个地方，是吗？'

安：'不'我想跟我没有什么关系的，我跟新城区没什么关系，我们没再继续交谈这个内容，吉欧也就转了话题。

几周以后，吉欧又说：'我又看到了那个大楼了 – 城市别墅大厦。现在我知道了，不在新城区，是在爱丁堡的西头区，是在街角上的一个大厦？'吉欧又看着我，并且希望得到我的反应，她希望我能够认出那个大楼来，因为她的信息是给到我的。可是我一点儿都不知道在爱丁堡西头区街角上的城市别墅大厦。我甚至不认识谁曾经在那里住过，或者我有什么理由要到那里去 – 对我来说，一点儿都对不上号，我这样告诉了吉欧。

又过了一个星期，吉欧说：'我再一次又看到了那栋大厦，而且，我相信这个大厦肯定与你有关系。因为我看到了你就站在了大厦的门口的台阶上，好相似你就要走进大楼里 — 你肯定去那里做什么，对吧？'吉欧希望得到一个肯定的回答。
　　'啊，是超心灵学学院吗？'
　　当然，这是吉欧曾经教课的学院。就是在那里，我们相遇、相识，也是在那儿，我们俩个人与特蕊莎恰巧碰到了一起 — 我为什么以前没有想到这些呢？'不是的'她很着急地对我说：'我知道那个学院 — 不是那栋楼。''喔噢，吉欧，对不起。我想不起来还有哪个楼了。'我看到了吉欧很烦的样子。我能看出来她得到这个确定的信息，她一心想让我有肯定的反应。'也许信息是给别人的，吉欧。'我这样说，希望能这样安抚她。'不，我想你说的不对。'她再次强调了以后，我们才转换了话题。
　　又是几周过去了。吉欧再次提起她收到的信息：'安，我又再次看到了那幢楼房大厦 — 就是你的。'然后就象有经验和有权威性的 an ex-police officer[1] 退役警官那样，她说：'可是，那就是你的，因为我亲眼看到了，你手里握着钥匙呢。'
　　'安，我也看到了。'特蕊莎也是这样说：'他们拉开红色地毯，迎接你进去。'
　　'还有，我看到了大楼里有富丽堂皇的楼梯道'，玛蕊也加上说了一句，'就跟电影《飘》里面的场景差不多。''你们可听好啊，如果我有个西头区的别墅，有人把钥匙给了我，不管他是《飘》里的领衔主要人物'Rhett Butler or Clark Gable'还是扮演那个领衔主演的著名演员他本人，我都会笑着把钥匙从他的手里接过来。'小组的人员都笑了，并且假装着他们在逗我开心，以为我有这幢大楼的钥匙了。（如果是真的话，爱丁堡西头区是最富有的豪华区域，在那里的别墅标价牌也不菲 — 每幢楼都要在两百万英镑左右。）
　　至此小组再次转换了话题。那会儿，我刚好上任当了精神主义者教会管理委员会的副主席。我原来只是自愿帮忙，帮助上届的主席，一位长老，他用不好办公室里很陈旧的电脑打字机。一天，我主动帮助他打写了一封信件 — 就是这样，我被抓住了。我不很情愿地接受了教会执行秘书的职位，原因只是因为我帮助他打写了一封信件。当这位长老退休以后，一位年轻气血旺盛的青年主席接任了这个职位的时候，我本来以为，这是我最好的机会，可以找借口退出来了。我可没想要担任他们那里的任何职位和肩负任何责任或什么名衔之类的。我在档案中已经有了那些职业生涯记录了 — 我最后的职位是一家有国际名誉的澳大利亚国家银行分行的总执行官 — 那是在全世界占前十位最强、最大的银行之一。那个职位与一个幽幽的小教会秘书的职位有着鸿沟，我根本没想要这个职位。我实际上那会儿喜欢做的就是一次性的事儿，不担当任何责任也助人为乐了。

可是，新上任的主席，约翰，他在我辞去执行秘书这个职位以后，几次三番地给我电话，坚持要我回去帮忙。几个月过后，他还没有聘请到新人，他给我电话说他无法自己一个人做这个工作－他要我回去做他的副主席的职位，我也听说了他是很擅长的劝说家，是一位不达目的不罢休的人。教会的位置是在爱丁堡第二大火车站干草市场附近的城市排楼房之一。那不是很受欢迎的地区，况且教堂是在两层楼的顶层，楼下就是卖各种各样商品的小杂货店、铺子。进入教堂，需要从窄小的公用入口上楼，这个公用入口的右边是酒吧，左边就是中餐馆。教堂场地的位置是坐落在楼梯走道的右面是酒吧、左面是中餐馆，还有中餐馆边上的印度餐馆的上面，其实教堂场地还是蛮大的，可是你能够想象得到，当你坐在教堂祈祷时，楼下的中餐馆、印度餐馆同时伴着酒吧发出一种奇特的芳香，从地板间隙里往上串，向上蒸发，一起涌进你的器官儿里，这还是最次要的。还有更让人难忍的是，酒吧里的大木桶被员工们推过来、拉回去，发出听了让人起烦的噪音，同时做伴奏的是酒吧里超高声的咆哮音乐和中国乐、印度音乐一起，比着高儿，做音响竞赛，实在令人难忍受。可是，教会仪式多半是在星期天的上午举行，那会儿餐馆和酒吧人不多、噪音不大，对做礼拜的影响不是很大。只是教会要在晚上做活动的时候，才真是有令人头疼的问题。不管怎样，我们跟两边儿的邻居们摩肩擦背，混的还蛮好、不是太糟糕地一起度日。其实最大的问题是楼道。因为来教会做礼拜的人都是上年纪的人了，他们要爬两层楼的旧楼道才能到达教会大厅，教友们步履蹒跚，小心翼翼别摔倒，才能够爬上顶峰－请原谅这里的双关语。

记得一个星期天的上午，我去教堂做礼拜，约翰给我打招呼说：'人都在哪儿呢－教堂是空荡荡的。"他们都在斯坦丝代德。'我告诉她。'斯坦丝代德'是亚瑟 芬利学院，这是一所世界闻名的心灵学和神灵学进行研究与发展的专业学院。这是由亚瑟 芬利去世后遗留给 Spiritualist National Union (SNU) 英国精神主意者联合会的遗产而建立的学院。它的上级也就是制定规范的机构是英国精神主义者教会总部，负责在全英国各地的精神主义者教会分会。在这所学院里，学院每周安排不同的培训课程，学院请来有不同经验的访问灵媒和导师给学生上课。学生来自世界各地，学院给学生提供住宿，确实是难能可贵的一周精彩的学习体验，学生不但能够得到精练培训的机会，也得到了自我能量的积累与自我发展提高的机会。学院坐落在一个有几英亩的田野上，本身就是广阔的牧场和林区。主教学楼是一座硕大的乡间大厦，周围环境即美好又恬静，是亚瑟 芬利先生生前的故居，他是一位成功的苏格兰企业家，他生前一直热心于精神主意的发展的事业，死后将遗产故居都捐献给英国国家精神主义者联合会。

在那个星期里，我屈指可数得出来，有多少个人，都是我们教会里的成员，他们一起去了这个斯坦丝代德学院参加特别培训。我告诉约翰说有八位人员是从我们教会这里，到了那个学院学习去了。就当约翰点头赞同之际，我灵机一动说'你知道，约翰，我们应该在这里开设我们自己的培训课程。我们有场地（我用手臂扫过宽敞的教堂大厅），你有资源。因为你有所有的联系人和联系方式。我们旁边就是火车站。我们不必提供住宿；学生可以自由选择，自由选择他们要求的各种住宿标准 — 我们附近有希尔顿大酒店也有青年之家，都在步行距离之内。'

忽然间，我的话唤醒了他的灵感，尽管他还没有任何思想准备。'安，学生们为什么要来这儿呢？" '约翰，我们是在爱丁堡，苏格兰的首府城市，是游人的首选之地 — 他们为什么不选择来这里呢？'我总是很有企业家的头脑，可是这个主意从哪儿来的，我仍然不知道。这可我不是特别想要做这种事情的人，我除非是为了想要参加这种培训课程，让我有近水楼台先得月的机会，想要在我的家门口得到培训，爱丁堡 — 我的故乡城市。意识到我的这个想法是从空而来，太不着边儿了。我停止了跟他辩论，坐在了教堂的椅子上，心里嘀咕着这一步也许走得太远了。

我再也没有重新考虑这个话题，直到两个月以后，一定是我的话，给了约翰深刻的印象，现在他打电话给我说'你知道你的那个建议：我们自己在爱丁堡开办培训课的主意。我一直在斟酌考虑，那样的话，我们需要找到一所别墅酒店来做培训场地，有了场地，我们就可以组织培训课了。'约翰已经采纳了我的建议并且加上了他自己的主见 — 一座别墅酒店。他是按照斯坦丝代德的方案在准备，那就是意味着有教育培训场地和提供学生的住宿需要。我的意见是学生可以来我们爱丁堡的教堂，他们按照自己的生活标准，来选择在爱丁堡现有的住宿场地。那会儿，在斯坦丝代德学院的住宿条件非常简单 — 自从亚瑟捐献那个大厦以后，几乎没有做过任何的装修与改进。也许我说的有点夸张了，可是在套间里没有洗浴室 — 洗浴室在走廊的尽头，而且是由几个客房里的客人们共同使用那一个洗浴室；每个房间里有几张床，很像是学生的小型宿舍，所以，学生总要排班去厕所 — 尽管现在的情况要好多了。

　　同时，约翰问我'我们为什么不抽出来一天，开车到处跑跑看看，看它几家市场上正在出售的酒店，看哪家适合于我们的需要？''好吧。'我说了。不久，我们就开车到处跑，到处看。我们看到了苏格兰最美丽的风景地区，访问了几家苏格兰豪华酒店，希望我们的团体预定，能跟酒店谈个好的价格。可是他们根本不需要我们做提前集体预定。他们完全可以不用我们的帮忙，就早已订满了所有的客房。这样，他们给我们的客房报价，对我们来说就不是很有吸引力，更有讽刺性的是，我们跑了一大圈儿，最好的客房报价是离约翰家最近的那个酒店。

　　所以那个使用酒店做培训场地的主意就只能够被放弃了。可是到了2009年底的时候，约翰想说服我再肩负起另外的一个责任。他再次当选为全英国精神主义者联合会（基金会）的主席。这是负责英国精神主义者联合会财政部的主管机构。它是一个独立的慈善机构，负责全英国的所有分支教会的财务分配、使用与管理。它的运作方式有一点儿像银行，通过吸收其成员的资金并将其资金联合起来，共同投资到股票市场和其它的赚钱方面，以获取最好的投资回报，然后在与成员们共同分享所获得的利润。换句话说，英国精神主义者联合会财政的主管机构也可以提供贷款和抵押，让新教堂购置自己的场地或维修更新现有的教堂。约翰曾经是财务机构的董事，由于其他人的辞职，他被重新聘请了回去，继续担任这个重要的职位。因为管理慈善机构的财务工作，需要有金融财务的知识与经验，同时还要有在精神主义者联合会工作的经验。这样一来，能够被录用的人选面非常窄。你可以想象得到，有这样两种经历和经验背景的人很少，几乎是寥寥无几。当然，我的背景正好符合这两种条件的需要，约翰知道我的金融专业和精神主义者联合会成员的背景。不光是这样，我还是他现在的副主席，所以对他来说，如果他继续当主席的话，我是站在他的那一边说话的'好助手'。实际上，他的'助手'是一位女士，让他本人的地位就更具有了尚好的优势。因为英国精神主义者联合会跟其它组织机构一样，很重视在高层管理机构内的高层管理人员中的男女地位、人数之平等。尽管我有反对，但是我还是再次被说服了承担下这份重要的职责。这次我做的工作是英国精神主义者联合会财政部主管机构基金会的受托人。约翰向我保证说'每年只有四次会议－不是繁琐的事儿。'

　　英国精神主义者联合会财政部的主管机构的基金会的总部也设立在斯坦丝代德学院的院内，都在亚瑟 芬利学院的地盘上，可是坐落在不同的大楼里。当我第一次跟约翰一起从爱丁堡飞去斯坦丝代德参加我的第一次会议时，我坐在董事会会议大厅里，用目光扫射在座的四位长老会员，我意识到了：我是20年以来，这里第一位女士坐在了这个高层董事会的位置上。可是，我的确有一种熟悉感，因为想起了当年我走进我服务的银行总部会议室的时候，那里也是一样充满了同一种的感觉。在座的人都是金融界里的老手—其中几位还满有睡意—那没入睡的几位冷眼看着这个乳臭未乾的'*女孩儿子*'是谁，她怎能如此有勇气闯入男人掌管的领域并且敢来此告诉他们一、两件事情。约翰说对了，会议是不多，主要是很无聊，有时会陷入到太多的既繁琐又详细的细节里面去了。可是，钉是钉，铆是铆：这里不是生意，是第三方，是慈善机构，我要重新学习做管理教会的副主席的工作，我要学会变通，采取与从前有着很大不同的交流沟通方式，因为我面对的都是自愿工作者。

满有讽刺意味的是，我们不得不面对的最大问题是令人惊讶的全球性问题。西方大多数国家都刚刚遭受到了最大的金融危机。银行倒闭，以在美国的 Lehman Brothers 在2008年的9月我生日那天倒闭关门；跟着的就是 Merrill Lynch，还有 Goldman Sachs 和 Morgan Stanley 几个大银行继续倒闭关门。这些都是在投资、金融银行界里有名的企业银行，他们都是投资银行和抵押贷款中的大牌，正是由于这些银行对次贷的失控，导致了自身的倒闭。次贷是银行术语，是指'毫无价值'的银行业务。他们发出了一大批抵押贷款，这些抵押贷款迟早会被违约—在这种情况下，抵押贷款都崩溃了。就是这种情况，很快引起了在欧洲各国的连锁反应，政府试图支撑自己的金融机构和股票市场，金融危机却是越演越烈。

我们精神主义者联合会财政部的主管机构的基金会无法再指望投资在股票市场上就能够得到回报了。我们的主要收入曾经来自投资到股票市场方面，同时在房产方面的投资帮助支付各种租赁开销。现在，我们陷入了困境，无法在没有回收到任何利润的情况下，不断地支付给会员投资者的利息。就是在这种情况下，约翰采纳了我的在爱丁堡设立培训学院的意见，这次他回到了我起初的建议，就是让学生自己去选择和安排他们的住宿—我们只是找到一幢大楼，一幢符合培训需要的环境和场地。'为什么我们不用我们自己现有的大楼呢—那里的地方蛮大的啊？'我问道。

'我知道，可是，那也要是个像样儿的地方啊。'约翰说，'况且如果我们能找到个更合适的底层大楼，不用让教友们再爬楼梯

了，把教堂的问题也同时给解决了；那样的话，我们就等于用了一块石头，捕获了两只鸟儿，给教会也找到了一个自己的家。'

我能理解他说的是个好办法，可是我也明白这需要一段很长的时间才能够实现。我们第一点要找到一个合适的大楼，第二点我们要考虑能否支付得起那个大楼的价格。然而，第二点可以跟基金会投资到房地产上获得利益保护合并起来。那样就等于用了一块石头，击中了三只鸟儿了。最近他们的审计员已经警告说：慈善基金用款必须能够证实那个实际款子是用在了确实为公众受益的项目方面—如果它不是面向公众的，怎么能说是为公众受益的呢？基金会也有其它的房地产投资，基金会从中有受益。可那些都不是为公众服务的项目，公众从其投资中没有得到利益；现在的股票市场上也几乎没有任何受益机会，所以投资到一个让公众获得受益的房地产项目上是一个明智的选择—特别是现在，当房地产市场到了最萎靡的底价时期；就算是经济危机阶段，爱丁堡也总是投资房地产的最佳选择之地。我们决定了，我们要一起物色房产。

实话实说，那是约翰指挥着我们做寻找房产的工作。尽管最早是我出的要在爱丁堡开建培训学院的主意，我并没有想要买一幢大楼，我的计划是使用我们现有的大楼场地。可是约翰想充分利用基金会的资金，来买入房产，做教堂和培训场地。这可是他主动提出来的愿望。我也就顺其自然了。讽刺性地说，我和我丈夫刚刚开办了一个为房产租赁公司，我们是做重新装修、维修房产的个人生意的。这是我们自己的生意、事业，其实有这个生意就已经够我忙活的了。尽管经济危机还在继续，感谢房产危机的严重性，我们的生意火的不得了。因为很多人无法再继续支付抵押金也无法再购置自己的房产，这样租赁的生意就直线上升了，我们的生意也随之供不应求了。

约翰时不时就会给我来电话说他找到了一所楼，要我陪他去看看实际情况是怎样的。我们看了许许多多的房产。约翰总是热心要买入—他可比我的热情高得多—我通常扮演的角色是给他指出来：这个或那个大楼为什么不适合用于做教堂或不适合做培训使用的目的。我们看了很多在市场上待售的旧教堂，因为教会的成员老化或故去，教堂无法继续维持下去，可是很多的教堂的地理位置都不适合我们的需要—因为我们不想让新的场地距离我们现有的教会成员的住所太远，就是不想离开我们现有的教堂太远。那样，我们就更难找到一所宽敞的地面楼层的大楼，即能够满足现有的教友来继续做礼拜，同时也达到了提供培训课程的目的—就是这个缘由，我们才看了许多的旧教堂。我记得看过一个教堂的旧址，被重新设计、重新装修、重新铺换了地板，清理了原来教会使用的布道用具，包括教会的风琴等设备，把企业使用的办公桌搬进了教堂为公司员工使用，现在这个教堂成了一个开放式的大办公室了，教堂的楼上位置被改变成夹层楼或单间办公室了。约翰很想把这个地方买下来—那是一个'交给你钥匙'你就能开门使用的地方。如：全部装修好了，就等着你搬进来使用了—直到我问他，在我们走过来的时候，你有没有观察到什么。'没有'他回答说，并且用疑惑地目光看着我。这里可是一个红灯区啊，我们必须要在许多的'月下美女'中穿梭而行。

还有一次，是在爱丁堡的皇后大街上有两个办公楼挂牌出售。皇后大街与王子大街平行，是爱丁堡的主要街道，这确实是最佳的地理位置。那里曾经是城市排楼原为是居民住户，但是很久以前就被改成了商店或企业用房了。这是在爱丁堡的正常现象，最大的房间是一楼的客厅，是唯一适合用来做教堂的地方，可总是在楼上。我们花了几个月的时间到处找，这里是唯一的一个地方我们认为是有一点点有可能使用的地方—不是理想的，但是有可能。现在已经是2010—2011年的冬季里了，这是最糟糕的一个冬天，也许是受经济危机的影响。地面上的积雪从2010年的12月底开始，已经有开8个星期了，还没有融化。从2010年的12月开始，气温就一直在零下，从来没有升到零上过，没达到过解冻的温度。12月中旬，约翰又来电话—问我星期天做什么？因为他找到了又一个地方，想要我跟着他一起去看看。'星期天，我要去我的姐姐家，因为她的女儿过生日，我们有一个家庭聚会，为她女儿、我的侄女开生日会，我一定要去的啊。'我很高兴有了这个借口。那是12月了，人人都忙着为了圣诞节做准备，尤其是我们家人，总是在这个季节里，总有人过生日，要开家庭聚会。我最好还是避免不必要的闲跑腿。约翰可是没退却，开着车就来到了我的家门口，接我一起去了城里。我根本就没问他，这次他要带我去看的楼房在哪，也不知道我们开车去哪里。没关系的，我不太在意，可能又是一次漫无边际、没结果的白跑一趟，我把心思都放在了我侄女的生日会上了。不一会儿，我们的车停在了一条显赫的街道上—我看到街角上的路牌写着：Palmerston Place 帕玛森地。

当我们走近一所街角大厦时，我的脚下因为踩着积雪一直在打滑儿，我跟约翰抱怨着说，他在这样的数九寒天里把我给拉到这里来。他推开了大门，我就在他的后面跟着他。我跟着他迈进了大门。就是在这个一瞬间间，我醒悟了－这就是那个大楼，是给我们的－就是给我们星期四的小组的大楼！约翰一心想要的是给教会找到个新家，同时也能够适应于提供培训的场地；我开始意识到了就是这所大楼，神灵在此之前，已经给我们预示过了的大楼。星期四小组成员得到了预先消息的大楼，这么久的时间了，现在我在这儿了。他们说了，当我见到了大楼的时候，我就会知道的，他们的预见真的是很准确的。人们常说，当你走进一个房子里就会有一种'喔噢的感觉'这就是我那会儿得到的感觉。可是在我的情况下，我对这所大楼看上去的样子没有多大的关系－实际上，楼内很糟糕－可是室内的气场能量条件非常好。不管我踏入哪条门槛儿都会觉得我有110%的把握，相信就是这所大楼了，它就是给我们准备的。这是神灵安排好的了，就是在这儿，神灵要我们搬到这个新家里来。

我的心开始赛跑了。我的脑海里重温了所有小组人员的话，首先是吉欧告诉我说的：'信息'还有其他小组人员附加的话；对了，这里就是爱丁堡西头区；对了，这就是个街角的大厦，我还记得玛蕊说这所大厦就像电影《飘》里的一个画面。好极了，即使我们站在前厅里，就可以看到连那个领衔男主演Rhett Butler都会为之骄傲的华丽旋转楼梯和走道。

我的情绪从那种在糟糕的天气里被强拉着看个没结果的地方，一下子变为欢天喜地了。我为这里尚好的能量力和最终找到了我们的新家而激动不已。我的脸上一直面带着微笑，因为约翰根本不知道我们小组的事情。他为什么应该知道呢？这两个（精神主义者教会和我们的小小的星期四小组）根本就是风马不相及的两件事情－至此。我们得买下这幢大厦。

表面上很肮脏的水磨石瓷砖装饰的前厅有两个玻璃大门，门的两边儿，是用灭火器做门挡，以保持门能够被敞开着的。我们走过了大堂通往主楼梯，旋转的楼梯曾有过它的富丽堂皇的旧日。仰望高高的穹顶天花板，在灯光下放射出绚烂多彩的波浪般彩色花纹。旧日的富丽堂皇和绚丽多彩被当下的破旧不堪掩饰着。底层有三间大厅，我们逐一查看了一下，发现一间比上一间的破损程度都更大。在墙上有漏水被浸透过的痕迹；地板破损；电线失修不说，电插头和电线还掉落在外面；有一大堆相似意大利通心粉条那样的电线团被留在了地上；旁边还有废弃的油漆桶和其它各种垃圾混在一起。

'好了，我们快走吧。'约翰说，同时他朝着前门走去。我要马上行动－他要走了。

'就是这个了，约翰，这个大楼是我们的了。'我至今还能看到他当时不敢相信的眼神和面孔。

'这个？你要买这个吗？' '对。我要。就是这个了，约翰。就买下这个楼吧。'

'可是，看看这个现状，安。想想要花多少钱才能装修好？要花上个大数才能够装修得好。'

'不是那么糟糕的吧。约翰，我知道看上去很糟糕，其实都是表面上的破损，完全可以修复的。如果楼房的主架没有问题，其它的都是可以修复好的。'我看到了他脸上露出了可怕样子，努力想把最肯定的念头转给他。'让我们一起到楼上去看看，至少要看到这所大楼的其它情况。'我指望着上楼看看，也许楼上的房间里的条件会好的多 — 其实，没好多少。

我们爬上了楼梯，楼梯磴是大理石的石头制造的，我们小心翼翼地走在冻了冰的石头楼梯台阶上，因为楼房漏水，在楼梯台阶上结了冷。我心理嘀咕着：幸好外面很冷，室内的水结冰了，要不然的话，水会在楼梯磴上流淌，就跟在墙上淌水那样差不多了。当我们上了楼的时候，我再次看到了准确的象征，我看到了红色的地毯，正如神灵预先给我们的信息那样 — '*他们把红色的地毯铺好了，等着你*'。地毯是又旧又糟糕，可是，确实是红色的地毯，都在这里地板上铺着， 我一生还从来没有象这会儿这样有把握。

在楼上，有我们期待的那种起居室 — 就是一个有深深的窗檐口，非常美丽的房间。可是窗檐口大多被打碎了，看到这曾经绚丽豪华的房间，被破坏的如此悲惨，很是伤心。为什么会是这个样子 — 有些地方可以看得出来，是人为破坏的结果。我想通了。原来的主人是要把原始的大房间加上隔板做成小睡房，那样，就人为地破坏了整个楼房的结构布局，破坏了墙壁与天花板、举架之间的檐口。这些隔板已经被破坏了，大部分的碎片和当时想放在隔板中间的电缆和插座，现在却都被散落在地板上，这就留下了现在我们看到的这个狼狈不堪的情景，墙壁破损的痕迹和从天花板悬挂下来的电缆线、还有悬挂着的电灯开关，一起从天花板上向下吊挂着，并悬在空中打秋千。

'我可从来没买过这样的房产啊'约翰说。我能从他的脸上看出他被又热切想买个楼宇，又对眼下这个破旧不堪的状况感到棘手，以及我对这所楼宇的热衷，让他加倍地感到了不安。"我总是买'交给你钥匙'就搬入的房产了。我从来没买过还要自己动手装修的房产'。他听上去真的很担心。

我们继续往上一层的楼上走，可是越往上走，房间的破坏状况越糟糕、严重。我不停地在告诉他，哪个房间需要哪种装修，我不停地向他保证着这些维修、装修工作都是可以办得到的。好比说，有些地板需要铺上新的；有些电线需要重新被接通；水管管道需要重新被更换；还有许多要做的室内装修和天花板的修补与美化的工作，当然还需要许多新的地毯。'可是，约翰，只要楼宇的主架结构没有问题，其它的都可以一点儿一点儿地来做啊—我们能把底楼的房间都先整修好，那就可以先派上用场了。然后，我们再一步一步地装修楼上的房间，因为那样的话，我们的钱也能够倒回来做装修用了。所以不是那么太糟糕。'我撒谎了。

'喔噢，你能做这些吗？'他问我，我可是没准备回答他的这个问题呀。

'什么？— 我能做吗？我可怎么做呢？'

'喔噢，如果你说的这个房产没那么糟糕。你们做房产维修、装修的 — 你能做这个房产的装修吗？'

"我能做这个活儿，那样我就丢了我们自己的生意了。我该怎样对我们的所有客人说呢—'对不起，下六个月，我得要去装修一幢六层楼的大厦 你们等着我干完了那个活儿再回来啊？'— 我的客人会全部、一个也剩不下地跑掉了的啊，我回来的时候，所有的客人都跑去找别人了。但是，我能找别的装修工人，让他们来做这个工作。我知道这个活儿需要什么，我也愿意这样做。"我希望这样说可以安慰他，让他有信心，我要努力劝说他，才能给我们买下这所房产。

'好吧。'他不是很情愿地说了。

'喔噢，让我们查看一下这个大厦的举架是否象你说的那样完好吧— 这是个起始点。我们得要找房产设计调查队给考察一下。'

对了，我想这太对了啊。我们有了前进的路。我高兴极了。我就知道一切都会顺利的。特别是当我要出门的时候，我认出来了挂在墙上的铜牌标志，告诉我这座大楼的前身就是一所学校的驻地。这确认了就跟神灵告诉给我们的一模一样。我兴奋得不得了，等不急到星期四告诉我的小组人员。

我非常兴奋，出门几乎是打着出溜滑儿、在结冰的地面上跳跃着冰上舞蹈出来的。我简直不敢相信，过了这么久，我终于找到了亚瑟和他的神灵团队早就告诉了我们的这个街角大厦。我跟着约翰回到了车子里，他将刚刚用来打开那个大厦大门的一大把钥匙交给了我，'请你代我把这钥匙交还给房屋销售部，我告诉他们了，我会在明天早晨以前还给他们钥匙。'

'当然，没问题，我能做到。'可是，实际上我在下一天的上午，做的是给房屋销售部打了电话，问他们钥匙是否可以在我这里多留下几天。我告诉他们，我想要带几位维修和装修人员来考察一下大厦里面的情况，给我们一个维修、装修的报价，这样我们就可以考虑需要多少钱来维修，以便帮助我们最后决定是否买，还是不买这所楼宇。那是真的 — 我不想揽来太多，让我吃不了兜着走。可是，我也真想自己回到那个大楼里，就是我自己一个人在大楼里静静地想一想，看一看。

'钥匙可以留在你那儿一个星期。'销售人员告诉我说。'下个星期一给我们就可以了。'全英国的市场几乎是停滞不前，所以房产市场也移动得很慢，他们没有客人排队等着要看那个大厦。钥匙在我这里对他们有利，他们当然同意让我多保留几天这个门的钥匙了。

下一天，我自己又回到了那所大厦里，我自己在这个硕大的楼房里走走看看，想想。我特别加了小心，告诉自己说一定别掉进地板缝里，也不要在上了冰的石头楼梯磴上滑下来，因为必定没人知道我是自己在这儿的。阳光从南面的落地窗里照射进来，可是在这个大楼里，我就象是走在寒冷的冰上世界。我不在乎，我知道找到了我们自己的大楼。

星期四晚上我来跟小组人员聚会，那天的上午，我再次自己去了那所大厦。我决定了不告诉大家任何事，我还是像往常一样，我要等待看看他们的反应。我默默地向神灵团队祈祷，请再次给我确认这个大楼就是他们要我们得到的那个新家。我没有任何怀疑，不管怎样，我不想让小组的人员从我的嘴里得到这些确认，我希望他们也能够从神灵团队那里得到对我们新家的确认。

我们又开始了静思冥想，然后吉欧说：'我看到了一堆钥匙。我想是跟我们小组即将搬入的新家有关系。我也看到了在钥匙扣上有The Eye of Horus[2]!'古埃及的鹰眼标识！'

我记起钥匙就在我的外衣口袋里。我的外衣就在我坐着的椅子背上。这很好 — 看上去，我正在得到我祈祷的那种更进一步确认的信息，可是钥匙扣上的鹰眼跟我没关系。

忽然间，吉欧大声喊出声来：'快把奥吉报得拿出来，我感觉到正在发生什么事情。'我一直保持沉默着。大家把字母卡片和玻璃杯子都放在桌子上，也都摆放好了，吉欧开始提出第一个问题。'我们什么时候才能找到我们小组活动的场地？'

回复是：*找到了*。小组人员全都惊得目瞪口呆、哑口无言。

'谁找到的？''在哪儿？'

'我们怎么才能找出来？'他们发出了一连串的问题。
'我们一次只能够问一个问题。'吉欧又说。
'谁找到的？'安。
我无法继续掩饰了。大家的目光一致投向了我，急切地等待着我的回答，我无法再让他们蒙在鼓里，我问神灵说：'是我今天去看的那所大楼吗？'对。

我还要继续提出的问题—我需要更多点儿的确认信息。吉欧意识到我不会那样轻易地透露信息，我想她是明白的：我故意要神灵来告诉大家这个消息。

吉欧：'我在静思冥想时，就看到了这钥匙扣，它应该是很重要的吧？'对。我说：'在我的外衣口袋里就有这把钥匙。'

吉欧：'古埃及的鹰眼钥匙扣，就在那个钥匙上面，对吗？'对。
他们又都把目光集中在我的身上了，希望得到一个答案。

'我不知道它的重要意义是什么意思—它不符合'。我想他们会觉得很失望。可是，吉欧仍然不折不扣、勇往直前继续提问：'为什么那个鹰眼钥匙扣标识有着重要的意义？'

玻璃杯字给出的答案是：*钥匙*。

大家再次把目光集中到了我的身上，我摇了摇头，'对不起，我不明白那个意思。'

'也许是钥匙？象一个什么样的线索或信号？好像一个标识'。

玛蕊说，可是那还是不对劲。一个古埃及标识—在爱丁堡—不对劲儿。

高登问我'你把钥匙从你的外衣口袋里拿出来，看看怎么样？'

'好。'我从外衣口袋里把那钥匙拿了出来，一大串的钥匙，大概有10几把左右，都在一个铁圈儿上连着。每个钥匙连着一个小木牌，木牌上面有销售部标出的详细住址，拴在那个小钥匙圈上。就在这个地址上的小钥匙圈儿底部有一个微小的标识—古埃及的鹰眼。我们找到了我们自己的大楼—确认了！

第二十六章 亚瑟 柯南 道尔 中心

2011年的7月，终于将这座大厦买了下来。我放弃了我的工作（*再次*– 我已经习惯这样了）本来我是跟我先生，音川 赫一起经营装修公司，我是做计划的，现在成为慈善事业的专职主席，负责大楼的管理工作。

我们按期完成了大楼的维修和装饰工作，正准备在2011年的10月由英国精神主义者联合会主席亲自出马，为中心的启用典礼做主持人。恰如要给我作出亚瑟和我们小组的神灵团队，在前五年里，跟我们一起工作的最后证实，教会主席约翰对我说'你想过了没有，给大楼起个名字？'

我说：'我还没想过呢，约翰。大楼应该有名字吗？'

约翰说：'是啊，这么宏伟的大楼，应该有个相称的名字才对。'

'好吧。'我感兴趣地说：'你有什么好主意吗？'

'你别笑话我啊，别笑话我啊'他继续说。

'好吧 — 告诉我啊'。

"喔噢，你想想看......叫'亚瑟 柯南 道尔爵士中心'怎样？"

我简直不能相信，这个主意正中了我的心愿。我微笑着默默想着，他是我们向导、我的动力，我的导师，亚瑟 柯南 道尔爵士，我不止一次地拒绝了他的出现，直到最终我才接受了就是他本人在与我沟通、交流。现在他也影响到了其他人了，现在是约翰来确认就是他正在努力工作。也许是因为纪念他，为我们找到了这

座大楼，所以来使用他的名字，来命名这个中心。我用赞许的微笑看着约翰。约翰说：'啊，你笑我了。你不喜欢这个名字吗？'

我告诉约翰说：'约翰，我热爱这个主意'。

亚瑟 柯南 道尔爵士中心于2011年10月23日正式典礼启用 — 真正的大戏才刚刚开头！

附录

在打印之前，出于礼貌，我将本书的摘录发送给了名字出现在这些章节中的有关人员，以求之准确核对。（对于那些我无法联系的人，我已经将他们的名字改成了化名。）

做为我工作程序的一部分，我于2019年7月8日将本书的最后两章发送给约翰·布莱克伍德，因为他的名字出现在这本书的两个章节里。这是我第一次向他透露我的著作，以及亚瑟·柯南·道尔一直在与我沟通，并指导我整个过程-尤其是将我引向了大楼-就是亚瑟·柯南·道尔爵士中心。

约翰为发生的一切而感到惊喜，因为，他对此一无所知-我从来没告诉过他。可是，他建议我加入这份附录，因为他想补充他的证词。这里以下是他的话：

"那天早晨，当我醒来时-就是我与您谈论大厦命名的那天-我在前一天晚上的梦里，得到了信息，就是给这所大厦的命名的信息。我不知道它从哪儿来的，但我绝对可以确定该大楼必须命名为"亚瑟·柯南道尔爵士中心"，而且这些信息带有紧迫性，我不得不尽快地告诉你（安）关于这个梦里的信息-好像您会以某种方式能知道它的含义，或者知道我为什么收到这个信息。现在，您已经告诉我了，您经历过来的故事了,-一切都恰如其分，而且绝对有意义。"

. . .

约翰·布莱克伍德（John Blackwood）。
  爱丁堡协会前任主席
  精神主义者联合会基金会前任主席

结束语

至此，我们对待亚瑟和我所经历的不可思议的旅程又是怎样想的呢？有些人会把所有这些事实都归结为巧合，甚至说这是幻想文学。首先，我坚信不移神灵是利用偶然现象做为他们的工具，来吸引我们的注意力－生活中有很多这种情况，大概你很少注意而没领会到。其次，我之所以提到我在著名银行、金融企业界的高管职业的地位，并不是为了夸耀我的某些成就，而是为了证明我不是那种生活在幻想中的童话世界里的人。这些预兆发生时，我是一位著名金融企业的高级专业管理人员。可是问题仍然存在－为什么选中了我？

正如神灵告诉给我们'星期四小组'一样，他们希望这个小组里的人是志同道合，有同样的信仰，能互相信任和团结一致。他们选择的是有中等敏感能力的普通人士。我们小组是由一名图书馆员；一名前任警察（现在从事新闻工作）；一名社会工作者；一名心理学的护士和一名翻译加上我，一共六名人员组成。为什么是我呢？我认为他们需要有一位工作狂－一位有决心一定要实现自己的目标的人。他们必须做一些非常引人瞩目的事情才能够引起我的注意，并使我愿意放弃我在金融界里的职业性发展前途。

正如您在前言中已经读到了的那样，Professor Chris Roe克里斯罗教授指出，这些自发的超自然现象非常普通，受影响的人寻求解释是正常的。难道这都是巧合，这就带着我到了另外的一位Professor Archie Roy教授 阿其 若依，我从他那里学到了许许多多的知识，他指引我走上了对心灵学研究的道路。这就为我提供了让我对超自然现象、背景与知识的了解与求知的欲望，我想今后的生活旅程会有更多地方用上这些知识的？

在本书的前页里有，Professor Lance Butler 兰丝 巴特勒教授的话，我很荣幸能有他做为我本书的编辑人。在此，我引用他的话：'自从亚瑟 柯南 道尔 爵士去世以来，许多人都声称跟他沟通联系过……可是没有人能够做到用他的名义在爱丁堡建立了一个大型中心。'

建立研究与神灵交流活动中心是他们（众神灵）的目的，不是我个人的目的。实现这个目的绝非易事 — 从他们（众神灵）角度来说的。回首往事，我惊诧于它周密的预先准备计划工作。选择了他们想要组成小组的人员以后，在针对每个人的不同信念和愿望做背道而驰的挑战和考验来测试出他们的决心。出于精炼和对其他小组人员情况的保密，在此，我没介绍神灵给的全部测试内容，只是介绍了对我本人通过奥吉报得方式的测试；佩戴象征着我们团结一致的手镯；以及必须找到青金石制作和有Caduceus代表特殊意义标志的手镯。

再回首审视使用奥吉报得方式与神灵交流，我是做了思想准备的。因为我是苏格兰心灵学调查研究会的研究员，不仅对使用这个工具的结果有所了解，还亲自与阿其 罗锐，我在书中介绍了他，一起对某些现象做了现场调查。

有丰富经验和懂得怎样使用这种方式的老手来说，这种交流方式确实能够产生一些令人惊喜若狂的非凡结果，但必须在知道如何控制和谨慎使用的情况下，才能够做到。对于没有经验的人就另当别论了。因为那样会为我在第九章里描述的那种低级神灵打开一个进入到我们世界里的通道。

久经调查和验证的现象不是一两句话就可以解释清楚，但足以告知，就跟物理世界中存在的进化现象一样，超自然世界中有些属性的进化水平较低，通常无法与之交流 —就跟神灵的情况一样—他们仍然有气场和能量。 （如果您要想进一步了解，可阅读《心灵调查案例》由阿其 罗锐写的一系列有关这方面的书籍。我在本书的第二十三章里有解释，这些书籍可以从亚瑟 柯南 道尔爵士中心购买。）因此，在我们星期四小组第一次使用奥吉报得方式与神灵沟通时，我对使用它是有了解的，我也做了要直接面对其结果负责的心理准备 — 已经有过领教了。

因此，当神灵指引我们使用这个方式进行沟通的时候，里面蕴含着双层意义，首先是为了测试我对神灵团队的信任，用信任来战胜我内心的怀疑乃至恐惧感，让我有信心按照神灵的指示去做，同时也进一步提高我的知识与感官见识 — 您会注意到了，每次我使用奥吉报得方式交流，直观感觉到了是不对劲的时候，都是我出面干涉，并做出决定，立即结束沟通。有一次是冒充我的祖母，目的是得到我的认可。在跟超自然现象打交道时，我们必须使用自己的本能洞察力，还要格外谨慎。最终，我学会了相信自己的判断力，而这种判断力来自我的本能感官 — 当您能够感觉到是神灵在身边领引着 — 就没有任何需要再怀疑的了。

至于这些手镯，我认为佩戴手镯就是为了表明我们都是属于同一个小组的人员，这个想法特别令人讨厌（*您会注意到我的编辑人，非常有礼貌地编辑了这个词，用了'琐碎'来代替我的讨厌字样，在第九章里，可是'无价值的'更能表现出我的本意 — 如果皇家公主，安妮公主能用这个词，我也能用*）。The Collins Dictionary大字典给出的解释naff这个词是：不时髦的，举例是用在他或她的穿着打扮上。对这个例子的解释正好准确地形容了我对神灵指示要做的那种相配的手镯的感觉 — 不管是什么用料做成的。不管怎样，我还是无条件地接受了这个任务。可是，这个任务变得问题更大了，因为神灵执意一定要用青金石来做成。如果我稍微不留意的话，就会很容易地在水晶石店里得到任何一种宝石，那样就不必给我自己找麻烦了。可是，最后我不得不自己找来石头和松紧带，自己亲手做这些手镯。

做好了以后，几乎是神灵为我能听指挥，给了我一个奖赏。如果我没有费九牛二虎之力，随便用哪种石头做成了手镯（甚至跟神灵要求差不多的什么石头手镯），那样的话，就不会学到青金石的来源与背景（还有那个医疗界的标志），这两个方面与我们小组的目的都是息息相关的（石头是意大利和尚在反复实践炼金术时发明的，其中含有金属铜。）所有的这些信息全都被小组人员通过与神灵进行交流得到了，找到这种石头意味着这些信息被我们接收到了，同时让神灵知道，我们相信了他们的信息，并且按照他们的指引做到了。

Caduceus代表了众神的使者；它是死人的向导，它也用于在占星术、炼金术和天文学的操作过程中，神灵不仅给我们提供了进一步的确认，而且还展示了神灵世界的才智，或至少与我们进行交流的神灵团队有这样的才智。

我认为神灵给我们的这些考验和挑战是有必要的，因为神灵团队需要一个能够不屈不挠特别坚强，有坚韧决心能够跟随他们的领导人，克服自己的恐惧感，同时能够表现出忠诚、承诺 和志愿，能够按照从神灵那里得到的信息，毫无疑问、不折不扣地采取行动。

同样，我认为神灵团队也意识到了，这个人（我）也需要有一个忠诚、团结一致和不屈不挠的小组团队－星期四小组。因此，小组里的每个人也都受到了神灵团队的不同程度的挑战。

精神主义者的原则之一就是我们每个人都有自己那份责任，确实如此，这就是吸引我成为精神主义者的缘由之一，我们必须对自己的行为负责。

精神主义者也会跟着就说：我们也都有自己的自由愿望。同时，我还是坚定不移地相信我们都要必须对自己的行为负责，我不太情愿接受自由愿望那个方面。我发现当我倾听并且跟从了神灵的指引时，事情总是进展顺利；但是当我想试一试为实现自己的愿望努力时，或者就是'忽略'我的直觉，做我要做的事情时，我发现自己是错误的，或者有时我只是绕了一整个的大圈子，最后到达了我应该去的地方－我走了很长的一段路！

所以，我想我们没有自由愿望。我相信我们来到这儿都是有一个目的－有些人知道自己来这个世界要做什么，有些人还尚待找出自己的人生目的。对我来说，我相信我的人生目的就是与神灵交流。我的工作就是为神灵沟通服务，把神灵的信息传播给更广泛的人间大众。确实有另外的世界，而且是一个充满了智慧的世界，如果你聆听，一切皆有可能。

这个世界里发生着很多暴行；有以宗教为借口的战争；有谋杀、强奸和破坏我们赖以为生的植物与环境－更不必说财富分配的极端不等现象。如果人们都意识到我们都是互相有关联的，我们每个人都是这个整体的一部分，那么他们就会认识到这些行为正在惩罚自己。

亚瑟 柯南 道尔 中心是一所有益于身心、精神健康的神灵主义者活动中心。现在，它享有卓越的国际声誉。有能力也想在这个领域发展的人士可以来此参加各种专业培训。我们提供瑜伽、太极拳和健身运动、神灵自我发展课程和创意写作课程－亚瑟 柯南 道尔 中心必须提供创意写作－沿着亚瑟的脚步向前行。大楼里设有精神主义者教堂，欢迎所有持不同信仰的人和无信仰的人来此静思。活动中心是对所有人开放的，我们的目标是为整个社区提供资料和活动场地。这里也是艺术和艺术品的家园，有艺术品展厅和艺术家绘画室，也有音乐、音乐晚会和各种活动。

众所周知，进入教堂的人越来越少了，我们意识到了人们不愿意进精神主义者教堂（因为误解了教堂内的情况），我们希望通过提供丰富多彩大众喜欢的活动，来鼓励和激发人们全面探索自己的本能灵性、意识所在。

对我而言，成立中心必须做的另一个事业就是进行心灵调查和研究，这从建立中心的第一天起，就已经开始了。这里为调查研究提供了一个活跃的论坛平台，让我们在这个领域里不断研究与发展。我们安排了活跃的演讲计划，每月都会就这个专题，请来有名誉的学者、科学家、大学教授和讲师来此做讲演。

所有这些都意味着亚瑟 柯南 道尔爵士中心既是其伟人本人的见证和遗产所在，又为像我们这样遇到了超自然现象不知所措，需要帮助和理解的人，提供帮助与支持的场所。而且，正如Professor Chris Roe 克里斯 罗 教授所说，这些经历比我们所意识到的更为普遍。

最后，这座宏伟的建筑还有助于将其宗旨，把神灵的信息传达给更广阔的世界。至今为止，我们中心已经接待了来自世界各国的顶级通灵媒体、影视明星和电视台的著名主持人。我们定期出现在世界主要媒体上；我们有从世界各地来的学生到此访问，其中有美国大学的学生和教授；我们中心里各种的活动，在英国国家广播电台、电视台和日本电视台上都有播出。可以说，亚瑟的计划正在奏效，我明白我的这本书也是实现他的计划之中的一部分（您也在通过告诉其他人阅读此书在帮助了 — 把这本书读完送给别人）。

在写此书时，我就意识到了这是三部曲的第一本书，它记录了时间表，直到购置了这座建筑，并将其命名为亚瑟 柯南 道尔爵士中心。第二部书将要详细介绍中心对外开放和我们在其中经历和发生的情况。

而且，如果您认为此书中的内容令人难以置信的话，那么在我们搬进了这所大楼之后，发生了更多的情况 — 我和亚瑟 — 他在过去的五年中一直引领着我们找到的这个新家。不用说，是他指示我要把这些告诉给你们。我希望你喜欢这本书。

安川赫
　　亚瑟 柯南 道尔爵士中心 主席

照片

宏伟的亚瑟柯南 道尔爵士中心。正如亚瑟预告给我们的那样：在爱丁堡西头区的街角别墅

下：通往中心的前门，右边是亚瑟以此中心为自豪的再现。这是上了年纪的亚瑟（如本书封面）也是当我们小组活动时，他常常出现在我脑海里的形象。

上:这是购置此楼时的照片

下:今天的中心。这是壮观的楼道,也是亚瑟预告的那样:《飘》里的主人翁 Rhet Butler 也会自豪的!

星期四小组人员和在神智社用的桌子。从左至右：玛优美、高登、玛蕊、我（安）和吉欧（吉米拍摄此照片）下：顽皮的旧桌子给我我们很多的美好记忆。星期四小组。

从左至右：玛蕊、玛优美、高登，吉欧（后背对着相机）和吉米（我拍摄此照片）。下：铜面桌子，曾发出'咚咚'声响，可是没人能听到！

今天的星期四小组 2019年10月玛优美回来参加聚会.
从左至右：特蕊莎、乔治。吉米、吉欧、我（安）和玛优美（乔治於2013年加入小组，将会在下部书里介绍）。

证言

'这是一部出类拔萃的心理—精神上的长征，描述了一些非凡的物理现象，包括桌子自动在房间里移动、悬浮、上升的过程。神灵在我们生活中扮演着积极的角色，鲜明地体现在作者身上的就是她的预感，包括她预感到当布兰大屠杀。

安从公司高管向精神探险家的转变过程，她和她的团队在不是别人，确定是亚瑟 柯南 道尔爵士的指导下走过的路。亚瑟 柯南 道尔爵士在世期间是一位坚定而著名的神灵主义者，他一直钟爱着爱丁堡，就是现在安工作的中心— 这个中心的实现与落成的整个过程都是令人兴奋的故事'。

大卫 罗锐玛
　　科学与医疗联络部主管
　　David Lorimer Programme Director Scientific and Medical Network

'我认识安有20年了，她是苏格兰心灵学研究会的会员，也是我的同事，我可以保证她的忠于职守和诚实的为人。此书展示了安，她跟从神灵，有与灵媒进行交流的勇气，奋勇建立亚瑟 柯南 道尔爵士中心 — 一幢有雄伟气势的大楼，本身也有着非凡的现象存在。

我本人参与了安书中提到的调研活动，跟安讲述的一样，有难以令人置信的亲身体验，可那的确是存在、并且发生在我们眼前的事实。这是一本对有开通思想的人，有启迪性的好书，是可信赖的一位亲身体验者的实际叙述。'

耐克 凯由 苏格兰心灵学研究会主席
　　　Nick Kyle Past President, Scottish Society for Psychical Research

'这是一部有关一位非凡人物的非凡书籍。我对此书有特别的兴趣，主要有以下两个缘由：
　　第一，我相信我本人在以往的数年里，就有与亚瑟 柯南 道尔爵士直接心理交流的真实体验。这些情况在我本人的书里面有详细的介绍，其中还建议说福尔摩斯人物的创造人至今还在每天都行使者他的使命，在人世间中传遍人死了以后，精神永存。他工作的方式方法就跟他写作创造的戏剧人物一样，各种各样、丰富多彩，多才多艺、防不胜防的！
　　第二，几年前，我接受安的邀请去亚瑟 柯南 道尔爵士中心讲演，当晚我在亚瑟 柯南 道尔爵士中心过夜，那一夜就是最好的心理现象经历。我根本没有任何思想准备的，因为我一点儿不知道安小组人员的工作成就。
　　任何人对发掘亚瑟 柯南 道尔爵士的晚年全部投入到这令人振奋的为其信仰所追求的生活，都应该阅读这部令人激动的著作。'

绕者 斯朝韩 博士 《研究求生：柯南 道友解释了最后的问题》
Reading 大学教育学读者（退休）
　　　Roger Straughan, Ph.D, Author,'A Study in Survival: Conan Doyle Solves the Final Problem(O Books).
　　　Reader in Education, University of Reading (retired).

1996年我移民到英国，我曾经是在美国加利福尼亚州的 Krotona,神智社－神智社总部工作。
　　当我加入爱丁堡国王大街28号楼神智社时，大楼顶层房间没人使用，如本书中提到的情况。我了解金色黎明秘密巫术组织的创始人McGregor Mathers麦克怪格 马扎斯曾经用了这个地方很多年，所以克劳利一定也在那儿，因为他是麦克怪格的神通。

我自己在那个房间时，我体验到那个房间里特别的一个角落里，有负面能量的影响。那个房间里的地板也有一种奇怪的能量作用反应。过

过去的几年里，有请来Samye Ling Centre的佛教大师和喇嘛也请过其它精神主义者大师来驱除这些负面影响力。所以我听说安和她的精神主义者小组在那个房间遇到的克劳利负面能量的影响，并没有感到惊讶，因为他们的体验跟我自己在那个房间时的亲身体验基本差不多一样。

玛格特 迪 艾利亚特，神智社协会，爱丁堡分会主席
Margot D Elliott
President, The Theosophical Society, Edinburgh

来自星期四小组成员的证言

'我的名字是Mayumi Endo玛优美 恩杜。我第一次遇见安的时候，她还是一位澳大利亚国家银行的总裁，我自己曾经在伦敦和东京工作，也是从事金融行业的。到了苏格兰，我的工作是为Ricoh理光公司在斯特灵的子公司做口译和笔译翻译。2002年我们一起在同一个培训班里学习，后来安自己组建小组圈儿没成功，就当安要放弃时，她收到了神灵的指示，要她自己重新组建小组。我鼓励了她。后来她把小组的人员都找齐全了，我收到了神灵指示说这个小组会是一个物理动性小组。当我把这个信息分享给安的时候，她也同时得到了神灵的同样的指示。我们决定不告诉其他人，走着瞧。正如你在书里得知的那样，实际效果令人惊喜若狂。

当我们小组启动时，神灵指示安要把一切详细的细节，都要记录和录制下来，是我买了录音机和麦克风，安把录制的小组活动详细打印并发送给小组里的每一个成员核实与通过。她每次都是这样做的，从未失误过。我可以见证这本书里的内容，都是从录音机里得到的真实情况记录。

我在2007年10月离开了星期四小组，因为我和丈夫移民去了加拿大。但是我和安以及小组成员一直保持联系，最近2019年的10月回到苏格兰访问，这是我第一次来到宏伟的亚瑟柯南 道尔爵士中心。这座大楼肯定具有相当的好能量力，当我在楼内访问的时候 感觉到了 — 也许安会在她的第二部书中介绍这些有趣的情况！'

玛优美 恩杜 星期四小组成员
Mayumi Endo
Thursday Group Member

'我的名字是玛蕊 安德森 。我从星期四小组开始建组时，就是成员之一，安在2005年的年底邀请我加入了小组 — 我们第一次小组会是在2006年的年初。那会儿我是爱丁堡大学的图书馆管理员，现在退休了。我们每周聚会一次，每次都是在小组活动开始以前，安就把录音机打开，录制下全部活动经过。然后安会按照录音机里的情况，把资料打印出来，发给小组里的每一个人核对、验证与同意、通过。这本书的内容都是这些资料中的、实际发生的事实，我是当事人、目击者和见证人，亲自眼见了所有的一切。

我意识到了有些内容对有些人来说很难接受，因为发生的情况跟我们知道的万有引力的物质定律不符，但是我能告诉你这是真的，我愿意也高兴做见证人。'

玛蕊 安德森星期四小组成员
Mairi Anderson
Thursday Group Member

'我的名字是吉欧 米邮，我最初的工作是警察。我受到的教育总是要找到证据，如果觉得不对劲儿，那就不对了。所以我从来不轻易地给任何人做见证词。遇到安以前，我在全国出版社做助理员的工作，当时我也是兼职的通灵媒体培训班的夜校老师。玛优美当时已经在我们班上学习，她问我是否安可以来我们班上课，安来了。讽刺性的讲，安也帮助我找到了一个'静修'的地方，她邀请我加入她的小组。那会儿，星期四小组刚刚建立没几个月（2006年）我就入组直到今天。

你大概读了这部书中的无中生有、桌子悬浮、上升和物理现象的显现，不光是艾拉斯特 克劳利。我目击了所有的实际情况，没有任何迟疑，我就能给出对此之见证。

激动人心的是，自从那会儿起，发生了更多的事情。所以，我希望安的第二部书能介绍这些发生在亚瑟柯南 道尔爵士中心里'有意思'的情况。'

吉欧 星期四小组成员
Gill Muir

Thursday Group Member

'我的名字是特蕊莎 高累，我的退休的社会工作人员。我是在小组搬迁到了毛若森大街的教堂以后入组的，所以没有亲自眼见，看到那些发生在神智社里的精彩情况。可是，足够幸运的我，亲眼目击了发生在小组里的一些惊人事实。我亲自体验到了，神灵团队是怎样指引这我们，一步步找到了这座宏伟的大楼。我是当事者，亲眼看到了，神灵团队给我们小组的所有'线索'，我们激动人心地实现了神灵的愿望，找到并落成了亚瑟柯南 道尔爵士中心。

今天我仍然还是小组成员之一，我能作证安和小组经历的一切皆为事实。她的这部书，刚刚让我们尝到了一点点儿— 让我们劝说她继续写下一部书。'

特蕊莎 高累
星期四小组成员
Tricia Gourlay
Thursday Group Member

'我的名字是吉米 柯莱瑞。我是退休的心理学护士。我第一次跟安认识是在周末的工作室里。当时，我们在一起做小组练习的活动。再听到她的时候，就是几年之后了，那完全是出乎意料地收到她打来的电话。记得她开始就说'你大概不记得我了……'或这样的话，可是，我非常清楚地记得她，她给我的印象很好、很深，当然不是那种你能够很容易就丢在脑后的人。我这样说，不但是她所取得的成就，更重要的是她的忠实、诚信和是一位虔诚的精神主义者。这一点，从我们建组的第一天起到现在，始终如一没有改变。当她邀请我加入她的小组时，我没有任何犹豫，我真高兴能成为她小组的一位成员。她尊称我为'长老发言人'，让我做星期四小组活动的组织人— 这个角色我很荣幸地接受了。

我从小组建立第一天起至今，一直是小组成员，我有第一手亲身体验的经验，亲眼看到了一些奇异但是非常惊人的现象，那些是我们神灵团队允许我们体验的现象，神灵团队要求安认真记录和录制所有的活动细节，安工作的勤恳、仔细、认真的态度也得到了神灵团队的赞许。我们有些经验，这是难以令人置信— 请你相信，因为我有幸亲自体验和亲眼看到了所有的一切。

我目击了宏伟的亚瑟柯南 道友爵士中心落成，我很自豪地说，我现在是这个慈善机构的董事会成员。这座在爱丁堡有一定影响的亚瑟柯南 道尔爵士中心，代表了亚瑟 柯南 道尔的贡献，也代表了安 川 赫 勇往直前不折不扣跟随他和他的神灵团队的勇气。我们小组的其他人就是跟着她，往前走的。
  吉米 柯莱瑞
  星期四小组成员
  Jim Cleary
  Thursday Group Member

我们（我和安）相遇在毛若森大街教堂组织的公开活动圈儿里，那是艾妮 扣由组织的一次活动。你和我，咱们两在一个小组里。不久那个圈儿就结束了（大概在2002年）。
  我的一生有过几种不同的工作。我从小就喜欢做康复治疗的工作，可是制图员的事业把我的爱好给打断了……我做了一段销售员的工作，然后就又回去当制图员。再往后我成为一名社会工作服务部门经理，然后成为康复治疗师。
  我们（我和安）一样跟从神灵的召唤 — 我们两人都放弃了有雇主的工作，跟从神灵的召唤。
  高登 斯库塔
  星期四小组成员（仍然是成员）
  Gordon Soutar
  Thursday Group Member (still)
  我非常好的朋友，高登，死于2013年的3月24号。这是他在去世前，写于爱丁堡圣 哥伦比亚疗养所的见证词。
  安 川 赫 作者
  Ann Treherne, Author

鸣谢

向我的丈夫音表示感谢。亚瑟柯南 道尔爵士中心是我的远大目标、我的梦想和我的使命，你不但接受和相信我，而且还把它当成你自己的任务，贡献出了你的一切－谢谢你。没有你我不可能做到如此的成绩。

向. Prof. Lance Butler兰丝 巴特勒教授表示感谢，感谢您尽心尽力严谨仔细地校对此书，为赶在出版日期前完成，做出不懈努力－当我需要您的时候，总会得到帮助－谢谢您。

向Shereen Elder石雲 艾达中心经理表示感谢，您把中心的工作包揽下来，让我能够专心致志地完成这部著作－谢谢你，你是亚瑟柯南 道尔爵士中心的宝贵财富。

向Scott Canevy思告达 康尼伟和中心工作人员（在职员工和志愿者）表示感谢，你们为亚瑟柯南 道尔爵士中心做出的支持，我衷心感谢－集体的力量大于个人努力–谢谢你们。

. . .

向Tricia Robertson特蕊莎 罗伯森、Nick Kyle耐克 凯由和Gavin Ritchie革文 睿其表示感谢，感谢你们认真校对与核查以往的事件记录，并对本书给予准确的评价和见证。

致谢荣荣，她是我的中文翻译。荣荣在我还没有完成这部著作以前，就告诉我说她要把这本书翻译成中文！谢谢你对此部著作的信心和忠诚。

最后向星期四小组全体人员表示感谢，感谢你们对我的坚信不疑和竭尽全力的跟从与配合。你们对工作的忠诚与贡献是无法言喻的，感谢你们对我的信任、志同道合、无怨无反地坚持下来，十几年如一日直到今天，我们仍然坐在一起静思冥想 — 谢谢你们。感谢在天之灵的神灵团队 — 感谢亚瑟 — 我努力跟从您的指引、我努力回应您的召唤 — 我证实了自己有用。

有关翻译者的简介

本文的翻译作者是李荣荣女士。李荣荣女士出生於中国东北哈尔滨1987年来英国；曾经在英国曼彻斯特市政府属下的华人艺术中心担任艺术发展主任；1993年跟随丈夫（英国政府驻香港政府的法律顾问）去香港工作、生活。1997年返回英国的苏格兰生活，在英国的 Strathclyde University 和当地成人教育学院兼职任教。台湾秀威出版社 2010 年 9 月为她出版了《二手夫人》，次年即 2011 年 9 月再由秀威出版社为她出版了著作《死亡沙滩》。

作者介绍

安川赫 有在金融、银行企业工作的经验，曾经是一家国际银行的高级管理人员，对一个16岁离开学校能够做到如此高级金融职位的人来说，已经取得了显赫的成就。她打破男人控制的金融企业高层管理职位的惯例，一直做到金融银行企业的最高领导职位。

2000年她遇到了没想到的打击，致使她醒悟并探求真正的自己。于是，她放弃了在金融界的高管职务成为英国苏格兰异常现象调研会成员。与亚瑟本人一样，安置身于探索异常现象的实际工作当中，是一名一丝不苟的调研员。她用科学严谨的态度调查研究和记录下一切事实，进行严谨的分析与核对。安，与丈夫音川赫，住在爱丁堡，这里是她的出生地和故乡，她恰巧在Dan Brown拍摄的著名电影'达芬奇密码'的主要摄影地— Roslin出生和上学，少年时期也常去那个著名的大教堂里玩耍。

她曾经是世界上最大的艺术节之一的爱丁堡艺术节上的表演者，多次由于表演的门票售罄，而荣获了艺术节颁发的奖章与证书。她常在亚瑟 柯南 道尔爵士中心指导各种工作与活动，也主持研究亚瑟 柯南 道尔研讨会。当她不在中心指导时，她也常被邀请在英国各地，尤其是伦敦和其它大城市、大学或英国伦敦的心灵感应研究会、皇家地质协会做讲演；她也应邀到过许多的国家和地区。如香港，德国的法兰克福、慕尼黑、巴塞尔，还有美国的纽约、加拿大的温哥华、多伦多等许多个国家和地区做讲演，她经常应邀请到世界各地，举办各种形式的演讲、示范表演及工作室或培训班的活动。现在，她是一位有国际影响、有激情的发言人、导师和工作室的主办人,她特有的天才和能力，以及严谨的专业性工作态度，为玄学的神秘世界做出了卓越的贡献。

她正在撰写她的下一部著作，将会跟本部著作一样充满引人入胜的情节—我们满怀热望，期待她的著作早日跟读者见面。如果您需要更多资料，请查阅她的网站，网站地址是：www.AnnTreherne.com

参考资料

1. 第一章 屠杀惨案

1. 1987年八月19日在英格兰的一个叫 Hungerford 夯格福德的小镇子上，Michael Robert Ryan 麦克 罗波特 莱恩，一个失业的古董商人失去理智，随意持枪射击，击中许多无辜市民。这次事件被众人称为夯格福德屠杀案。

2. 第二章 达奴恩镇

1. Ferryman – 摆渡渔翁，传统上，人们习惯说此渔翁是把死去的人，用摆渡送到另外的世界里去了。
2. Aberfan 是在威尔士的一个小城镇的名字，1966年那里发生了暴雨之后的大山滑坡，致使楼房坍塌。有116名儿童和28名成人遇难。这是著名的 Aberfan disaster. 惨案。

4. 第四章 又一次的预感

1. DVLA – Driver and Vehicle Licensing Authority. 是英国国家车辆、车牌照管理机构。

5. 第五章 心灵学调研会与思顾小组

1. Mental Mediumship: 在英国电视台上，经常看到的通灵媒体（灵媒）做公开示范与神灵沟通的情况，因为个人隐私保密的缘故，通常情况下，这种示范都是很短小简单的表演。
2. Scole Group 思顾是一个城镇的地名，在那里成立的一个小组叫思顾小组，他们的活动是练习与神灵交流沟通。详细情况和内容的介绍，请看2008年出版的 Robin Foy 作者写的著作： a book by Robin Foy in whose home the phenomena took place. 'Witnessing the Impossible' 书号： ISBN No: 978-0-9560651-0-0 出版于2008年。.
3. The Scole Experiment: 思顾经验： 科学见证： 人死以后的生命一书由作者Grant and Jane Solomon著书、出版。;Scientific Evidence for Life After Death, by Grant and Jane Solomon. Jane works together with Alan and Diane Bennett – members of the original Scole Group.

6. 第六章 小组

1. 亚瑟 芬利学院Arthur Findlay College 是一所世界著名的灵媒能力培训的中心，这是亚瑟 芬利先生留英国国家精神主义者联合会的遗产，学院曾经就是他的故居所在地。现在是专门为提高学员与神灵沟通的能力，提供技术性培训的中心。

7. 第七章 游戏开始了

1. Ectoplasm 据说是在与神灵沟通时，通灵媒体会有一种液体出现。这是传统的沟通方式，现在已经有了很大进步。
2. Platform Mediumship 在公开的场合里，灵媒站在一个平台上，面对广大的观众，与神灵交流，为在座的大众提供与其故去的亲人、朋友沟通的示范表演台。

8. 第八章 让我们一起动吧

1. Fox Sisters:著名的福克思三姐妹，是当代精神主义者，美国人。利用敲击墙壁与神灵沟通。
2. Swedenborg是聪明的发明家创造家和科学家，他能够看到圣灵发出的图像和接收圣灵旨意，据说是耶稣的使者。
3. Table-tilting桌子倾斜：通过心灵感应的能量发挥作用，当一个小组的人员都把手指放在桌子的上时候，桌子可以自动倾斜。
4. Kinetic Energy是一种特殊的能量力，能够在没有驱动的情况下，发生旋转并继续转动。i

9. 第九章 录制的记录

1. Séance Room.是一个场地，工作室。在那里，灵媒与神灵交流。其它参考资料，请查阅：Wikipedia..维克批迪亚百科全书
2. History of Spiritualism,亚瑟 柯南 道尔 爵士生前撰写的唯心主义发展史 第一卷出版于1926年。Volume One, by Sir Arthur Conan Doyle, first published 1926. 书号：ISBN 0 85384 110 1. 第二卷 Volume Two 书号：ISBN 0 85384 112 8.
3. Ouija Board 奥吉报得：是灵媒与神灵交流时使用的一种工具。
4. Transcripts – 备忘录..
5. Stansted 斯坦丝代德是在英国英格兰伦敦郊外的一个地名。这里代表了培训与神灵沟通的通灵媒体的学院。灵媒在这里学习和进修，也叫亚瑟 芬利学院。

10. 第十章 在这儿有我就没你

1. Mary Duffy 玛丽 达菲 是故去的，生前非常著名的英国通灵媒体。出生于爱丁堡，她与高登 海格森同一个年代，并且相识。

14. 第十四章 悬浮

1. Rods – 钓鱼线，此处指神灵放出的无影无形的钓鱼线，神灵操纵着无影线，使得东西能够自由旋转或悬浮。

16. 第十六章 格兰谷

1. Mary Duffy玛丽 达菲是非常精明的通灵媒体，出生在爱丁堡，后来成为亚瑟 芬利学院的通灵媒体教练员、导师。
2. Oliver Lodge 是英国的科学家 — 物理学家。他对通灵现象做过很多次的调查，并且进行科学分析与鉴定。曾经是英国国家心灵学调查研究协会的主席。

参考资料

3. Arthur Findlay是英国苏格兰慈善家、股票经纪人和会计师。他是国际心灵学研究院的奠基人，离世以后，将房产和财产都留给了英国国家精神主义者联合会。现在是世界上最著名的培训学院。– The Arthur Findlay College, Stansted. 在英国的伦敦郊外。
4. 据参考得出 亚瑟 柯南 道尔 的名字是从 亚瑟王那里得来。他创作了一系列著名的侦探小说，其主角是—福尔摩斯。详细介绍请参阅：Andrew Lycett撰写的著作，出版于：2007年. 书号： ISBN: 978-0-7538-2428-3

17. 第十七章 寂静的声音

1. Crookes –这里指 威廉姆爵士 Sir William Crooks （生于1832-死于1919). 英国科学家，物理学家和化学家。他对英国的异常现象和灵媒做科学的调查与研究，他的论文发表在1871年7月的英国科技刊物上。
2. 忽然巨冷或温度骤然下降，是神灵出现的预示。
3. 鸟眼 是英国一个流行的电视广告片，为了销售鱼肉条的产品做成的电视广告片。
4. Ectoplasm. (请参照第七章节里的解释)
5. EVP. 代表的意思是：电子声音现象。

19. 第十九章 撞童与潜逃犯

1. Green Man绿色人 –在交通马路上，走斑马线时，控制两旁车辆的红、绿色的指示灯。当绿色灯亮时，被称为绿色人，意思是;可以安全在斑马线上过马路了。
2. Universal Consciousness - 宇宙意念。古老的说法是每个人的意念都是整体宇宙意念的一个部分。
3. Cushion Cover – 坐垫罩，此处是用来指明逃犯用这个坐垫罩做包装袋，把偷来的珠宝带走。

21. 第二十一章 突如其来的现象

1. Dictaphone. 手握式录音机。
2. Rigor 这里是指人不停地浑身在发抖，无法控制颤抖。

22. 第二十二章 新 年

1. Direct Voice 是神灵出现时发出来的声音，声音是从空气中发来的，在场的人都会听到。
2. Planchette 占卜板。
3. 《奴役者》一书 The Bondagers by 作者是：Ian MacDougall. 书号是：ISBN: 1 86232 122 1 Published 2000.

23. 第二十三章 令人毛骨悚然的克劳利

1. Rupert Sheldrake: 剑桥大学生物化学博士。著名的超自然现象学家。著作有：'The Sense of being stared at', (2003). Most famous for Morphic Resonance – a collective memory system.
2. Bernard Carr: 伦敦大学教授。

3. Tommy Cooper: 已故的英国著名喜剧演员。

24. 第二十四章 无独有偶

1. White Noise: 白色噪音。由于电台接受不当，发出的一种刺耳噪音。.

25. 第二十五章 从租用活动室到拥有宏伟的活动中心

1. Ex-Police Officer – 前任的警察。此处是指（吉欧）在做泰晤士报当记着以前，曾经是英国警察。
2. Eye of Horus – 古老埃及的一种标志符号，形状像似老鹰的眼睛，有捍卫和平，健康长寿，起着保护神的魔力作用。

www.ingramcontent.com/pod-product-compliance
Lightning Source LLC
LaVergne TN
LVHW091530060526
838200LV00036B/550